कृत्रिम उपग्रहों में ऊष्मीय प्रबंधन

कमलेश कुमार बराया

प्रकाशक • **प्रभात प्रकाशन**
4/19 आसफ अली रोड,
नई दिल्ली–110002

संस्करण • प्रथम, 2018
मूल्य • पाँच सौ रुपए
मुद्रक • दीप कलर स्कैन (प्रा॰) लि॰, दिल्ली

KRITRIM UPGRAHON MEIN OOSHMIYA PRABANDHAN
by Kamlesh Kumar Baraya ₹ 500.00
Published by Prabhat Prakashan, 4/19 Asaf Ali Road, New Delhi-2
e-mail: prabhatbooks@gmail.com ISBN 978-93-5266-453-5

प्रस्तावना

मानव निर्मित उपग्रहों को कृत्रिम उपग्रह कहा जाता है। इस पुस्तक में कृत्रिम उपग्रहों में ऊष्मीय प्रबंधन से संबंधित आधारभूत तकनीकी जानकारी को हिंदी भाषा में प्रस्तुत करने का प्रयास किया गया है। पुस्तक की विषय-वस्तु विज्ञान संकाय के कक्षा 11-12 एवं उच्चतर कक्षाओं के छात्रों को ध्यान में रखकर लिखी गई है।

वर्तमान काल में कृत्रिम उपग्रह मानव के विकास एवं कल्याणकारी कार्यों हेतु अनिवार्य हो गए हैं। मौसम के बारे में पूर्व जानकारी, पृथ्वी का मानचित्रण, प्राकृतिक संसाधनों का प्रबंधन, दूर-संचार एवं दूरदर्शन प्रसारण जैसे उपयोग तो इतिहास का हिस्सा बन चुके हैं। अब तो दूर-चिकित्सा, दूर-शिक्षा, नौसंचालन जैसे क्षेत्रों में भी इन उपग्रहों की भूमिका महत्वपूर्ण हो गई है। अंतरग्रहीय अभियानों में कृत्रिम उपग्रहों के द्वारा खगोलीय पिंडों के बारे में हमें महत्वपूर्ण जानकारियाँ प्राप्त हो रही हैं।

अंतरिक्ष में कृत्रिम उपग्रहों को प्रतिकूल तापीय परिवेश में प्रचालन करना पड़ता है। सीधे सौर एवं अन्य विकिरणों, निर्वात और अंतरिक्ष का अति निम्न तापमान जैसी परिस्थितियाँ उपग्रहों के लिए दुष्कर तापीय परिवेश का निर्माण करती है। अंतरिक्ष में उपग्रहों के सफल प्रचालन के लिए उनके सभी उपकरणों एवं घटकों के तापमानों को उनकी वांछित सीमाओं में बनाए रखना अत्यंत आवश्यक होता है। उपग्रह के उपकरणों एवं घटकों के तापमानों का अपेक्षित सीमाओं से बाहर होने पर उनके निर्दिष्ट कार्यों के निष्पादन एवं उनकी उपयोगी जीवन अवधि पर प्रतिकूल प्रभाव पड़ता है। अंतरिक्ष के प्रतिकूल तापीय वातावरण में उपग्रहों के सभी उपकरणों एवं घटकों के तापमानों को उनकी वांछित सीमाओं में बनाए रखने के सिद्धांतों एवं तकनीकों से संबंधित ज्ञान को 'कृत्रिम उपग्रहों में ऊष्मीय प्रबंधन' विषय के द्वारा संबोधित किया गया है। कई पुस्तकों में इस विषय को ताप नियंत्रण भी कहा जाता है। इस पुस्तक में उपग्रहों की संरचना से संबंधित प्रारंभिक जानकारी के साथ उपग्रहों में ऊष्मीय प्रबंधन के महत्व पर प्रकाश डाला गया है। उपग्रहों में ऊष्मीय प्रबंधन के मुख्य विषयों जैसे ऊष्मा स्थानांतरण, कक्षीय ऊष्मा भारों एवं तापीय विश्लेषण को सरल शब्दों में प्रस्तुत करने का प्रयास किया गया है। पुस्तक में विषय की गणितीय जटिलताओं के स्तर को कम रखते हुए संबंधित सिद्धांतों के स्पष्टीकरण पर अधिक बल दिया गया है। उपग्रहों में ऊष्मीय प्रबंधन के लिए आवश्यक उपकरणों एवं सामग्री का विवरण भी आधारभूत सिद्धांतों के साथ प्रस्तुत किया गया है। पुस्तक में उपग्रहों के तापीय परीक्षण, ताप नियंत्रण की चुनौतियाँ एवं भावी तकनीकों पर भी प्रकाश डाला गया है। पाठकों की सुविधा के लिए इस पुस्तक में प्रयोग किए गए तकनीकी शब्दों के अंग्रेजी में अनुवाद पुस्तक के अंत में सूचीबद्ध किए गए हैं।

हमारे देश के विश्वविद्यालयों एवं अन्य उच्च शैक्षिक संस्थानों की अंतरिक्ष अभियानों में बढ़ती हुई भागीदारी को देखते हुए यह पुस्तक छात्रों के लिए अत्यंत उपयोगी सिद्ध हो सकती है। आशा है कि यह पुस्तक युवा पाठकों को अंतरिक्ष विज्ञान एवं प्रौद्योगिकी से संबंधित अनुसंधान एवं विकास कार्यों की ओर आकर्षित करने के साथ इन क्षेत्रों में हिंदी भाषा के माध्यम से कार्य करने के लिए प्रेरित करेगी।

—कमलेश कुमार बराया

आभार

श्री ए.एस. किरण कुमार, अध्यक्ष, भारतीय अंतरिक्ष अनुसंधान संगठन (इसरो) एवं सचिव, अंतरिक्ष विभाग एवं श्री तपन मिश्रा, निदेशक, अंतरिक्ष उपयोग केंद्र (इसरो), अहमदाबाद हमेशा इस कार्य के प्रेरणा स्रोत रहे हैं।

श्री ए.एम. झा, उप निदेशक, यांत्रिक अभियांत्रिकी तंत्र क्षेत्र, अंतरिक्ष उपयोग केंद्र, जिन्होंने यह पुस्तक लिखने के लिए सदैव उत्साहवर्धन किया।

श्री पी.जे. सोनी, समूह निदेशक, संरचना एवं तापीय विश्लेषण समूह, अंतरिक्ष उपयोग केंद्र, ने पुस्तक लिखने हेतु आवश्यक मार्गदर्शन एवं सुविधाएँ प्रदान करने का यथासंभव प्रयत्न किया।

श्री राकेश भावसर, प्रधान, तापीय अभियांत्रिकी प्रभाग एवं डॉ. बी.एस. मुंजाल, प्रधान, संरचना तंत्र प्रभाग ने यह कार्य उत्कृष्टता से संपन्न करने के लिए हमेशा उत्साहित किया।

श्री बी.आर. राजपूत, वरिष्ठ हिंदी अधिकारी, हिंदी अनुभाग, जिन्होंने यह पुस्तक लिखने के लिए प्रोत्साहित किया तथा जिनके सुझाव एवं मार्गदर्शन पुस्तक लिखने के कार्य में अत्यंत उपयोगी सिद्ध हुए।

हिंदी अनुभाग के सभी स्टाफ सदस्य जिन्होंने हिंदी भाषा एव हिंदी टंकण से संबंधित अनेक समस्याओं का हमेशा तत्परता से उचित समाधान किया।

श्री विभांषु कृष्णा मालपाणी, मेरे सहकर्मी, जिन्होंने इस पुस्तक के लिए कई चित्रों एवं लेखाचित्रों को तैयार करने में सहयोग किया। मेरे प्रभाग के अन्य सभी सहकर्मियों, जिन्होंने इस कार्य के लिए हमेशा मेरा उत्साहवर्धन किया।

इस पुस्तक को तैयार करने में अनेक स्रोतों से सहायता ली गई है। इस पुस्तक को तैयार करने में लेखक के स्वयं के अनुभव के अतिरिक्त प्रकाशित पुस्तकें एवं इंटरनेट पर उपलब्ध सामग्री का भी उपयोग किया गया है। मैं उन सभी लेखकों,प्रकाशकों एवं वेबसाइट प्रदाताओं के प्रति आभार व्यक्त करता हूँ, जिनके सौजन्य से उपलब्ध सामग्री का उपयोग इस पुस्तक में किया गया है। पुस्तक के अंत में ऐसे सभी संदर्भों की सूची दी गई है। अगर कोई संदर्भ सूची में भूल से नहीं दिखाया गया है तो लेखक उनका भी अत्यंत आभारी है।

—कमलेश कुमार बराया

विषय सूची

1. परिचय

अंतरिक्ष युग से पहले मानव ने संपूर्ण पृथ्वी को एक दृष्टि से कभी नहीं देखा था। अंतरिक्ष में स्थापित कृत्रिम उपग्रहों ने ही सबसे पहले पृथ्वी की वो तस्वीर दिखाई, जो हमने पहले कभी नहीं देखी थी। पाँच दशक पहले, सोवियत संघ द्वारा 1957 में प्रथम कृत्रिम उपग्रह स्पूतनिक-1 के प्रमोचन से एक नए अंतरिक्ष अन्वेषण एवं मानव कल्याण के लिए अंतरिक्ष के उपयोग के युग का प्रारंभ हुआ। तब से आज तक, मनुष्य ने इस क्षेत्र में शानदार प्रगति की है। 1945 में अंग्रेजी कथा-साहित्य के प्रसिद्ध लेखक अर्थर सी. क्लार्क ने कृत्रिम उपग्रहों का जनसंचार के लिए उपयोगों के बारे में विस्तार से बताया था। उन्होंने उपग्रह प्रमोचन की सुविधाएँ, उपग्रह की संभावित कक्षाएँ, उपग्रहों के वैश्विक जाल के निर्माण के कई पहलुओं तथा मानव को संचार के क्षेत्र में उपग्रहों से होने वाले लाभों के बारे में विस्तार से चर्चा की थी।

पृथ्वी या अन्य खगोलीय पिंड की तय कक्षा में उसके चारों ओर एक निश्चित आवृत्ति पर चक्कर लगाने के लिए स्थापित किए जाने वाले पिंड को उपग्रह कहा जाता है। खगोलीय पिंड के चारों ओर चक्कर लगाते हुए पिंड के मार्ग को कक्षा कहते हैं। विशिष्ट परिस्थितियों में वेग से गमन करते हुए किसी पिंड के जड़त्व तथा उस पिंड एवं खगोलीय पिंड के बीच गुरुत्वाकर्षण बलों के परिणामस्वरूप वह पिंड खगोलीय पिंड के चारों ओर उसकी कक्षा में उपग्रह के रूप में घूमने लगता है। उपग्रह प्राकृतिक रूप से भी पाए जाते हैं, जैसे—चंद्रमा पृथ्वी का एक प्राकृतिक उपग्रह है। लेकिन हम यहाँ मानव कल्याण, अंतरिक्ष एवं भू-अन्वेषण के लिए मानव द्वारा निर्मित एवं स्थापित कृत्रिम उपग्रहों के बारे में चर्चा कर रहे हैं। अब तक पृथ्वी की कक्षा में हजारों उपग्रहों का प्रमोचन हो चुका है, उनमें से सैकड़ों वर्तमान में क्रियाशील हैं, जबकि हजारों उपग्रह एवं उनके अवशेष अंतरिक्ष कचरे के रूप में पृथ्वी का चक्कर लगा रहे हैं। कुछ अंतरिक्ष प्रयोगशालाएँ एवं अन्वेषिकाएँ अन्य खगोलीय पिंड जैसे—चंद्रमा, शुक्र, मंगल, गुरु एवं शनि ग्रहों की कक्षाओं में उनका चक्कर लगा रहे हैं। अमेरिका का चंद्रमा पर मानव अभियान तथा उसकी पृथ्वी तक वापसी तो अब तक इतिहास बन चुका है। कई अंतरिक्ष यानों को अन्य ग्रहों, जैसे—मंगल एवं शुक्र पर उतारा जा चुका है। अंतरराष्ट्रीय स्पेस स्टेशन (आई.एस.एस.) भी एक कृत्रिम उपग्रह है। वर्तमान में यह पृथ्वी की कक्षा में चक्कर लगा रहा है, जहाँ पर अंतरिक्ष-यात्री सक्रिय रूप से कई दिनों तक काम करते हैं। इस स्पेस स्टेशन के निर्माण में अमेरिका, यूरोप, रूस, जापान एवं कनाडा शामिल हुए हैं। यह इन देशों का बहुत महत्वाकांक्षी एवं लंबी अवधि का अंतरिक्ष अभियान है। अंतरिक्ष में कृत्रिम उपग्रह स्थापित करने की क्षमता अब विश्व के कई देशों के पास है।

अंतरिक्ष संबंधी क्रिया-कलाप हमारे देश में 60 के दशक से शुरू हुए। हमारे देश का अंतरिक्ष कार्यक्रम प्रख्यात वैज्ञानिक एवं स्वप्नद्रष्टा डॉ. विक्रम साराभाई के नेतृत्व में प्रारंभ हुआ, जिन्हें भारतीय अंतरिक्ष कार्यक्रम का जनक माना जाता है। भारत में अंतरिक्ष विज्ञान एवं प्रौद्योगिकी का विकास और उपयोग डॉ. विक्रम साराभाई की दूरदृष्टि पर ही आधारित है। डॉ. साराभाई ने कहा था कि हमें हमारे समाज और लोगों की समस्याओं के लिए उन्नत प्रौद्योगिकियों के उपयोग में किसी से भी पीछे नहीं रहना चाहिए। हमारे देश ने

अंतरिक्ष विज्ञान और प्रौद्योगिकी के क्षेत्र में शानदार प्रगति की है एवं अंतरिक्ष तकनीक के लाभों को जन-जन तक पहुँचाया है। भारतीय अंतरिक्ष अनुसंधान संगठन (इसरो) अंतरिक्ष विज्ञान और प्रौद्योगिकी के क्षेत्र में नए-नए आयाम छूने के लिए निरंतर प्रयासरत है।

उपग्रहों के उपयोगों ने देशवासियों के जीवन स्तर को सुधारने में महत्वपूर्ण भूमिका निभाई है। उपग्रहों के कारण संचार एवं दूरदर्शन प्रसारण की सेवाएँ देश के कोने-कोने तक पहुँच गई हैं। आज हम घर में बैठे हुए दुनिया की किसी भी जगह से तुरंत संपर्क स्थापित कर सकते हैं। उपग्रहों की प्रसारण सेवाओं द्वारा उत्कृष्ट शिक्षा कार्यक्रमों को देश के सभी भागों में पहुँचाया जा रहा है। उपग्रहों द्वारा मौसम संबंधी भविष्यवाणियाँ एवं आपदा प्रबंधन जैसी सेवाएँ लोगों के जानमाल की हानि को रोकने में अत्यंत कारगर सिद्ध हो रही हैं।

सुदूर संवेदी उपग्रहों से प्राप्त चित्रों से प्राकृतिक संसाधन अन्वेषण एवं प्रबंधन, शहरी नियोजन, सुरक्षा प्रबंधन एवं देश के विकास के लिए कई महत्वपूर्ण कार्यों में अत्यंत सहायता मिली है। अब मानव समाज के ढाँचागत विकास के अंग के रूप में उपग्रहों ने भी अपने पैर दृढ़ता से जमा लिए हैं। जनसंख्या एवं औद्योगीकरण में वृद्धि के कारण देश में प्राकृतिक संसाधनों की माँग निरंतर बढ़ रही है, साथ-ही-साथ दीर्घकालीन पर्यावरण संरक्षण के लिए भी दबाव बढ़ता जा रहा है। इन कारणों से भू-संसाधनों के अन्वेषण एवं प्रबंधन के क्षेत्र में उपग्रहों की उपयोगिता बढ़ गई है, उपग्रहों के उपयोग नौसंचालन, दूरचिकित्सा, दूरशिक्षा जैसे क्षेत्रों में भी दिनों-दिन बढ़ते जा रहे हैं। खनिजों के अन्वेषण के लिए आवश्यक सूचनाएँ उपग्रह द्वारा लिए गए चित्रों द्वारा प्रदान की जा सकती है। भू-सुदूर संवेदन के क्षेत्र में बहुस्पेक्ट्रमी प्रतिबिंब विश्लेषण तकनीक उपयोगी सूचनाएँ प्राप्त करने में सक्षम सिद्ध हुई है। सुदूर संवेदी आँकड़ों से क्षेत्रीय शैलविज्ञान, भू-आकृति की जानकारी एवं अन्य सूचनाओं के माध्यम से धातुओं एवं खनिजों की उपलब्धता के बारे में महत्वपूर्ण जानकारी प्राप्त होती है।

हमारे देश में इन्सैट एवं जीसैट श्रेणी के उपग्रह संचार, दूरदर्शन प्रसारण एवं मौसम विज्ञान के लिए स्थापित किए गए हैं। आई.आर.एस. एवं कार्टो श्रेणी के उपग्रह प्राकृतिक संसाधनों की निगरानी, प्रबंधन एवं अन्वेषण के लिए स्थापित किए गए हैं। चित्र 1.1 में सुदूर संवेदी एवं दूरसंचार उपग्रहों के बाह्य दृश्य दिखाए गए हैं। उपग्रह निर्माण हेतु विभिन्न तकनीकों के सतत विकास के कारण मानव समाज के विकास एवं बाह्य अंतरिक्ष के अन्वेषण जैसे कार्य संभव हो सके हैं। उपग्रहों को अंतरिक्ष के प्रतिकूल एवं कर्कश वातावरण में कई वर्षों तक दोषरहित एवं उपयुक्त लागत में सेवाएँ प्रदान करनी पड़ती हैं। उपग्रहों की अभिकल्पना में यह ध्यान रखना आवश्यक है कि उनका द्रव्यमान, आयतन एवं विद्युत् शक्ति व्यय न्यूनतम होने के साथ-साथ उनका निष्पादन, विश्वसनीयता एवं टिकाऊपन भी उत्कृष्ट हो। एक उपग्रह को अंतरिक्ष में विशेष उद्देश्यों जैसे—संचार, सुदूर संवेदन, वैज्ञानिक अन्वेषण इत्यादि की पूर्ति के लिए स्थापित किया जाता है। इन उद्देश्यों की पूर्ति के लिए विभिन्न तंत्रों एवं उपकरणों के संयोजन से उपग्रह का निर्माण किया जाता है। उपग्रह एवं उसमें निहित विभिन्न उपकरणों के सफल प्रचालन एवं निष्पादन के लिए उनका तापमान उसके उपयोगी जीवनकाल के दौरान तय सीमाओं के अंदर बनाए रखना आवश्यक होता है। इस उद्देश्य के लिए उपग्रहों में उचित ऊष्मीय प्रबंधन की आवश्यकता होती है। उपग्रहों में ऊष्मीय प्रबंधन के लिए उपयुक्त तापीय नियंत्रण

तंत्र की अभिकल्पना की जाती है। ऊष्मीय प्रबंधन का अर्थ है ऊष्मा का प्रबंध। ऊष्मीय प्रबंधन द्वारा उपग्रहों में ऊष्मा के निवेश, निर्गम एवं उसकी उत्पत्ति को नियंत्रित करते हुए ऊष्मा का वितरण इस तरह किया जाता है कि उसके सभी घटकों के तापमान वांछित सीमाओं के अंदर ही बने रहें। अर्थात् उपग्रह का ऊष्मीय प्रबंधन सुनिश्चित करता है कि उपग्रह के उपयोगी जीवनकाल में उसके सभी तंत्रों एवं उपतंत्रों के घटकों के तापमान वांछित सीमाओं में ही रहेंगे। यह उसके सफलतापूर्ण प्रचालन के लिए अत्यंत महत्वपूर्ण होता है, जिससे उपग्रह अपने निर्दिष्ट उद्देश्यों का उत्कृष्ट निष्पादन प्रदर्शित कर सके। उपग्रह के सभी घटकों के तापमानों को उसके उपयोगी जीवनकाल के दौरान वांछित सीमाओं में बनाए रखने के लिए आवश्यक सभी प्रक्रियाएँ ऊष्मीय प्रबंधन के अन्तर्गत आती है। उपग्रहों में ऊष्मीय प्रबंधन के सिद्धांतों एवं तकनीकों की प्रारंभिक जानकारी से पाठकों को परिचित कराना इस पुस्तक का उद्देश्य है।

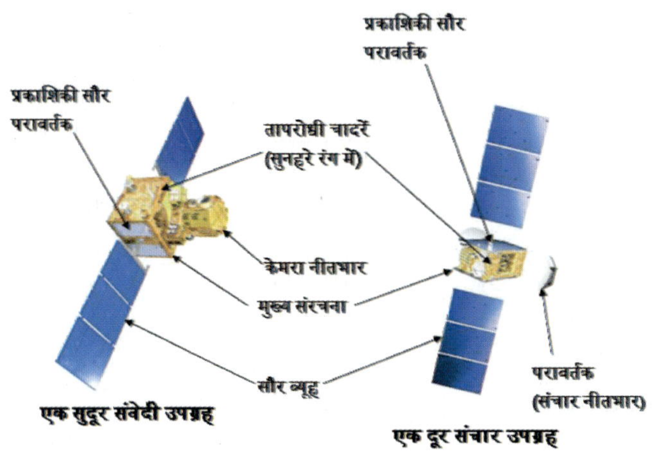

चित्र 1.1 उपग्रहों का बाह्य दृश्य

उपग्रहों की रचना

एक उपग्रह जटिल एवं बहुविषयक तंत्र होता है। उपग्रहों के निर्माण एवं संचालन के लिए विज्ञान एवं प्रौद्योगिकी के कई क्षेत्रों का ज्ञान आवश्यक होता है। किसी अंतरिक्ष अभियान के विशिष्ट उद्देश्यों के अनुसार उपग्रह में विभिन्न लक्षणों एवं तकनीकों युक्त घटक एवं उपकरण संयोजित किए जाते हैं। किसी उपग्रह के विभिन्न घटकों एवं उपकरणों को दो समूहों में बाँटा जा सकता है—1. उपग्रह के उपतंत्र एवं 2. नीतभार। चित्र 1.2 में उपग्रहों के निर्माण की रूपरेखा दिखाई गई है। उपग्रह के सामान्य प्रचालन के कार्य जैसे—संरचनात्मक समग्रता, ऊष्मा प्रबंधन, अभिवृत्ति एवं कक्षा नियंत्रण, विद्युत् शक्ति आपूर्ति, आकड़ा स्थानांतरण, भू-केंद्रों से संपर्क इत्यादि उपग्रह के उपतंत्रों द्वारा सुनिश्चित होते हैं। इन उपतंत्रों को उपग्रह की मुख्य संरचना पर स्थापित किया जाता है, जैसा कि चित्र 1.3 में दिखाया गया है। उपग्रहों को पृथ्वी अथवा अन्य खगोलीय पिंडों की कक्षा में विशिष्ट उद्देश्यों जैसे जन-संचार, भू-चित्रण, नौसंचालन इत्यादि की पूर्ति के लिए स्थापित

किया जाता है। इन विशिष्ट उद्देश्यों की पूर्ति के लिए उपग्रहों में जो विशिष्ट उपकरण लगाए जाते हैं, उन्हें नीतभार कहते हैं। नीतभारों में पृथ्वी या अन्य खगोलीय पिंडों के मानचित्रण के लिए कैमरे, संवेदक, संचार या वैज्ञानिक उपकरण इत्यादि शामिल हो सकते हैं। सामान्यतया किसी भी उपग्रह के निर्माण के लिए निम्न उपतंत्र आवश्यक होते हैं—

1. संरचना 2. ऊष्मीय प्रबंधन 3. विद्युत् शक्ति 4. अनुवर्तन, दूरमिति एवं दूरादेश तंत्र
5. अभिवृत्ति एवं कक्षा नियंत्रण तंत्र 6. नोदन तंत्र 7. यंत्रावलियाँ

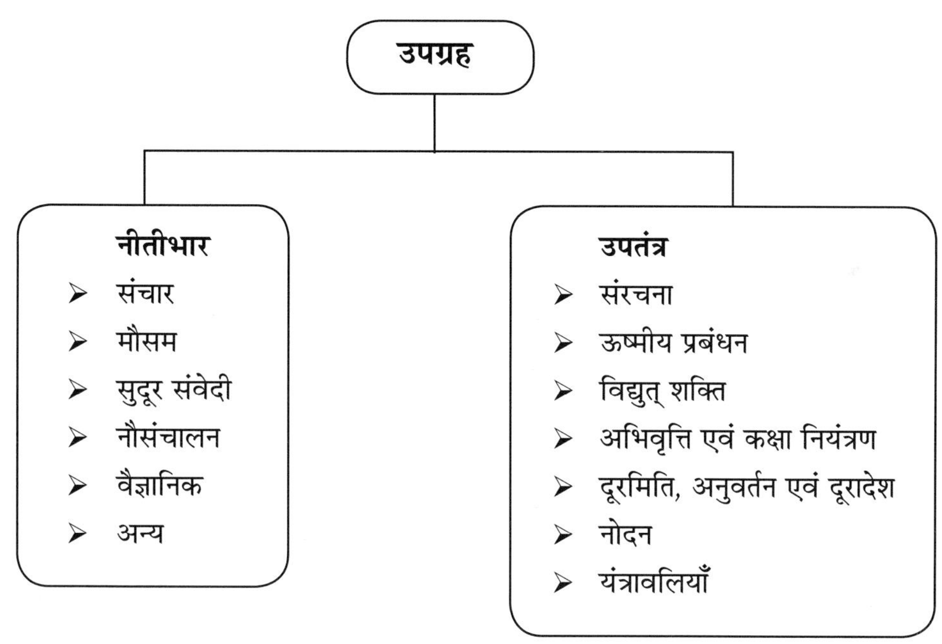

चित्र 1.2 उपग्रह निर्माण की रूपरेखा

संरचना तंत्र मुख्य रूप से उपग्रह के सभी उपतंत्रों एवं नीतभारों को उपग्रह संरूपण के अंदर एक यांत्रिक आधार प्रदान करता है, यह संपूर्ण उपग्रह को एक दृढ़ संरचनात्मक इकाई का रूप भी प्रदान करता है। उपग्रह का संरचना तंत्र द्रव्यमान में हल्का, मजबूत एवं उपग्रह को स्थायित्व प्रदान करने वाला होना चाहिए। उपग्रह का संरचना तंत्र उसके नीतभारों, उपतंत्रों एवं अन्य उपकरणों को स्थापित करने के लिए एक मजबूत ढाँचा प्रदान करता है। उपग्रह का संरचना तंत्र उपग्रह के प्रमोचन के दौरान उत्पन्न होने वाले प्रतिबलों एवं कंपनों से उसके घटकों की रक्षा करता है। यह उपग्रह के संवेदनशील उपकरणों को हानिकारक विकिरणों, कणों एवं सूक्ष्म उल्कापिंडों के दुष्प्रभावों से भी बचाता है। इसकी अभिकल्पना उपग्रह के सभी उपतंत्रों एवं नीतभारों को अत्यधिक प्रमोचन भारों एवं कंपनों के दुष्प्रभावों से बचाने एवं उपग्रह के जीवनकाल की सभी परिस्थितियों में उनकी विशिष्ट संरचनात्मक आवश्यकताओं की पूर्ति के लिए की जाती है।

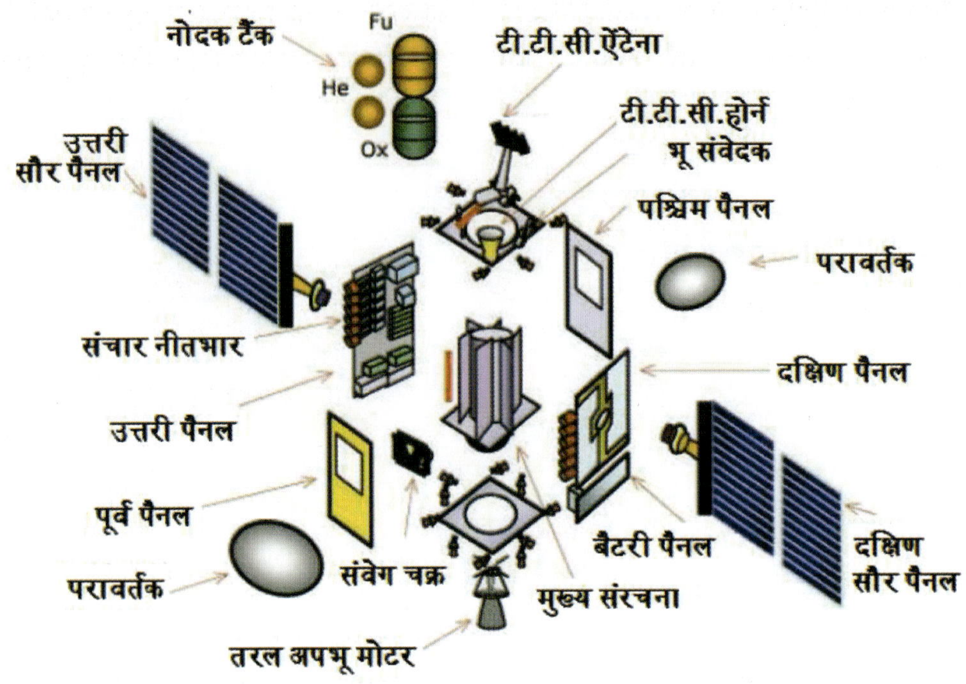

चित्र 1.3 एक उपग्रह का खंडित दृश्य

संरचनात्मक अभिकल्पना यह भी सुनिश्चित करती है कि कक्षा में प्रचालन के दौरान उपग्रह पर विषम ऊष्मा भारों और पदार्थों के भिन्न गुणधर्मों के कारण ऐंटेना और कैमरे जैसे—संवेदनशील उपकरणों में तापीय विकृति न्यूनतम हों, जिससे उपकरणों की उच्च अभिलक्ष्यन यथार्थता कायम रहें। उपग्रह की संरचना में किसी भी तरह की विकृति उस पर सूक्ष्म परिशुद्धता के साथ स्थापित ऐंटेना, कैमरों, प्रतिबिंबकों इत्यादि के निष्पादन को बुरी तरह प्रभावित कर सकती है। उपग्रह की संरचना के लिए ऐसे पदार्थों का उपयोग किया जाता है, जो द्रव्यमान में हल्के लेकिन मजबूत हो तथा उनका तापीय विस्तार गुणांक भी न्यूनतम होना चाहिए। अल्यूमिनियम एवं टाइटेनियम के मिश्रधातु, इनवार, कार्बन तंतु सम्मिश्र इत्यादि ऐसे पदार्थ हैं, जिनका उपयोग उपग्रह एवं उनके नीतभारों की सरचना के निर्माण के लिए किया जाता है।

उपग्रह की मुख्य संरचना के लिए मधुछत्ताकार पैनलों का उपयोग किया जाता है। ये पैनल द्रव्यमान में हल्के लेकिन दुर्नम्य होते हैं। मधुछत्ताकार आकृति की परत को कोर कहा जाता है। कोर को अल्यूमिनियम मिश्रधातु या अन्य पदार्थ से निर्मित दो पतली चादरों, जिन्हें अग्र फलक या फेस शीट कहा जाता है, उसके बीच चिपकाकर निविष्ट कर दिया जाता है, जैसा कि चित्र 1.4 में दिखाया गया है। इस तरह निर्मित पैनल को मधुछत्ताकार सेंडविच पैनल कहा जाता है। इस पैनल का तापीय चालकता गुणांक बहुत कम होता है, इसलिए पैनल पर ऊष्मा के विसरण के लिए विशेष प्रयुक्तियों का उपयोग किया जाता है। उपग्रह के किसी भी घटक की संरचना अभिकल्पना में यह ध्यान रखा जाता है कि उसका द्रव्यमान न्यूनतम हो, लेकिन उसमें

वांछित मजबूती एवं दुर्नम्यता भी हो। उपग्रहों के प्रमोचन की लागत उनके द्रव्यमान पर बहुत अधिक निर्भर करती है। उपग्रहों के द्रव्यमान में प्रति किलोग्राम बढ़ोतरी से उनके प्रमोचन की लागत में भी करोड़ों रुपए की बढ़ोतरी हो जाती है।

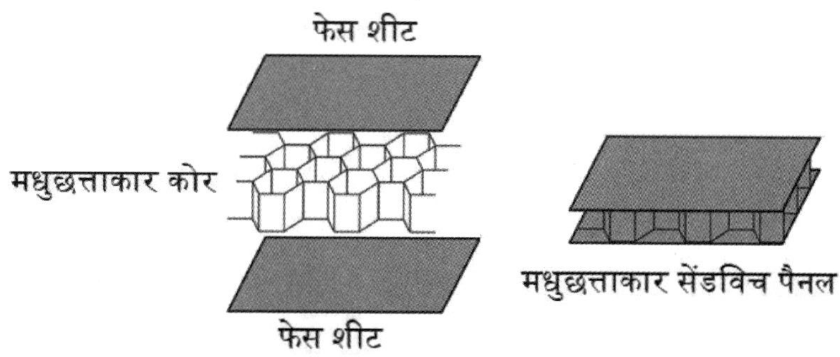

चित्र 1.4 उपग्रहों की संरचनाओं में प्रयुक्त मधुछत्ताकार सेंडविच पैनल

ऊष्मीय प्रबंधन तंत्र का उद्देश्य उपग्रह और उसके नीतभार के सभी उपकरणों जैसे—इलेक्ट्रॉनिक पैकेजों, बैटरियों, नोदन तंत्र के घटकों, विकिरण संसूचकों, यांत्रिक संरचनाओं इत्यादि के तापमानों को उनके जीवनकाल की सभी परिस्थितियों में उनकी अनुमत तय सीमाओं के अंदर बनाए रखना होता है। उपग्रह में स्थापित इलेक्ट्रॉनिक घटक तापमान की निर्दिष्ट सीमाओं के अंदर ही श्रेष्ठ निष्पादन प्रदान करते हैं। ऊष्मीय प्रबंधन तंत्र के मुख्य सिद्धांतों एवं कार्य प्रणालियों का विस्तृत विवरण आगे के अध्यायों में दिया गया है।

उपग्रह के सभी संरक्षण उपतंत्रों के उपकरणों तथा नीतभारों को उनके अभियान की सभी अवस्थाओं में उनके समुचित रखरखाव एवं प्रचालन के लिए नियंत्रित एवं विश्वसनीय विद्युत् शक्ति की आवश्यकता होती है। उपग्रह का विद्युत् शक्ति तंत्र, संरक्षण उपतंत्रों एवं नीतभारों के उपकरणों को आवश्यकतानुसार नियंत्रित विद्युत् शक्ति की आपूर्ति करता है। सूर्य उपग्रह को पृथ्वी की कक्षा में लगभग 1300 से 1400 वाट प्रति वर्ग मीटर ऊर्जा प्रदान करता है। सूर्य से प्राप्त इस ऊर्जा को विद्युत् शक्ति में परिवर्तित करने के लिए उपग्रह में सौर व्यूह फलक लगाए जाते हैं। उपग्रह में विद्युत् शक्ति का प्राथमिक स्रोत सौर व्यूह फलक होते हैं, जिनमें सौर सैल, उन पर गिरने वाली सौर ऊर्जा को प्रकाश-विद्युत् तकनीक द्वारा विद्युत् शक्ति में बदल देते हैं। उपग्रह को सौर ऊर्जा आसानी से प्राप्त हो जाती है, इसका यह अर्थ नहीं है कि उपग्रह के लिए शक्ति तंत्र का निर्माण आसान होता है। सौर सैलों की दक्षता लगभग 25 प्रतिशत होती है, सूर्य की गर्मी एवं अन्य विकिरणों के दुष्प्रभावों के कारण उनकी दक्षता और कम हो जाती है। इसलिए सौर व्यूह फलक को आकार में बृहत् बनाया जाता है जिससे आवश्यक विद्युत् ऊर्जा का उत्पादन हो सके। उपग्रह जब पृथ्वी की छाया में आ जाते हैं तो उसे ग्रहण की स्थिति कहा जाता है। ग्रहण के दौरान उपग्रह को सौर ऊर्जा की उपलब्धता नहीं होती है। ग्रहण की दशा में उपग्रह एवं सूर्य के मध्य पृथ्वी आ जाती है, जो सूर्य से आने वाले विकिरण को पृथ्वी तक पहुँचने से रोक लेती है। उपग्रह के नीतभारों एवं उसके सभी तंत्रों को ग्रहण की दशा में भी लगातार विद्युत् शक्ति

की आपूर्ति करने के लिए उपग्रहों में बैटरियाँ लगाई जाती हैं। बैटरियाँ विद्युत् शक्ति का भंडारण कर लेती हैं, जो उपग्रह के उपकरणों के निर्बाध प्रचालन एवं ऊष्मा प्रबंधन के लिए विद्युत् शक्ति की आपूर्ति करती हैं।

अभिवृत्ति एवं कक्षा नियंत्रण तंत्र सभी उपग्रहों का एक आवश्यक तंत्र होता है। यह तंत्र उपग्रह को निर्दिष्ट कक्षा में उसके निर्दिष्ट स्थान पर निर्धारित लक्ष्य की ओर स्थायित्व और यथार्थता के साथ अभिमुख करता है। संचार उपग्रहों में ऐंटेना, सुदूर संवेदी उपग्रहों में कैमरों, सौर फलकों एवं अन्य संवेदकों के लिए यह आवश्यक है कि वे अंतरिक्ष में प्रचालन के दौरान अपने लक्ष्यों की ओर स्थायित्व के साथ उच्च यथार्थता से अभिमुख हो, जिससे वे वांछित लक्ष्यों से संकेतों एवं विकिरणों का आदान प्रदान कर सकें। उपग्रह पर वातावरण के घर्षण, गुरुत्वाकर्षण बलों में बदलाव, सौर किरणों के दबाव एवं अन्य कारणों से उसकी स्थिति एवं अभिवृत्ति या दिग्विन्यास प्रभावित हो जाते हैं। अभिवृत्ति एवं कक्षा नियंत्रण तंत्र सुनिश्चित करता है कि उपग्रह अंतरिक्ष में अपने निर्धारित मार्ग पर ठीक स्थान पर रहे और वह अपने लक्ष्यों की ओर स्थायित्व के साथ अपेक्षित यथार्थता से देख रहा है। यह तंत्र विभिन्न संवेदकों जैसे—पृथ्वी, सौर एवं तारा संवेदकों, जायरोस्कोप, संवेग एवं प्रतिक्रिया चक्रों, चुंबकीय टॉर्करों, नोदक थ्रस्टरों, तरल अपभू मोटर इत्यादि उपकरणों के संयोजन से कार्य करता है।

दूरमिति, अनुवर्तन एवं दूरादेश तंत्र उपग्रह पर प्रमोचन से लेकर उसके अंतरिक्ष में सक्रिय जीवनकाल के अंत तक उपग्रह के सभी उपतंत्रों एवं नीतभारों की स्थिति पर निगरानी एवं नियंत्रण का कार्य करता है। यह तंत्र उपग्रह और भू-केंद्र के बीच संपर्क बनाए रखता है। यह तंत्र उपग्रह की स्थिति एवं उसके महत्वपूर्ण प्राचलों की जानकारी प्रदान करता है। उपग्रह के प्राचलों में विचलन की स्थिति में उनमें अपेक्षित सुधार के लिए उपग्रह के तंत्रों को आदेश भी देता है।

प्रमोचन यान से अलग होने के बाद उपग्रह को निर्दिष्ट कक्षा में पहुँचाने का कार्य उपग्रह के नोदन तंत्र द्वारा संपन्न किया जाता है। उपग्रह की कक्षा में परिवर्तन लाने के लिए उसके वेग में परिवर्तन लाना आवश्यक होता है। नोदन तंत्र उपग्रह के वेग में परिवर्तन लाने के लिए आवश्यक आवेग प्रदान करता है। नोदन तंत्र निर्दिष्ट कक्षा से विचलन होने पर उपयुक्त कक्षा में रखने के लिए समायोजन तथा स्थिति पालन का कार्य भी करता है। यह अभिवृत्ति एवं कक्षा नियंत्रण तंत्र के साथ कार्य करते हुए उपग्रह की अंतरिक्ष में वांछित स्थिति एवं उसका दिग्विन्यास बनाए रखने में सहायक होता है।

उपग्रहों के सौर व्यूह फलकों एवं ऐंटेना जैसे उपकरणों का आकार उपग्रह की मुख्य संरचना के आकार से कई गुना अधिक हो सकता है। सौर व्यूह फलकों एवं ऐंटेना इस तरह निर्मित किए जाते हैं कि इनको प्रमोचन के दौरान कम स्थान पर समेटकर उपग्रह के साथ संयोजित किया जा सके। प्रमोचन यान में उपग्रह के लिए सीमित स्थान उपलब्ध होता है। प्रमोचन यान में स्थान की सीमाओं एवं अन्य समस्याओं के कारण उपग्रह की मुख्य संरचना से बंधे हुए उपकरण जैसे ऐंटेना परावर्तकों एवं सौर व्यूह फलकों को प्रमोचन के दौरान समेटी हुई अवस्था में रखा जाता है और उपग्रह को कक्षा में प्रक्षेपण करने के बाद अभियान में अनुक्रम के अनुसार इनका विस्तरण कर दिया जाता है। यंत्रावलियों की सहायता से इन उपकरणों को प्रमोचन के दौरान समेटी हुई

अवस्था में रखा जाता है तथा कक्षा में इन्हें पूर्ण विस्तरण की अवस्था में लाया जाता है, यह कार्य भू-केंद्र से दूरादेश द्वारा किया जाता है। उपग्रहों में ऐसे उपकरण भी स्थापित होते हैं, जिन्हें उनके उपयोग के अनुसार तय वेग से निर्दिष्ट दिशाओं में घुमाना पड़ता है, यह कार्य विशेष यंत्रावलियों द्वारा संपन्न किया जाता है। कैमरों द्वारा बड़े भू-भाग के प्रतिबिंबन के लिए उन्हें प्रचालन के दौरान घुमाया जाता है। कई संवेदकों के लिए यह आवश्यक होता है कि वे अपने लक्ष्य की ओर लगातार देखते रहें, ऐसे संवेदकों के लिए विशेष यंत्रावलियों की अभिकल्पना की जाती है।

नीतभार उपग्रह के वे उपकरण होते हैं, जो उस अंतरिक्ष अभियान के विशिष्ट उद्देश्यों की पूर्ति के लिए लगाए जाते हैं। किसी भी उपग्रह में नीतभारों के अतिरिक्त उपग्रह के शेष अंग नीतभारों के समर्थन के लिए ही होते हैं। उपग्रह में किस तरह का नीतभार होगा, यह अंतरिक्ष अभियान के उद्देश्यों पर निर्भर करता है। एक उपग्रह में एक या एक से अधिक नीतभार विद्यमान हो सकते हैं। एक संचार उपग्रह में प्रेषानुकर, जो कि संवर्धन एवं आवृत्ति परिवर्तन का कार्य करते हैं, मुख्य नीतभार के रूप में होते हैं। सुदूर संवेदी उपग्रहों में कैमरे एवं संबंधित इलेक्ट्रॉनिक इकाइयाँ मुख्य नीतभार होते हैं। मौसम संबंधी उपग्रहों में विकिरण मापी एवं वैज्ञानिक उपग्रहों में एक्स-किरण संसूचक, गामा किरण संसूचक इत्यादि नीतभार के रूप में होते हैं। नौसंचालन उपग्रहों के नीतभारों में परमाण्विक घड़ी होती है, जो अति परिशुद्धता के साथ समय का मापन कर सकती है, इसके साथ ही नौसंचालन संकेत उत्पन्न करने की इकाई भी स्थापित होती है।

ऊष्मा एवं तापमान

ऊष्मा ऊर्जा का वह रूप है, जिसके कारण पदार्थ का तापमान कम या अधिक हो जाता है। तापमान पदार्थ के अणुओं की औसत गतिज ऊर्जा को प्रदर्शित करता है। तापमान ऊर्जा नहीं है, लेकिन ऊर्जा का एक मापदंड है। जबकि ऊष्मा ऊर्जा का एक रूप है। तापमान पदार्थ की मात्रा पर निर्भर नहीं करता है, जबकि किसी पदार्थ में निहित ऊष्मा की मात्रा उस पदार्थ के तापमान के अतिरिक्त द्रव्यमान एवं उसके अणुओं के गुणधर्मों पर निर्भर करती है। असमान तापमान के दो पिंडों को अगर सम्पर्क में लाया जाए तो तापमान में अंतर के कारण एक पिंड से दूसरे पिंड की ओर ऊष्मा का संचरण होगा। किसी पदार्थ का तापमान अधिक है तो उसके अणु अधिक तेजी से घूर्णन, कंपन एवं गति कर रहे हैं। हम ऊष्मा एवं तापमान को एक उदाहरण के द्वारा समझने का प्रयास करते हैं। एक स्टील की चम्मच को स्टोव पर लाल होने तक गर्म करते हैं तो उसका तापमान इतना अधिक हो जाता है कि हमें चम्मच को हाथ से पकड़ना मुश्किल हो जाता है इस स्थिति में हम कह सकते हैं कि चम्मच का तापमान बहुत अधिक हो गया है। अब हम बर्फ के रूप में जमे हुए पानी की झील की कल्पना करते हैं। झील में बर्फ का तापमान स्टील की गर्म चम्मच के तापमान से बहुत कम है, लेकिन झील के पानी में एकत्रित कुल ऊष्मा ऊर्जा की मात्रा स्टील के गर्म चम्मच में निहित कुल ऊष्मा ऊर्जा से कई हजार गुना अधिक हो सकती है। अगर हम गर्म चम्मच को झील के जमे हुए बर्फ के सम्पर्क में लाएँगे तो ऊष्मा का प्रवाह चम्मच से झील के पानी की ओर होगा। तापमानों में अंतर के कारण ऊष्मा संचरण होता

है, लेकिन ऊष्मा संचरण की दर भी तापामानों में अंतर के अतिरिक्त पदार्थों के गुणधर्मों एवं पदार्थों के बीच परस्पर संपर्क की प्रकृति तथा संपर्क वाले क्षेत्रफल पर निर्भर करती है। इसी कारण हमें हाथ से स्पर्श करने पर सर्दी के मौसम में एक ही कमरे में रखे स्टील के फर्नीचर लकड़ी से बने फर्नीचरों से अधिक ठंडे महसूस होते हैं। लकड़ी ऊष्मा की कुचालक होने के कारण हमारी त्वचा से ऊष्मा नहीं ले पाती है, जबकि स्टील ऊष्मा का चालक होने कारण त्वचा से ऊष्मा ले लेता है और हमें ठंडक का अहसास होता है। पदार्थों के तापीय गुणधर्म एवं उनकी ज्यामितीय संरचना के द्वारा एक पदार्थ से दूसरे पदार्थ में ऊष्मा के संचरण को प्रभावित किया जा सकता है। ऊष्मा संचरण प्रभावित होने से पदार्थों के तापमान भी प्रभावित हो जाते हैं। उपग्रहों के संदर्भ में ऊष्मा संचरण की प्रक्रिया को नियंत्रित करना ऊष्मा प्रबंधन का मुख्य अंग है।

अंतरिक्ष में उपग्रहों का तापीय परिवेश

पृथ्वी पर काम करने वाले उपकरणों की तुलना में उपग्रहों को अंतरिक्ष में अत्यंत भिन्न तापीय परिवेश में कार्य करना पड़ता है। पृथ्वी के वायुमंडल से बाहर के क्षेत्र को सामान्यतया अंतरिक्ष कहा जाता है। वायुमंडल पृथ्वी की सतह से लगभग 100 किलोमीटर की ऊँचाई तक फैला हुआ है। अंतरिक्ष कहाँ से शुरू होता है और कहाँ इसका अंत होता है, इसके लिए कोई निश्चित सीमाएँ नहीं हैं, अंतरिक्ष अनंत है। पृथ्वी पर गुरुत्व के कारण वायुमंडल की उपस्थिति होती है। पृथ्वी की सतह से ऊँचाई पर जाने के साथ-साथ गुरुत्व कम होने के कारण वायुमंडल विरल होता जाता है। धीरे-धीरे यह अंतरिक्ष से मिल जाता है, जहाँ पर निर्वात है। सरल शब्दों में हम यह कह सकते हैं कि अंतरिक्ष वो क्षेत्र है, जहाँ पर उपग्रह, पृथ्वी के वायुमंडल के घर्षण से प्रभावित हुए बिना, लंबे समय तक नियत कक्षा में चक्कर लगा सकें। वह क्षेत्र लगभग पृथ्वी की सतह से 200 किलोमीटर की ऊँचाई के बाद शुरू हो जाता है।

अंतरिक्ष में अत्यंत निम्न दाब पर गैसों एवं अव-परमाण्वीय कणों की उपस्थिति होती है, जिनका दाब लगभग 10^{-16} मिमी Hg होता है। पृथ्वी पर 10^{-8} मिमी Hg के निर्वात का निर्माण किया जा सकता है। अंतरिक्ष में उच्च निर्वात के कारण उपग्रहों के अवयवों में से वाष्पशील पदार्थों का आसानी से वाष्पीकरण हो जाता है, इसे विगैसन भी कहते हैं। इस प्रक्रिया से कुछ विशेष ताप नियंत्रण एवं प्रकाशीय सतहों के गुणधर्मों का निम्नीकरण हो जाता है, इसलिए उपग्रहों में ऐसे पदार्थों का उपयोग सावधानी से करना चाहिए, जिनसे विगैसन की संभावना होती हो। अंतरिक्ष का वातावरण निर्वात के अतिरिक्त पराबैंगनी विकिरणों के साथ पूर्ण सौर विकिरण, एक्स विकिरण, सूर्य एवं सौर ज्वालाओं से छोड़े गए आवेशित कण, कॉस्मिक किरणों द्वारा परिलक्षित होता है। चित्र 1.5 में पृथ्वी की कक्षा में भ्रमण करते हुए एक उपग्रह पर गिरने वाले विभिन्न ऊष्मीय विकिरण अभिवाहों को दिखाया गया है।

पृथ्वी पर वायुमंडल के कारण हमारे आसपास हमें लगभग समतापीय वातावरण का अनुभव होता है क्योंकि वायु में ऊष्मा को शोषित एवं उसके संचरण करने की क्षमता होती है। अंतरिक्ष में वायुमंडल के अभाव में किसी भी स्थान पर ऊष्मा का संचय संभव नहीं होने के कारण अंतरिक्ष की ठंड उग्र होती है इसलिए तापीय

गणनाओं के लिए अंतरिक्ष का तापमान लगभग 4 केल्विन माना जाता है। हम कह सकते हैं कि उपग्रह के लिए अंतरिक्ष एक ऐसा कवच है जिसका तापमान लगभग 4 केल्विन बना रहता है। अंतरिक्ष की उग्र ठंड के अतिरिक्त, उपग्रहों को सीधे सौर, अल्बिडो एवं भू-दीप्ति विकिरणों का सामना करना पड़ता है। पृथ्वी अथवा अन्य ग्रहों पर सतत सौर विकिरण गिरते हैं, इन विकिरणों का कुछ अंश पृथ्वी के वायुमंडल द्वारा परावर्तित कर दिया जाता है, इस परावर्तित सौर विकिरण को अल्बिडो विकिरण कहते हैं। सौर विकिरण का शेष अंश पृथ्वी द्वारा अवशोषित कर लिया जाता है, जिससे पृथ्वी के तापमान में वृद्धि होती है, इस तापमान के कारण अवरक्त विकिरणों का उत्सर्जन होता है, जिन्हें भू-दीप्ति विकिरण कहा जाता है। ये सब विकिरण उपग्रह के तापीय परिवेश को प्रभावित करते हैं।

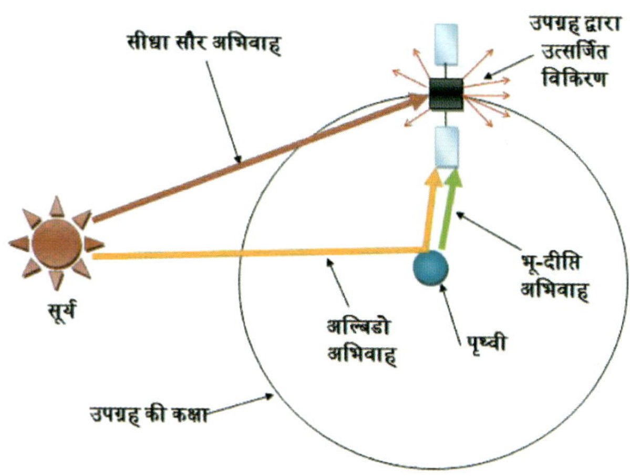

चित्र 1.5 पृथ्वी की कक्षा में भ्रमण करते हुए एक उपग्रह पर गिरने वाले विभिन्न ऊष्मीय विकिरण अभिवाह

अंतरिक्ष का तापमान—गहरे अंतरिक्ष का तापमान लगभग 2.7 केल्विन माना जाता है। इसे और गहराई से समझने के लिए हमें यह समझना होगा कि अंतरिक्ष वास्तव में क्या है और तापमान वास्तव में क्या है? जब हम किसी वस्तु के तापमान की बात करते हैं तो हम वास्तव में उस वस्तु के अणुओं में निहित ऊर्जा की मात्रा की बात करते हैं, अणुओं के द्वारा ही ऊर्जा का स्थानांतरण होता है, अगर अणु ही नहीं है तो ऊर्जा का स्थानांतरण भी संभव नहीं है।

अंतरिक्ष बहुत-बहुत रिक्त है। वहाँ एक स्थान में गिने-चुने अणु ही पाए जाते हैं, जो ऊर्जा स्थानांतरण के लिए नगण्य है। अगर हम यादृच्छिक रूप से अंतरिक्ष के किसी कण पर ध्यान केंद्रित करें और उसके तापमान की गणना की कोशिश करें, तो ऐसा हो सकता है कि उस कण का तापमान लाखों केल्विन हों, क्योंकि इस कण को किसी दूसरे कण से टकराने का मौका ही नहीं मिला, जिससे यह तापमान की साम्यावस्था को प्राप्त नहीं हो सका। हम जो अंतरिक्ष के 2.7 केल्विन तापमान की बात करते हैं, यह अंतरिक्ष का औसत तापमान है, जो कि वास्तव में ब्रह्मांडीय पृष्ठभूमि विकिरण है, यह बिग बैंग की घटना के कारण अंतरिक्ष में अभी तक शेष

छोड़ दी गई ऊर्जा है। अंतरिक्ष में किसी पिंड का तापमान उस पिंड पर गिरने वाले सौर एवं अन्य विकिरणों के साथ-साथ उस वस्तु के तापीय गुणधर्मों पर निर्भर करता है।

उपग्रहों में ऊष्मीय प्रबंधन की आवश्यकता

पृथ्वी से अनंत अंतरिक्ष जो हमें शांत दिखाई देता है, अंतरिक्ष का वही परिवेश हमारे उपग्रहों के लिए घातक समस्याओं से भरा होता है। हम सभी जानते हैं कि हमारे घरों में प्रयोग में आ रहे इलेक्ट्रॉनिक उपकरण जैसे कंप्यूटर, कैमरे इत्यादि कमरे के सामान्य तापमान 10 से 40 °C पर बिना रुकावट के काम करते हैं। उपग्रहों में प्रयुक्त अधिकतर इलेक्ट्रॉनिक घटकों के लिए भी कमरे के इसी समान्य तापमान पर प्रचालन अपेक्षित होता है। उपग्रहों के कुछ विशिष्ट उपकरणों जैसे—बैटरी, प्रकाशिकी अवयवों एवं संसूचकों के लिए निम्न एवं स्थायी तापमानों की आवश्यकता होती है। लेकिन अंतरिक्ष में यह तापीय परिवेश आसानी से उपलब्ध नहीं होता है। अंतरिक्ष में वायुमंडल के अभाव अर्थात् निर्वात के कारण तापीय परिवेश उग्र होता है। अंतरिक्ष में उपग्रहों को उग्र शीत एवं उष्ण, दोनों तरह के तापमानों का सामना करना पड़ता है। किसी उपग्रह पर मुख्य रूप से दो तरह के ऊष्मा भार होते हैं—1. आंतरिक एवं 2. बाहरी। आंतरिक ऊष्मा भार उपग्रह के विभिन्न इलेक्ट्रॉनिक घटकों के प्रचालन के दौरान विद्युत् ऊर्जा क्षय के कारण होते हैं। जबकि सौर विकिरण, अल्बिडो (पृथ्वी की सतह द्वारा परावर्तित सौर विकिरण) एवं भू-दीप्ति (पृथ्वी के तापमान के कारण उत्सर्जित विकिरण) बाहरी ऊष्मा भार के मुख्य रूप होते हैं।

किसी पिंड का तापमान उस पिंड के तापीय गुणधर्मों, उस पिंड एवं उसके परिवेश के मध्य ऊष्मा के आवागमन के मार्गों की दक्षता तथा उस पिंड में ऊष्मा उत्पन्न होने की दर पर निर्भर करता है। हम यह भी कह सकते हैं कि उस पिंड एवं उसके परिवेश के मध्य ऊष्मा के आवागमन के मार्गों की दक्षता एवं ऊष्मा उत्पन्न होने की दर में परिवर्तन कर हम उस पिंड को वांछनीय या अपेक्षित तापमान पर बनाए रख सकते हैं। वह पिंड जिसका तापमान हमें बनाए रखना है, वह उपग्रह या उसका कोई भी घटक हो सकता है। उपग्रह एवं उसके सभी घटकों के तापमानों एवं तापीय प्रवणताओं को अपेक्षित सीमाओं में बनाए रखने की प्रौद्योगिकी ही उपग्रहों का ऊष्मीय प्रबंधन है। ऊष्मीय प्रबंधन में ताप नियंत्रण के साथ-साथ इस बात का भी ध्यान रखना आवश्यक होता है कि ताप नियंत्रण का कार्य उपलब्ध संसाधनों की सीमाओं एवं सभी अपेक्षाओं को ध्यान में रखकर किया जाए। उपग्रहों के निर्माण में हमें द्रव्यमान, आयतन एवं विद्युत् शक्ति सीमित मात्रा में ही उपलब्ध होते हैं। उपग्रहों का द्रव्यमान एवं आयतन उनके प्रमोचन यान की क्षमता पर निर्भर करता है। उपग्रह के द्रव्यमान में प्रत्येक किलोग्राम की बढ़ोतरी अत्यधिक महंगी होती है।

उपग्रहों में ऊष्मीय प्रबंधन की आवश्यकता को आसानी से समझने के लिए हमें यह सोचना चाहिए कि अगर एक सामान्य उपग्रह का निर्माण उस पर अंतरिक्ष के तापीय प्रभावों के बारे में सोचे बिना कर दिया जाए तथा ऐसे उपग्रह को पृथ्वी की कक्षा में स्थापित करने पर उस उपग्रह की क्या दशा होगी। ऐसी दशा में उपग्रह को तीन विकट परिस्थितियों का सामना करना पड़ेगा—

- उसे अंतरिक्ष के निर्वात का सामना करना होगा।

- उस पर सौर एवं अन्य ग्रहीय विकिरण सीधे गिरेंगे।
- उसे अत्यंत ठंडे अंतरिक्ष का सामना करना होगा।

पृथ्वी पर वायुमंडल के कारण किसी उपकरण में उत्पन्न ऊष्मा का स्थानांतरण, संवहन द्वारा परिवेश की वायु के कारण आसानी से हो जाता है। अंतरिक्ष में निर्वात के कारण उपग्रहों को इस संवहन विधि का लाभ नहीं मिल पाता है। उपग्रह से ऊष्मा का स्थानांतरण केवल विकिरण द्वारा ही संभव हो पाता है, इसलिए उपग्रहों में ऊष्मीय प्रबंधन पृथ्वी पर स्थित उपकरणों की तुलना में अधिक चुनौतीपूर्ण कार्य हो जाता है। उपग्रह के अंदर चालन एवं विकिरण विधियों द्वारा ऊष्मा स्थानांतरण होता है। अगर किसी इलेक्ट्रॉनिक घटक में से उत्पन्न ऊष्मा के स्थानांतरण के लिए दक्ष मार्ग प्रदान नहीं किया गया तो उसका तापमान इतना बढ़ जाएगा कि वह नष्ट भी हो सकता है। इलेक्ट्रॉनिक घटक अपना श्रेष्ठ निष्पादन तभी प्रदर्शित करते हैं, जब उनके तापमान अनुमत सीमाओं के अंदर ही बने रहें। इसलिए ऊष्मीय प्रबंधन की अनुपस्थिति में अंतरिक्ष के निर्वात के कारण कई घटक अत्यधिक प्रतिकूल तापमानों के कारण ही नष्ट हो जाएँगे।

उपग्रह के जिन हिस्सों पर सीधा सौर या अन्य ग्रहीय विकिरण गिर रहा है वे हिस्से अत्यधिक गर्म हो जाएँगे, उनका तापमान 100°C से भी ऊपर जा सकता है, क्योंकि अंतरिक्ष में वायुमंडल के अभाव में सौर विकिरणों की तीव्रता अधिक होती है। दूसरी ओर जिन हिस्सों पर कोई ऊष्मीय विकिरण नहीं गिर रहा है वे हिस्से ठंडे अंतरिक्ष में विकिरण द्वारा ऊष्मा उत्सर्जन करते हुए बहुत ठंडे हो जाएँगे, उनका तापमान -100°C से भी नीचे पहुँच सकता है। अत्यधिक कम तापमान पर नोदक द्रव ठोस के रूप में जम जाता है, इसलिए तापमान कम होने पर नोदक तंत्र काम करना बंद कर देगा। उपग्रह के कुछ हिस्से अत्यधिक गर्म एवं कुछ हिस्से अत्यधिक ठंडे होने के कारण उपग्रह की संरचनाओं एवं उपकरणों में तापीय प्रवणताएँ उत्पन्न हो जाएँगी। इन तापीय विषमताओं के कारण उपग्रह, उसके उपतंत्रों एवं नीतभारों में संरचनात्मक विकृति उत्पन्न हो जाएँगी, तथा उपग्रह एवं उसके नीतभारों का दिग्विन्यास लक्ष्यों से भटक जाएगा, ऐसी दशा में भू-केंद्रों से उपग्रह का संपर्क भी टूट सकता है। इस तरह हम देखते हैं कि उपग्रह के घटकों के तापमानों के साथ-साथ उनमें स्थानिक तापीय प्रवणताएँ भी स्वीकृत सीमाओं से अधिक नहीं होनी चाहिए। पृथ्वी पर स्थित उपकरणों में वायुमंडल की उपस्थिति के कारण ऊष्मा के संवहन के कारण प्रतिकूल तापीय विषमताएँ उत्पन्न नहीं हो पाती है। अंतरिक्ष के तापीय परिवेश की कर्कशता और गंभीर हो जाती है, जब परिक्रमा करता हुआ एक उपग्रह कई बार 'दिन और रात' की अवस्थाओं में से गुजरता है, जिसे तापीय चक्र कहा जाता है। पृथ्वी की निम्न कक्षा में परिक्रमा करता हुआ उपग्रह लगभग 100 मिनटों में पृथ्वी की एक परिक्रमा लगा लेता है। प्रत्येक परिक्रमा काल में उपग्रह को पृथ्वी की छाया अर्थात् रात एवं सूर्य के सामने अर्थात् दिन की अवस्थाओं में से होकर गुजरना पड़ सकता है। उपग्रह के दिन और रात की अवधि उसके परिक्रमण कक्षा के विभिन्न प्राचलों पर निर्भर करती है। इन दिन और रात की अवस्थाओं में उपग्रह पर तापमानों के उतार-चढ़ाव लगभग -150°C से +150°C तक पहुँच सकते हैं। उपग्रह को उसके सक्रिय जीवनकाल में तापमानों का यह उतार-चढ़ाव हजारों बार सहना पड़ता है, साथ-ही-साथ उसे अपने निर्दिष्ट कार्यों का भी निष्पादन उत्कृष्टता से करना होता

है। अंतरिक्ष के निर्वात में इस तरह सतत परिवर्तनशील तापीय परिवेश में उपग्रह के विभिन्न घटकों को उनके जीवन काल की विभिन्न अवस्थाओं में वांछनीय तापमानों की सीमाओं में बनाए रखना ही उपग्रह के ऊष्मीय प्रबंधन का उद्‌देश्य होता है। उपग्रह के घटकों के प्रचालन की अवस्था में उनके श्रेष्ठ निष्पादन के लिए ताप नियंत्रण की आवश्यकता होती है, जबकि घटकों की निष्क्रिय अवस्था में ताप नियंत्रण, उनको उग्र तापमानों से होने वाले नुकसानों से बचाए रखता है।

सुदूर संवेदी नीतभारों में विशिष्ट आवृत्ति की विद्युत् चुंबकीय तरंगों के संवेदन हेतु संसूचकों के श्रेष्ठ निष्पादन के लिए उन्हें तापमान की तंग सीमाओं में रखना अनिवार्य होता है। ताप नियंत्रण की अनुपस्थिति में इस तरह के संसूचकों का कार्य निष्पादन बुरी तरह से प्रभावित हो जाएगा, क्योंकि तापमान के बढ़ने पर संसूचकों में तापीय रव की उपस्थिति भी बढ़ जाती है। संसूचकों का कार्य निष्पादन तापमान के प्रति अति संवेदनशील होता है। सुदूर संवेदी उपग्रहों के कैमरों की संरचना में तापीय प्रवणता न्यूनतम होनी चाहिए, जिससे उसके प्रकाशीय अवयवों में उचित संरेखण बना रहे। इलेक्ट्रॉनिक घटकों की विश्वसनीयता को लंबी अवधि तक बनाए रखने के लिए उनको सामान्य कमरे के तापमान पर रखना अपेक्षित होता है। इलेक्ट्रॉनिक उद्योगों एवं तकनीकों में निरंतर तेजी से प्रगति होने के परिणामस्वरूप इलेक्ट्रॉनिकी घटकों का लघुकरण होने के साथ-साथ उनमें ऊष्मा अभिवाह घनत्व भी बढ़ रहा है, इन कारणों से भी उपग्रहों में प्रयुक्त इलेक्ट्रॉनिकी घटकों का ऊष्मीय प्रबंधन चुनौतीपूर्ण होता जा रहा है। इस तरह हम समझ सकते हैं कि एक उपग्रह में उचित ऊष्मीय प्रबंधन के अभाव में उग्र तापमानों के कारण उसके घटकों के बुरी तरह से प्रभावित या नष्ट होने से हमारे अंतरिक्ष अभियान का उद्‌देश्य पूरा नहीं हो सकता। इसलिए ऊष्मीय प्रबंधन के द्वारा उपग्रह एवं उसके नीतभार के सभी घटकों के तापमान उनकी अनुमत सीमाओं में बनाए रखना आवश्यक होता है। उपग्रहों के कुछ मुख्य उपकरणों के लिए तापमानों की सामान्य अनुमत सीमाएँ निम्न होती हैं—

- इलेक्ट्रॉनिक उपकरणों के स्थापित होने के स्थान पर 0 से 40°C
- बैटरी 0 से 10°C
- ऐंटेना –170 से 90°C
- सौर पैनल –160 से 80°C
- अवरक्त संसूचक –173°C
- सी.सी.डी. (आवेश युग्मित प्रयुक्ति) 18 से 22°C

संक्षेप में हम यह कह सकते हैं कि अंतरिक्ष के प्रतिकूल तापीय परिवेश में उपग्रह के विभिन्न उपतंत्र, नीतभार एवं उनके घटकों को लंबे समय तक विश्वसनीयता के साथ कार्य करते रहने के लिए यह आवश्यक है कि उनके तापमान उनकी अनुमत सीमाओं के अंदर ही रहें। इसलिए ऊष्मीय प्रबंधन किसी भी उपग्रह की अभिकल्पना का अनिवार्य अंग होता है।

उपग्रहों का प्रमोचन

उपग्रहों को पृथ्वी या अन्य खगोलीय पिंडों की निर्धारित कक्षाओं में स्थापित करने के लिए प्रमोचन यान या रॉकेटों की आवश्यकता होती है। रॉकेटों द्वारा उपग्रहों को पृथ्वी की सतह से वांछनीय ऊँचाई पर ले जाकर

उन्हें निर्दिष्ट दिशा में वांछित वेग प्रदान किया जाता है। जब उपग्रह को सही ऊँचाई पर सही दिशा में सही वेग प्रदान किया जाता है, तभी वह पृथ्वी या अन्य खगोलीय पिंडों की निर्धारित कक्षा में परिक्रमा करने में सक्षम होता है। रॉकेट के द्वारा उपग्रह को पृथ्वी की सतह से वांछनीय ऊँचाई एवं स्थिति पर वांछनीय वेग एवं दिशा प्रदान की जाती है। उपग्रहों को चंद्रमा, मंगल या अन्य ग्रहों की कक्षाओं में स्थापित करना बहुत जटिल कार्य होता है, क्योंकि ये पिंड स्वयं पृथ्वी की तरह सूर्य या अन्य पिंडों के चारों ओर दीर्घवृत्ताकार कक्षाओं में चक्कर लगा रहे हैं। उपग्रहों को चंद्रमा या अन्य ग्रहों की कक्षाओं में स्थापित करने के लिए वैज्ञानिकों को अंतरिक्ष यानों का मार्ग पहले से ही इस तरह से निर्धारित करना होता है कि अंतरिक्ष यान भी उसी समय उस स्थान पर पहुँचे जब निर्दिष्ट खगोलीय पिंड पहुँचता है। ये कार्य तेजी से दौड़ती हुई नाव में से तेजी से उड़ते हुए पक्षी को निशाना बनाने जैसा हो जाता है।

रॉकेट का सिद्धांत समझने के लिए हम एक गुब्बारे की कल्पना करते हैं। एक गुब्बारे में गैस भरने के बाद उसके मुख-द्वार को बंद करने की स्थिति को चित्र 1.6 (अ) में दिखाया गया है। गुब्बारे के अंदर भरी हुई गैस द्वारा गुब्बारे की दीवारों पर सभी दिशाओं में समान दाब लगाया जाता है। इसे चित्र में बाहर की ओर संकेत करते हुए तीरों द्वारा दिखाया गया है। न्यूटन की गति के तीसरे नियम के अनुसार प्रतिक्रिया के रूप में गुब्बारे की दीवारों द्वारा गैस पर दबाव डाला जाता है, जिसे अंदर की ओर संकेत करते हुए तीरों द्वारा दिखाया गया है। गैस द्वारा गुब्बारे की दीवारों पर सभी दिशाओं में समान दाब लगाने के कारण गुब्बारे की दीवारों पर परिणामी बल शून्य होता है, इसलिए गुब्बारे के द्वार के बंद होने की स्थिति में गुब्बारा स्थिर रहता है। गुब्बारे का द्वार नीचे की ओर खोलने पर उसके अंदर भरी हुई गैस तेजी से नीचे की दिशा में बाहर निकलने लगती है। साथ ही, गुब्बारा ऊपर की दिशा में अथवा इधर-उधर कुछ गति करने के बाद नीचे गिर जाता है। हम यह जानने की कोशिश करते हैं कि गुब्बारे का द्वार खोलने पर गुब्बारा गति क्यों करने लगता है। गुब्बारे का द्वार खोलने पर गुब्बारे की स्थिति को चित्र 1.6 (ब) में दिखाया गया है। गुब्बारे का द्वार खोलते ही द्वार पर निम्न दाब वाला क्षेत्र होने के कारण गैस में असंतुलन उत्पन्न हो जाता है, क्योंकि अब गैस खुले द्वार में से बाहर की ओर निकल सकती है। इस स्थिति में संतुलन बनाए रखने के लिए गुब्बारे के भीतर सभी स्थानों पर समान दाब नहीं है। गुब्बारे के अंदर आंतरिक दबाव, गैस पर असंतुलित बल लगाता है जिससे गुब्बारे के द्वार से बाहर की ओर गैस का प्रवाह होने लगता है। गुब्बारे के खुले द्वार के सामने वाली दीवार पर दाब के कारण जो बल लगता है, उस बल को संतुलित करने के लिए खुले द्वार के कारण समान एवं विपरीत दिशा में बल की अनुपस्थिति हो जाती है। यह असंतुलित बल गुब्बारे के छिद्र से निकास करती हुई गैसों के प्रवाह की दिशा के विपरीत दिशा में लगता है। इसी असंतुलित बल के कारण गुब्बारे को गैस के प्रवाह की दिशा के विपरीत दिशा में गति मिलती है।

गुब्बारे की गति को हम न्यूटन के क्रिया एवं प्रतिक्रिया के नियम के रूप में भी देख सकते हैं। गुब्बारे के मुख द्वार से निकलती हुई गैस क्रिया के रूप में संवेग के साथ बाहर निकलती है, प्रतिक्रिया के रूप में गुब्बारे पर विपरीत दिशा में समान संवेग लगता है।

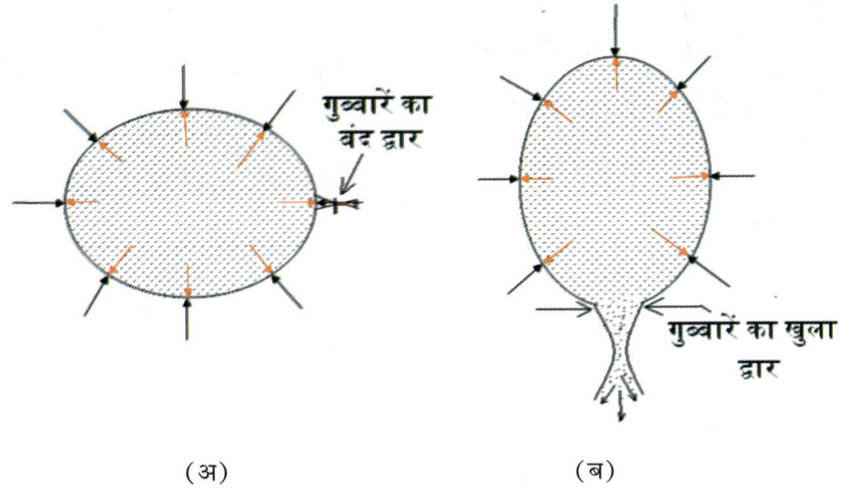

चित्र 1.6 एक बंद एवं खुले गुब्बारे एवं उसमें उपस्थित गैस पर बलों की स्थिति

जिस तरह गुब्बारे में दाब के साथ गैस भरी होती है रॉकेट में एक दहन कक्ष होता है, जिसमें नोदक के दहन से दाब पर गैसों का उत्पादन होता है। गुब्बारे के मुख द्वार की तरह रॉकेट में एक नॉजल होता है, जिसमें से गैसें तेजी से बाहर की ओर निकलती हैं। चित्र 1.7 में रॉकेट के सिद्धांत को स्पष्ट किया गया है। रॉकेट के दहन कक्ष में ईंधन एवं ऑक्सीकारक या नोदक के दहन से उच्च्व दाब पर गैसों का तेजी से निर्माण होता है। दहन कक्ष में ये गैसें सभी दिशाओं में समान दबाव के साथ तेजी से फैलती हैं। दहन कक्ष में नीचे की ओर एक नॉजल होता है, नॉजल के मार्ग की चौड़ाई शुरू में कम होती जाती है। जहाँ नॉजंल की चौड़ाई सबसे कम होती है, उसे कंठ कहते हैं। कंठ के आगे नॉजल का आकार एक घंटी की तरह फैला हुआ होता है। नॉजल की यह विशेष आकृति गैसों को अत्यधिक वेग से बाहर निकलने में सहायक होती है। नॉजल की विशेष आकृति के कारण नॉजल में गैसों का वेग अवध्वनिक से पराध्वनिक हो जाता है। दहन कक्ष में फैलती हुई गैसें नॉजल में प्रवेश कर जाती हैं। गैसें कम दाब पर नॉजल के चौड़े निकास द्वार में से जेट के रूप में तेजी से बाहर निकल जाती है।

जैसे ही एक निश्चित आयतन की गैस नॉजल के कंठ से आगे बढ़ती है, तब एक अपेक्षाकृत बड़े क्षेत्र में फैलती हुई आगे बढ़ती है, इसलिए नॉजल के कंठ के निकास द्वार पर दाब, दहन कक्ष के अंदर की दीवारों पर दाब की तुलना में कम होता है। दहन कक्ष और नॉजल के घेरे की दीवारों पर दाब के कारण ऊपर या आगे की दिशा में बलों का योग, नीचे या पीछे की दिशा में बलों के योग से अधिक होता है। ऊपर और नीचे की दिशाओं में बलों में इस अंतर के कारण ही रॉकेट के इंजन और उससे जुड़े हुए यान को आगे की ओर गति मिलती है। जितने समय तक दहन कक्ष में दहन के लिए ईंधन की उपलब्धता होती है, गर्म गैसें जेट के रूप में नॉजल के द्वारा बाहर निकलती हुई रॉकेट को आगे की ओर गति देती रहती है।

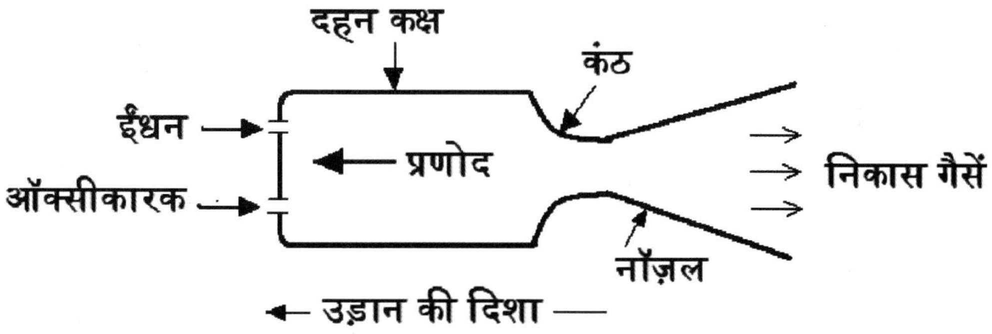

चित्र 1.7 रॉकेट की उड़ान का सिद्धांत

रॉकेट के सिद्धांत को हम न्यूटन की गति के तीसरे नियम के द्वारा भी समझ सकते हैं। नॉजल में से बाहर आती हुई जेट के भौतिक गुणधर्म दहन कक्ष में दाब एवं नॉजल के आकार एवं आकृति पर निर्भर करते हैं। इस जेट के दो मुख्य गुणधर्म होते हैं—1. इकाई समय में बाहर आती हुई गैस का द्रव्यमान; 2. गैस का वेग। गैस के द्रव्यमान और वेग के गुणा को गैस का संवेग कहते हैं। क्रिया के रूप में गैस संवेग के साथ जेट के रूप में नीचे की दिशा में बाहर आती है, न्यूटन की गति के तीसरे नियम के अनुसार प्रतिक्रिया के रूप में रॉकेट समान, लेकिन विपरीत दिशा में संवेग के कारण ऊपर की ओर आगे बढ़ता है। जेट जितने अधिक संवेग के साथ बाहर निकलेगी, रॉकेट भी उतने ही वेग से आगे की ओर बढ़ेगा। रॉकेट को दहन के लिए ईंधन और ऑक्सीकारक उसके अंदर ही उपलब्ध होते हैं, इसलिए रॉकेट को वायुमंडल से बाहर अंतरिक्ष में प्रचालन में कोई समस्या नहीं होती है, जहाँ पर ऑक्सीजन उपलब्ध नहीं होती है।

रॉकेट पर ऊपर की ओर आगे बढ़ने के लिए जितना बल लगता है उसे प्रणोद कहते हैं। प्रणोद नॉजल के निकास से गैसों की मात्रा की प्रवाह दर एवं उनके निकास वेग के गुणा के बराबर होता है। प्रमोचन मंच पर प्रणोद का मान संपूर्ण रॉकेट के भार से अधिक होना चाहिए, तभी रॉकेट प्रमोचन मंच से उठेगा। एक दस टन के रॉकेट को जमीन से उठाने के लिए दस टन से अधिक प्रणोद की आवश्यकता होगी। प्रणोद एवं रॉकेट के भार के अनुपात को प्रणोद-भार अनुपात कहा जाता है। प्रणोद-भार अनुपात जितना अधिक होगा रॉकेट उतने ही अधिक त्वरण के साथ आगे की ओर बढ़ेगा। जैसे-जैसे रॉकेट ऊपर की ओर जाता है तो ईंधन के दहन के कारण रॉकेट का कुल भार कम होता जाता है, इसलिए प्रणोद-भार अनुपात बढ़ता जाता है और रॉकेट का त्वरण बढ़ता जाता है।

रॉकेट इंजन की दक्षता को विशिष्ट आवेग से मापा जाता है। जैसे एक कार एक लीटर पैट्रोल में कितने किलोमीटर चलती है, इससे कार की दक्षता को मापा जा सकता है। एक सेकेंड में इकाई मात्रा के नोदक के दहन से मिलने वाले प्रणोद को विशिष्ट आवेग कहा जाता है। रॉकेट को पृथ्वी के वातावरण की तुलना में अंतरिक्ष में अधिक विशिष्ट आवेग प्राप्त होता है। उच्च विशिष्ट आवेग का मतलब उच्च प्रणोद होता है।

रॉकेट में नोदक (ईंधन एवं ऑक्सीकारक का योग) के द्रव्यमान एवं रॉकेट के कुल द्रव्यमान के अनुपात को द्रव्यमान अनुपात कहते हैं। रॉकेट का द्रव्यमान अनुपात जितना अधिक होगा रॉकेट का अंतिम वेग उतना ही अधिक होगा।

दहन कक्ष, ईंधन, ऑक्सीकारक, दहन को शुरू करने के लिए एक दाहक और एक उचित आकृति की नॉजल रॉकेट के मुख्य घटक होते हैं। ईंधन और ऑक्सीकारक एक ही रसायन या दो भिन्न रसायन भी हो सकते हैं। ईंधन और ऑक्सीकारक दोनों ठोस या दोनों तरल या एक ठोस एवं दूसरा तरल हो सकते हैं। जिस रॉकेट में ईंधन और ऑक्सीकारक दोनों ठोस होते हैं, उसे ठोस रॉकेट कहते हैं, एवं ईंधन एवं ऑक्सीकारक दोनों तरल अवस्था में हो तो उसे तरल रॉकेट कहा जाता है। अगर ईंधन एवं ऑक्सीकारक दोनों में से एक ठोस है तथा दूसरा तरल हो तो उस रॉकेट को मिश्र नोदक रॉकेट कहते हैं।

ठोस एवं तरल रॉकेट

ठोस रॉकेट में ठोस नोदक का उपयोग किया जाता है। ईंधन, ऑक्सीकारक एवं एक बंधक के मिश्रण से ठोस नोदक का निर्माण किया जाता है। एल्यूमिनियम पाउडर, अमोनियम परक्लोरेट एवं बहुलक एच.टी. पी.बी. को क्रमशः ईंधन, ऑक्सीकारक एवं बंधक के रूप में उपयोग किया जाता है। इन तीनों पदार्थों के मिश्रण से एक गाढ़ा पेस्ट जैसा पदार्थ तैयार हो जाता है। इस पदार्थ को वांछनीय आकृति प्रदान करने के बाद इसका प्रठोसन किया जाता है। पूरी तरह से तैयार होने के बाद इसका प्रज्वलन करने पर यह बड़ी मात्रा में गैसों का निर्माण करता है, जिनसे रॉकेट को प्रणोद मिलता है। ठोस नोदक के मिश्रण को ग्रेन कहा जाता है। ठोस नोदक को आकृति प्रदान करते समय उसमें एक छिद्र की भी रचना की जाती है, इस छिद्र का आकार एवं आकृति दहन की अवधि और दर को निश्चित करती है। चित्र 1.8 में एक ठोस रॉकेट के मुख्य अंगों को दिखाया गया है। ठोस रॉकेटों का भंडारण एवं संचालन दोनों तरल रॉकेटों की तुलना में आसान होता है। अधिक प्रणोद के लिए ठोस रॉकेट एक बेहतर विकल्प होता है, लेकिन तरल रॉकेटों की तुलना में ठोस रॉकेटों का विशिष्ट आवेग कम होता है। ठोस रॉकेट मोटर में एक बार दहन शुरू करने के बाद दहन को बंद करना संभव नहीं होता है। ठोस रॉकेटों का द्रव्यमान अनुपात भी कम होता है, क्योंकि संपूर्ण रॉकेट ही दहन कक्ष के रूप में कार्य करता है, इसलिए उसे दहन के कारण उत्पन्न उच्च दाब को सहन करने योग्य निर्मित करना पड़ता है।

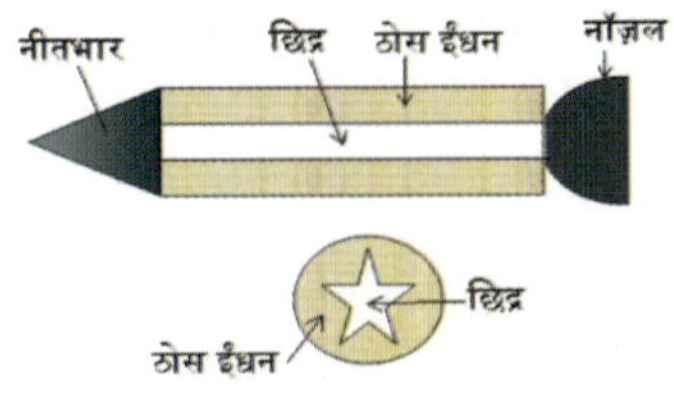

चित्र 1.8 एक ठोस रॉकेट के मुख्य अंग

तरल रॉकेट में नोदक का भंडारण तरल अवस्था में होता है। चित्र 1.9 में एक तरल रॉकेट के मुख्य भागों को दिखाया गया है। रॉकेट में तरल नोदकों का नोदक टैंकों में भंडारण किया जाता है। इसमें ईंधन एवं ऑक्सीकारक के लिए दो पृथक् भंडारण टैंकों की आवश्यकता होती है, तरल नोदकों के उच्च घनत्व के कारण उन्हें अपेक्षाकृत कम आयतन वाले टैंकों की आवश्यकता होती है। तरल नोदकों का टैंक से इंजन में प्रवाह के लिए हल्के पंपों का उपयोग किया जा सकता है, क्योंकि नोदकों को कम दाब पर रखा जा सकता है। इसलिए नोदकों को हल्के द्रव्यमान वाले टैंकों में रखना संभव होता है, जिससे हमें रॉकेट का उच्च द्रव्यमान अनुपात मिलता है। तरल रॉकेट में नोदक को दहन कक्ष में नियंत्रित तरीके से प्रवेश कराया जाता है, इसके लिए इसमें एक आपूर्ति तंत्र की आवश्यकता होती है।

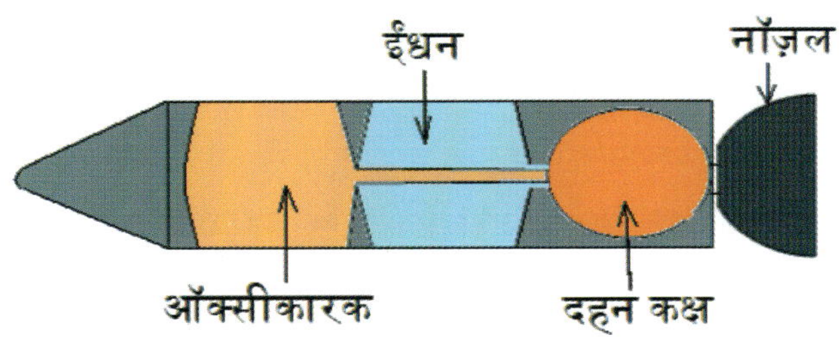

चित्र 1.9 एक तरल रॉकेट का के मुख्य अंग

ठोस रॉकेटों की तुलना में तरल रॉकेटों का विशिष्ट आवेग अधिक होता है। तरल नोदक के प्रवाह के नियंत्रण द्वारा इंजन को नियंत्रित किया जा सकता है, इसलिए तरल रॉकेट को बंद करना या पुनः शुरू करना संभव होता है। तरल नोदकों की उच्च अभिक्रियाशीलता के कारण उनका भंडारण एवं संचालन कठिन होता है।

असममितीय डाई मेथिल हाइड्राजाइन (UDMH) एवं नाइट्रोजन टेट्रॉक्साइड (N_2O_4) का उपयोग अक्सर तरल ईंधन एवं ऑक्सीकारक के रूप में किया जाता है। एक बार एक-दूसरे के संपर्क में आने से ये तरल स्वतः ही जलना शुरू कर देते हैं अर्थात् इनके दहन के लिए किसी तीसरे साधन की आवश्यकता नहीं होती है, ऐसे नोदकों को स्पर्श ज्वली नोदक कहा जाता है। साधारण तरल नोदकों का सामान्य तापमान पर भंडारण किया जा सकता है।

क्रायोजेनिक रॉकेट भी एक तरल रॉकेट होता है। क्रायोजेनिक रॉकेट में क्रायोजेनिक नोदक का उपयोग किया जाता है। इसमें ईंधन एवं ऑक्सीकारक दोनों द्रवित गैसें होती है, जिनका भंडारण अति निम्न ताप पर किया जाता है। इनका क्वथनांक शून्य से काफी नीचे होता है। क्रायोजेनिक रॉकेट का विशिष्ट आवेग बहुत अधिक होता है, इसलिए ये रॉकेट अधिक शक्तिशाली होते हैं। क्रायोजेनिक रॉकेटों की नोदन प्रणालियों में द्रव हाइड्रोजन एवं द्रव ऑक्सीजन का उपयोग क्रमशः ईंधन एवं ऑक्सीकारक के रूप में होता है। निम्न ताप पर प्रचालन के कारण इन रॉकेटों में कई जटिलताओं का सामना करना पड़ता है।

बहुचरण रॉकेट

हम जानते हैं कि रॉकेट की गति उसके बाहर निकलती हुई गर्म गैसों की जेट के संवेग पर निर्भर करती है। समुद्र तट पर जेट में गैसों का वेग 2000 से 4000 मीटर प्रति सेकेंड हो सकता है। रॉकेट प्रारंभ में विराम अवस्था में होता है। ईंधन के दहन के बाद इसे गति मिलनी शुरू होती है और समय के साथ गति बढ़ना शुरू हो जाता है। ईंधन के दहन होने के कारण रॉकेट का द्रव्यमान भी कम होता जाता है। रॉकेट का द्रव्यमान कम होने के कारण उसकी गति और तेजी से बढ़ने लगती है। इस तरह रॉकेट का अंतिम वेग उसके ईंधन के दहन होने की दर पर ही निर्भर नहीं करता है, बल्कि इस बात पर भी निर्भर करता है कि रॉकेट का अंतिम द्रव्यमान कितना है। रॉकेट को उसके अभियान के अंतिम काल में उच्च वेग प्राप्त हो, इसके लिए यह आवश्यक है कि उसका प्रारंभिक द्रव्यमान एवं अंतिम द्रव्यमान का अनुपात उच्चतम हो। लेकिन रॉकेट के प्रचालन के लिए दहन कक्ष, नॉजल, तथा अन्य दूसरे पुर्जों की उसके अभियान के अंत तक आवश्यकता होती है, इसलिए एक रॉकेट के प्रारंभिक और अंतिम द्रव्यमान का अनुपात 4–5 गुना से अधिक नहीं हो पाता है। इन सीमाओं के कारण केवल एक रॉकेट के द्वारा यह संभव नहीं हो पाता है कि वह उपग्रह को अपेक्षित ऊँचाई पर ले जाकर वांछनीय वेग प्रदान कर सके। इसलिए रॉकेट में 2 या 3 चरण और जोड़े जाते हैं। रॉकेट के प्रत्येक चरण के लिए पृथक् इंजन एवं नोदक होते हैं।

बहुचरण रॉकेट में प्रारंभ में रॉकेट को सभी चरणों के वजन को उठाना पड़ता है। प्रथम चरण के ईंधन के दहन के बाद उससे संबंधित संरचनात्मक एवं अन्य पुर्जों की आवश्यकता नहीं होती है, इसलिए उन्हें रॉकेट से अलग कर दिया जाता है और द्वितीय चरण का दहन प्रारंभ हो जाता है। इस तरह प्रथम चरण के दहन के बाद रॉकेट के द्रव्यमान में महत्वपूर्ण कमी आ जाती है। इसके अतिरिक्त, उसे प्रथम चरण द्वारा दिया गया वेग तथा ऊँचाई क्रमश: प्रारंभिक वेग एवं ऊँचाई के रूप में मिल जाते हैं। जैसे–जैसे रॉकेट की पृथ्वी की सतह से ऊँचाई बढ़ने लगती है, वायुमंडल के घर्षण और पृथ्वी के गुरुत्व का प्रभाव भी कम होता जाता है, इसलिए उसे गति बढ़ाने के लिए कम ऊर्जा की आवश्यकता होती है। इस तरह द्वितीय चरण के दहन के बाद उसे भी अलग कर दिया जाता है और तृतीय चरण के लिए कार्य और आसान हो जाता है। इस तरह बहुचरण रॉकेट में विभिन्न चरणों को उनके उपयोग के बाद अलग कर दिया जाता है। चित्र 1.10 में भारत के एक ध्रुवीय उपग्रह प्रमोचन यान को उड़ान से पहले की अवस्था में दिखाया गया है।

बहुचरण रॉकेट का यह भी लाभ है कि उनमें प्रत्येक चरण के लिए उनके प्रचालन के दौरान परिवेश की परिस्थितियों के अनुसार विभिन्न रॉकेट इंजनों जैसे ठोस, तरल या क्रायोजेनिक इंजनों का उपयोग किया जा सकता है। इसलिए निम्न चरण के इंजनों को वायुमंडल के दाब को ध्यान में रखते हुए निर्मित किया जाता है, जबकि उच्च चरण के इंजनों के निर्माण में अंतरिक्ष के निर्वात के परिवेश को ध्यान में रखा जाता है। निम्न चरणों का संरचनात्मक दृष्टि से अधिक मजबूत निर्माण करना पड़ता है, क्योंकि उन्हें स्वयं के भार के अतिरिक्त ऊपर के चरणों का भी भार सहना पड़ता है।

चित्र 1.10 उड़ान से पहले एक बहुचरणीय रॉकेट

रॉकेट में उसके प्रचालन के दौरान उसके नियंत्रण के लिए दिग्विन्यास, स्थिति, वेग एवं त्वरण की लगातार जानकारी के लिए विशुद्ध यंत्र लगे होते हैं। इन सूचनाओं से रॉकेट में लगे संगणकों द्वारा गणनाएँ की जाती हैं, जिनके आधार पर रॉकेट की गति, स्थिति एवं दिग्विन्यास में वांछनीय सुधार के लिए ऑटोपाइलट को आदेश दिए जाते हैं।

हमारे देश में लगभग 1000 किलोग्राम वजन तक के उपग्रहों को अंतरिक्ष में स्थापित करने के लिए ध्रुवीय उपग्रह प्रमोचन यान (पी.एस.एल.वी.) का विकास किया गया है। यह 44 मीटर लंबा चार चरणों वाला रॉकेट है, जिसमें प्रथम चरण में छः ठोस बूस्टर के साथ ठोस नोदक होता है। इसके बाद एकांतर चरण ठोस और तरल नोदक वाले होते हैं। भारी उपग्रहों अर्थात् लगभग 2.4 टन तक वजन वाले उपग्रहों के लिए हमारे देश में भू-स्थिर उपग्रह प्रमोचन यान (जी.एस.एल.वी.) का विकास किया जा रहा है। जी.एस.एल.वी. तीन चरणों वाला रॉकेट है। इसके प्रथम चरण में ठोस नोदक के साथ चार तरल नोदक के बूस्टर लगे होते हैं। द्वितीय चरण पी.एस.एल.वी. की तरह तरल नोदक वाला होता है। जी.एस.एल.वी. का तृतीय चरण क्रायोजेनिक चरण होता है, जिसमें क्रायोजेनिक नोदकों का उपयोग होता है।

क्रायोजेनिक रॉकेट इंजन

क्रायोजेनिक अभियांत्रिकी में अति निम्न तापमान (120 केल्विन के नीचे) उत्पन्न करने की तकनीकों, निम्न तापमान पर पदार्थों के भंडारण की तकनीकों एवं उनके व्यवहार का अध्ययन किया जाता है। इतना

निम्न तापमान पृथ्वी पर प्राकृतिक रूप से नहीं पाया जाता है। क्रायोजेनिक रॉकेट इंजन एक ऐसा इंजन होता है, जिसमें ईंधन एवं ऑक्सीकारकों का द्रव अवस्था में क्रायोजेनिक तापमान पर भंडारण किया जाता है। शक्तिशाली प्रमोचन यानों के लिए यह आवश्यक है कि अधिक प्रणोद (थ्रष्ट) उत्पन्न करने के लिए नोदकों की द्रव्यमान प्रवाह दर अधिक हो। अगर नोदकों का संपीडित गैसों के रूप में भंडारण करेंगे तो गैसों के दाब के अनुसार ईंधन टैंकों का द्रव्यमान ही इतना अधिक हो जाएगा कि वह प्रमोचन यान की दक्षता को बहुत कम कर देगा। इसलिए प्रमोचन यान में नोदकों की वांछनीय द्रव्यमान प्रवाह दर प्राप्त करने के लिए नोदकों को अति निम्न तापमान पर द्रव अवस्था में भंडारण करना ही उत्तम उपाय है। द्रव अवस्था में समान आयतन में गैस अवस्था की तुलना में कई गुना अधिक नोदकों का भंडारण किया जा सकता है। क्रायोजेनिक इंजनों में साधरणतया द्रव हाइड्रोजन एवं द्रव ऑक्सीजन का उपयोग किया जाता है। द्रव हाइड्रोजन एक ईंधन की तरह एवं द्रव ऑक्सीजन ऑक्सीकारक की तरह कार्य करते हैं। द्रव हाइड्रोजन को लगभग 90 केल्विन एवं द्रव ऑक्सीजन को लगभग 20 केल्विन के तापमानों पर रखा जाता है। क्रायोजेनिक नोदकों के भंडारण के लिए विशेष ऊष्मा प्रतिरोधी टैंकों की आवश्यकता होती है। इतने कम तापमानों पर नोदकों का भंडारण एवं उनका संचालन एक जटिल अभियांत्रिकी चुनौती हो जाती है। किसी वस्तु के संवेग में परिवर्तन को आवेग कहते हैं। क्रायोजेनिक ईंधन प्रमोचन यान को साधारण द्रव ईंधन की तुलना में अधिक विशिष्ट आवेग प्रदान करने में सक्षम होते हैं। विशिष्ट आवेग द्वारा प्रमोचन यान के ईंधन की दक्षता का मापन किया जाता है। यह वह आवेग होता है, जो नोदक के प्रति इकाई द्रव्यमान व्यय होने से उत्पन्न होता है। हम यह भी कह सकते हैं कि यह वह प्रणोद होता है, जो नोदक की प्रति इकाई द्रव्यमान प्रवाह दर के कारण उत्पन्न होता है। अगर विशिष्ट आवेग अधिक है तो निश्चित समय में निश्चित प्रणोद उत्पन्न करने के लिए कम ईंधन की आवश्यकता होगी।

दुनिया में अमेरिका ने सर्वप्रथम 1963 में क्रायोजेनिक रॉकेट इंजन का सफल प्रयोग किया था। इसके बाद क्रायोजेनिक ऊपरी चरण का उपयोग सैटर्न V रॉकेट में किया गया, जिसके द्वारा मानव को चंद्रमा पर भेजा गया। हमारे देश के भू-स्थिर उपग्रह प्रमोचन यानों के तृतीय चरण में क्रायोजेनिक इंजन का उपयोग होता है, जिससे यह यान दो टन से भी अधिक वजन वाले उपग्रहों का पृथ्वी की भू-स्थिर कक्षा में आसानी से प्रक्षेपण कर सके। क्रायोजेनिक इंजन के दहन कक्ष में हाइड्रोजन एवं ऑक्सीजन के मिश्रण का दहन कराया जाता है। इंजन के दहन कक्ष में दहन के परिणामस्वरूप अत्यधिक ऊर्जा उत्पन्न होने से तापमान 2000 डिग्री सेल्सियस से भी अधिक तक पहुँच जाता है। दहन कक्ष में अत्यधिक ऊर्जा उत्पन्न होने के कारण दहन उत्पाद इंजन की नोजल से तेजी से बाहर निकलते हैं, जिसके फलस्वरूप प्रमोचन यान पर आगे बढ़ने के लिए शक्तिशाली प्रणोद लगता है। क्रायोजेनिक इंजन की अभिकल्पना इस तरह की जाती है कि वो तापमानों के भारी उतार-चढ़ाव को सहन कर सके। एक तरफ ईंधन को 20 केल्विन पर रखा जाता है दूसरी ओर दहन कक्ष में तापमान 2000 डिग्री सेल्सियस से भी अधिक हो जाता है। हमारे देश के वैज्ञानिकों ने स्वदेशी तकनीक से क्रायोजेनिक इंजन का विकास कर दिखाया है, इससे हमारा देश अंतरिक्ष के क्षेत्र में नई ऊँचाईयों को छूएगा।

□

2. उपग्रहों की कक्षाएँ

रात के समय आकाश में हमें हजारों तारे दिखाई देते हैं, सूर्य भी उन्हीं की तरह एक तारा है। सूर्य की परिक्रमा करने वाले पिंडों को ग्रह कहा जाता है। पृथ्वी भी सूर्य का एक ग्रह है। मंगल, बुध, गुरु, शुक्र, शनि आदि सौर मंडल के अन्य ग्रह हैं। सौरमंडल के ग्रहों की परिक्रमा करने वाले पिंडों को उपग्रह कहा जाता है। पृथ्वी की परिक्रमा करने के कारण चंद्रमा पृथ्वी का एक प्राकृतिक उपग्रह है। मानव द्वारा विभिन्न उद्देश्यों की पूर्ति के लिए पृथ्वी, चंद्रमा एवं अन्य खगोलीय पिंडों की कक्षाओं में परिक्रमा करने के लिए जो उपकरण स्थापित किए जाते हैं, उन्हें कृत्रिम उपग्रह कहा जाता है। इस पुस्तक में कृत्रिम उपग्रह को 'उपग्रह' शब्द द्वारा संबोधित किया गया है। वह पिंड जिसके चारों ओर उपग्रह चक्कर लगाता है, उसे प्राथमिक पिंड कहते हैं। उपग्रहों की कक्षाएँ वृत्ताकार एवं दीर्घवृत्ताकार या अंडाकार, दोनों तरह की हो सकती है। वृत्ताकार कक्षा में उपग्रह की पृथ्वी अथवा प्राथमिक पिंड, जिसके चारों ओर उपग्रह चक्कर लगाता है, उससे दूरी हमेशा समान बनी रहती है। दीर्घवृत्ताकार कक्षा में उपग्रह की पृथ्वी अथवा प्राथमिक पिंड से दूरी समय के साथ परिवर्तित होती रहती है। हमारे देश के उपग्रहों को हमारी आवश्यकताओं की पूर्ति के लिए पृथ्वी की वृत्ताकार कक्षाओं में स्थापित किया जाता है। हमने अन्य खगोलीय पिंडों जैसे चंद्रमा एवं मंगल ग्रह की कक्षाओं में भी उपग्रहों को स्थापित किया है। उपग्रहों के ऊष्मीय प्रबंधन के संदर्भ में उनकी कक्षाओं को समझने के लिए आवश्यक कुछ परिभाषाएँ एवं प्राचलों का संक्षिप्त विवरण आगे दिया गया है।

उपग्रह की कक्षाओं से संबंधित मुख्य परिभाषाएँ एवं प्राचल

किसी भी उपग्रह का ऊष्मीय परिवेश इस बात पर अत्यधिक निर्भर करता है कि वह पृथ्वी की किस कक्षा में परिक्रमा कर रहा है। उपग्रहों की कक्षाओं को विभिन्न प्राचलों द्वारा परिभाषित किया जाता है। उपग्रह जब पृथ्वी या अन्य खगोलीय पिंड की कक्षा में परिक्रमा करता है तो इस दौरान उस पर आपतित बाहरी ऊष्मा भारों को कक्षीय ऊष्मा भार कहते हैं। उपग्रहों के ऊष्मीय प्रबंधन के लिए उपग्रह पर आने वाले कक्षीय ऊष्मा भारों का परिमाणात्मक ज्ञान आवश्यक होता है। उपग्रह पर कक्षीय ऊष्मा भारों का अनुमान लगाने के लिए उनकी कक्षाओं को ठीक तरह से परिभाषित करना आवश्यक होता है। निम्न प्राचलों एवं पारिभाषिक शब्दों के द्वारा उपग्रहों की कक्षाओं को परिभाषित किया जा सकता है एवं इनके उपयोग से कक्षीय ऊष्मा भारों का अनुमान आसान हो जाता है।

भू-केंद्र : जब कोई उपग्रह पृथ्वी अथवा किसी प्राथमिक पिंड की कक्षा में चक्कर लगाता है, तब उपग्रह की कक्षा द्वारा जो तल बनता है, वह पृथ्वी या प्राथमिक पिंड के गुरुत्व के केंद्र से होकर गुजरता है, जिसे भू-केंद्र भी कहते हैं।

कक्षीय वेग : वृत्ताकार कक्षा में कक्षीय वेग हमेशा समान ही रहता है। दीर्घवृत्ताकार कक्षा में उपग्रह की कक्षा में स्थिति के अनुसार वेग में परिवर्तन होता रहता है। जब उपग्रह पृथ्वी से न्यूनतम दूरी पर होता है, तब

उसका वेग अधिकतम होता है, क्योंकि उसे अधिकतम गुरुत्वाकर्षण बलों का सामना करना पड़ता है। जब उपग्रह पृथ्वी से अधिकतम दूरी पर होता है, तब उसका वेग न्यूनतम होता है; क्योंकि उसे न्यूनतम गुरुत्वाकर्षण बलों का सामना करना पड़ता है।

भूमध्यरेखीय तल : पृथ्वी के उत्तरी एवं दक्षिणी ध्रुवों को जोड़ने वाली रेखा को पृथ्वी का प्रचक्रण अक्ष कहते हैं। पृथ्वी सूर्य के चारों ओर परिक्रमा करने के साथ-साथ प्रचक्रण अक्ष पर भी घूर्णन करती है। पृथ्वी अपने प्रचक्रण अक्ष पर 24 घंटे में एक चक्कर पूरा कर लेती है। भूमध्यरेखीय तल, पृथ्वी के प्रचक्रण अक्ष के अभिलंब की दिशा में होता है एवं पृथ्वी के केंद्र में से होकर गुजरता है। चित्र 2.1 में पृथ्वी के भूमध्यरेखीय तल को दिखाया गया है।

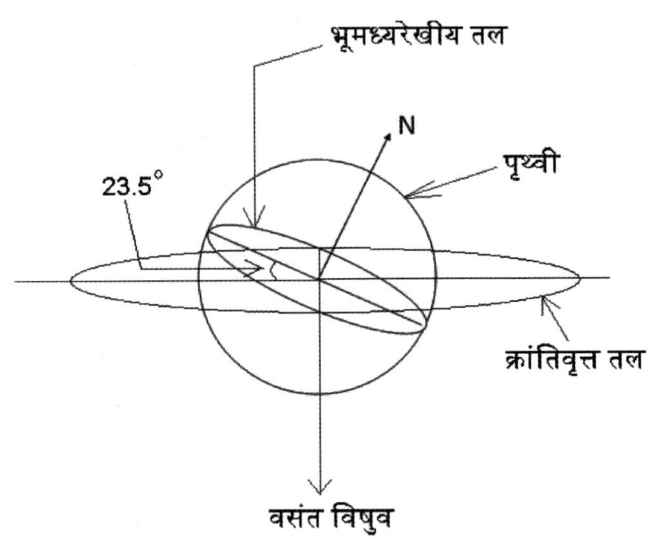

चित्र 2.1 पृथ्वी का भूमध्यरेखीय तल एवं सूर्य का क्रांतिवृत्त तल

क्रांतिवृत्त तल : यह वह तल है, जिसमें पृथ्वी सूर्य के चारों ओर चक्कर लगाती है। अगर हम पृथ्वी को केंद्र मान कर देखें तो सूर्य हमेशा क्रांतिवृत्त तल में रहता है तथा वह इसी तल में पृथ्वी के चारों ओर चक्कर लगाता हुआ प्रतीत होता है। हम जानते हैं कि पृथ्वी का प्रचक्रण अक्ष 23.5° से झुका हुआ रहता है। इसलिए पृथ्वी के भूमध्यरेखीय तल और क्रांतिवृत्त तल के मध्य 23.5° का कोण होता है, इसे चित्र 2.1 में दिखाया गया है।

वसंत एवं शरद विषुव : क्रांतिवृत्त और भूमध्यरेखीय तलों द्वारा परस्पर प्रतिच्छेदन से बनने वाली रेखा को विषुव कहते हैं। इस रेखा की एक दिशा को वसंत विषुव एवं इसके विपरीत दिशा को शरद विषुव कहते हैं। अगर हम पृथ्वी को केंद्र मानें तो सूर्य द्वारा पृथ्वी के चारों ओर आभासी वार्षिक गति के दौरान,

सूर्य वसंत विषुव पर भूमध्यरेखीय तल को दक्षिण से उत्तर की ओर पार करता हुआ प्रतीत होता है। इसी प्रकार, जब सूर्य आभासी वार्षिक गति के दौरान भूमध्यरेखीय तल को उत्तर से दक्षिण की ओर पार करता हुआ प्रतीत होता है, उस बिंदु को शरद विषुव कहते हैं। वसंत विषुव एवं शरद विषुव क्रमश: 21 मार्च और 23 सितंबर को होते हैं। वसंत एवं शीत विषुवों पर सौर किरणें पृथ्वी की सतह पर भूमध्यरेखीय तल के समानांतर आती है। चित्र 2.1 में वसंत विषुव की दिशा को दिखाया गया है।

कक्षीय तल : उपग्रह के परिक्रमण मार्ग के तल को कक्षीय तल कहते हैं।

आरोही एवं अवरोही नोड : जब उपग्रह पृथ्वी के चारों ओर अपनी कक्षा में चक्कर लगाता है, तब वह भूमध्यरेखीय तल पर दो बिंदुओं में से होकर गुजरता है। उपग्रह दक्षिणी गोलार्ध से उत्तरी गोलार्ध की ओर गति के दौरान भूमध्यवर्ती तल के जिस बिंदु से गुजरता है, उसे आरोही नोड कहते हैं। उपग्रह उत्तरी से दक्षिणी गोलार्ध की ओर गति के दौरान भूमध्यवर्ती तल के जिस बिंदु से गुजरता है, उसे अवरोही नोड कहते हैं। चित्र 2.2 में आरोही एवं अवरोही दोनों नोडों को दिखाया गया है।

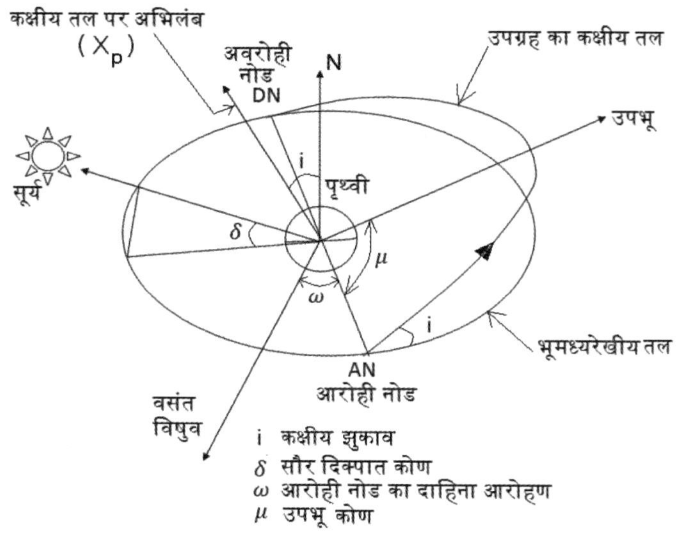

चित्र 2.2 उपग्रह का कक्षीय तल एवं विभिन्न कोण

तुगंता : उपग्रह की परिक्रमण कक्षा में उसकी पृथ्वी की सतह से ऊँचाई को तुंगता कहते हैं। कक्षीय गणनाओं के लिए यह आवश्यक होता है कि उपग्रह की ऊँचाई भू-केंद्र से ली जाए। यह ऊँचाई पृथ्वी की त्रिज्या में तुंगता को जोड़ने पर प्राप्त होती है।

दिक्पात कोण : यह भूमध्यरेखीय तल से ऊपर या नीचे स्थिति कोण है।

आवर्तकाल : उपग्रह द्वारा पृथ्वी का एक चक्कर पूरा करने में, जितना समय लगता है उसे आवर्तकाल कहते हैं।

अपभू एवं उपभू : दीर्घवृत्ताकार कक्षा में उपग्रह की अधिकतम तुगंता के बिंदु को अपभू एवं निम्नतम तुंगता के बिंदु को उपभू कहते हैं।

कक्षीय झुकाव (आनति कोण) : उपग्रह के कक्षीय तल के अभिलंब की दिशा को उस दिशा में माना जाए, जिसमें एक दक्षिणहस्तिक स्क्रू को उपग्रह के परिक्रमा की दिशा में घुमाने पर वह आगे बढ़ता है एवं इस दिशा को X_p सदिश से निरूपित करते हैं। भूमध्यरेखीय तल के उत्तरी अभिलंब और X_p के बीच के कोण को कक्षीय झुकाव कहते हैं। अगर हम पृथ्वी को आरोही नोड का सामना करते हुए देखते हैं और कोण को वामावर्त दिशा में मापते हैं तो यह उपग्रह की कक्षीय तल एवं भूमध्यरेखीय तल के बीच का कोण भी होता है। सामान्यतया इसका मान 0° से 98° के बीच होता है। आरोही नोड के देशांतर एवं कक्षीय झुकाव के मान ज्ञात होने पर किसी उपग्रह के कक्षीय तल का दिग्विन्यास निश्चित हो जाता है। चित्र 2.2 में कक्षीय झुकाव को (i) संकेत से दिखाया गया है।

दाहिना आरोहण : भूमध्यरेखीय तल पर वसंत विषुव से मापे गए स्थिति कोण को दाहिना आरोहण कहते हैं।

आरोही नोड का दाहिना आरोहण : यह भूमध्यरेखीय तल पर वसंत विषुव से मापे गए आरोही नोड का स्थिति कोण है। शिखर से देखने पर वामावर्त दिशा में इस कोण का मान धनात्मक होता है। पृथ्वी के चपटेपन के कारण उपग्रह की पृथ्वी की प्रत्येक परिक्रमा पर आरोही एवं अवरोही नोडों का थोड़ा विस्थापन हो जाता है, इसे नोडीय प्रतिगमन के नाम से जानते हैं। चित्र 2.2 में इसे (ω) संकेत से दिखाया गया है।

उपभू कोण: यह कोण उपग्रह के कक्षीय तल में उसके गति की दिशा में मापा जाता है। इसे आरोही नोड से उपभू बिंदु तक मापा जाता है। इस कोण के द्वारा किसी कक्षीय तल में उपग्रह की कक्षा निश्चित हो जाती है। चित्र 2.2 में इसे μ संकेत द्वारा दिखाया गया है।

उपग्रहों की कक्षाओं के दिग्विन्यास को निम्नलिखित तीन कोणों के द्वारा निर्धारित किया जा सकता है –

- कक्षीय झुकाव
- आरोही नोड का दाहिना आरोहण
- उपभू कोण

किसी कक्षा के आकार एवं आकृति का निर्धारण उसके अर्ध दीर्घाक्ष एवं उत्केंद्रता के द्वारा हो जाता है।

सूर्य दिवस कोण : क्रांतिवृत्त तल में वसंत विषुव से मापे गए सूर्य के स्थिति कोण को सूर्य दिवस कोण कहते हैं, इसे चित्र 2.3 में दिखाया गया है। वसंत विषुव पर सूर्य दिवस कोण शून्य डिग्री एवं शरद विषुव पर यह 180 डिग्री होता है।

शीत एवं ग्रीष्म अयनांत : शीत अयनांत वर्ष के दौरान सूर्य की वह स्थिति होती है, जब पृथ्वी और सूर्य के केंद्रों को जोड़ने वाली रेखा की स्थिति भूमध्यरेखीय तल से 23.5° दक्षिण की ओर होती है इसी तरह ग्रीष्म

अयनांत के दौरान पृथ्वी और सूर्य के केंद्रों को जोड़ने वाली रेखा की स्थिति भूमध्यरेखीय तल से 23.5^{o} उत्तर की ओर होती है। चित्र 2.3 में शीत एवं ग्रीष्म अयनांतों को दिखाया गया है।

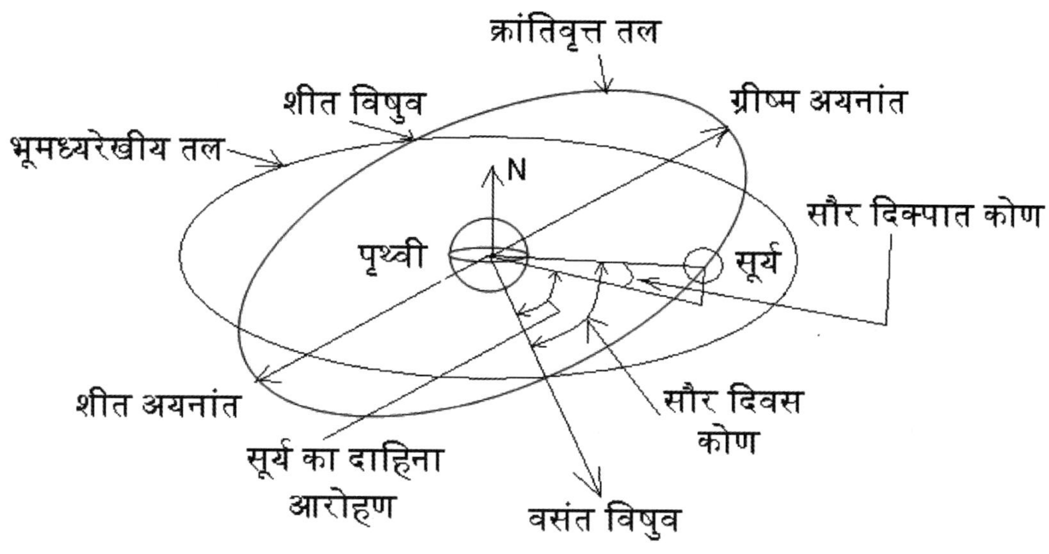

चित्र 2.3 पृथ्वी के सापेक्ष सूर्य की विभिन्न स्थितियाँ

सौर दिवस एवं नाक्षत्र दिवस : सौर दिवस का समय सूर्य की पृथ्वी के चारों ओर आभासी गति के सापेक्ष मापा जाता है। सूर्य की यह आभासी गति पृथ्वी के अपने अक्ष पर घूर्णन के कारण होती है। हमारे परिप्रेक्ष्य से सूर्य पृथ्वी के चारों ओर प्रत्येक 24 घंटे में एक चक्कर लगा लेता है। इस अवधि को एक सौर दिवस कहते हैं। नाक्षत्र दिवस पृथ्वी के घूर्णन के कारण किसी नियत तारे की पृथ्वी के चारों ओर आभासी गति के कारण परिक्रमा काल होता है। जब पृथ्वी अपने अक्ष पर घूम रही है, तब यह सूर्य के चारों ओर भी अपनी कक्षा में परिक्रमा कर रही है। पृथ्वी 365.25 दिन में 360 डिग्री का पूरा एक चक्कर सूर्य के चारों ओर लगा लेती है। इस तरह पृथ्वी अपनी कक्षा के मार्ग पर एक दिन में लगभग एक डिग्री चल लेती है। हमारे परिप्रेक्ष्य से सूर्य पश्चिम से पूर्व की ओर नियत तारे के सापेक्ष एक दिन में 1 डिग्री घूम जाता है। पृथ्वी 24 घंटे में 360 डिग्री का घूर्णन कर लेती है, अर्थात् 4 मिनट में 1 डिग्री का घूर्णन कर लेती है। इसलिए एक नियत तारे के सापेक्ष पृथ्वी का घूर्णन काल सौर दिवस से 4 मिनट कम, अर्थात् 23 घंटे 56 मिनट होता है, इसे नाक्षत्र दिवस भी कहते हैं। एक औसत नाक्षत्र दिन लगभग 23 घंटे, 56 मिनट और 4 सेकेंड का होता है। चित्र 2.4 में सौर एवं नक्षत्र दिवस में अंतर को दर्शाया गया है।

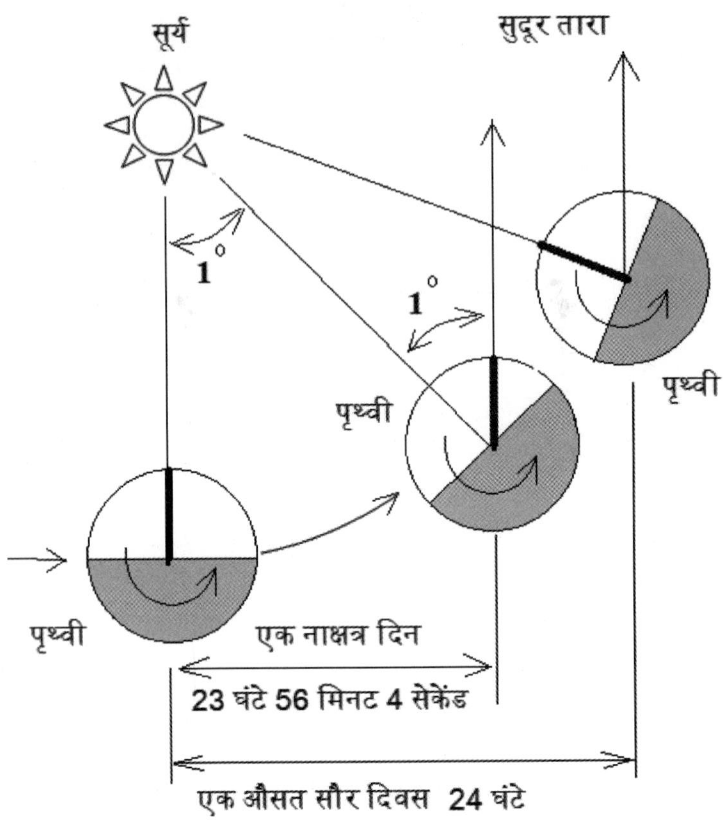

चित्र 2.4 नाक्षत्र दिवस एवं सौर दिवस में अंतर का चित्रण

अर्धदीर्घाक्ष : यह दीर्घवृत्तीय कक्षा में अपभू और उपभू त्रिज्या के योग का आधा होता है। पृथ्वी की त्रिज्या और अपभू पर उपग्रह की तुंगता के योग को अपभू त्रिज्या (R_a) कहते हैं, इसी तरह पृथ्वी की त्रिज्या और उपभू पर उपग्रह की तुंगता के योग को उपभू त्रिज्या (R_p) कहते हैं। वृत्ताकार कक्षा के लिए अपभू एवं उपभू त्रिज्याओं के मान समान होते हैं। चित्र 2.5 में दीर्घवृत्ताकार कक्षा की त्रिज्याओं R_a एवं R_p तथा अर्धदीर्घाक्ष (a) को दिखाया गया है।

$$a = \frac{R_a + R_p}{2}$$

उत्केंद्रता : यह उपग्रह की कक्षा के चपटेपन का माप है। वृत्ताकार कक्षा के लिए उत्केंद्रता का मान शून्य होता है। कोई कक्षा जितनी चपटी होती है उत्केंद्रता उतनी ही अधिक होती है। उत्केंद्रता को अपभू त्रिज्या, उपभू त्रिज्या एवं अर्धदीर्घाक्ष के द्वारा निम्न समीकरण के रूप में व्यक्त किया जाता है।

$$e = \frac{R_a - R_p}{2a}$$

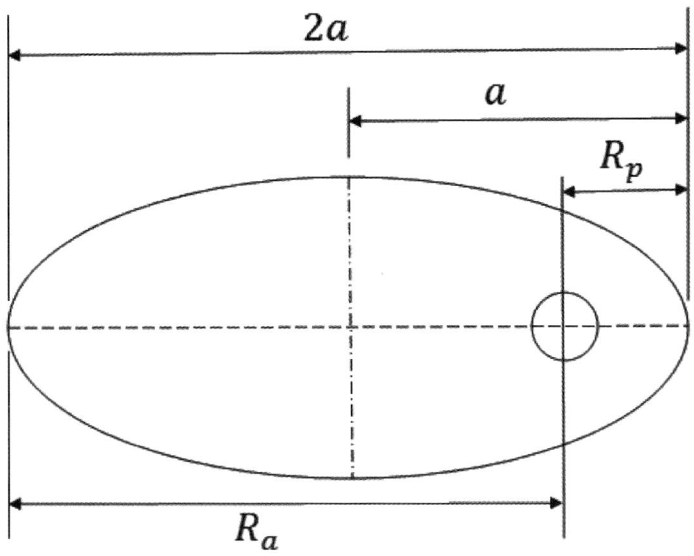

चित्र 2.5 दीर्घवृत्ताकार कक्षा के विभिन्न प्राचल: R_a, R_p तथा a क्रमशः अपभू त्रिज्या, उपभू त्रिज्या एवं अर्ध दीर्घाक्ष के प्रतीक हैं

वृत्ताकार कक्षा

किसी उपग्रह या पिंड को वृत्ताकार कक्षा में स्थापित करने के लिए उसे एक क्षैतिजीय वेग प्रदान करना होता है। उपग्रह को वृत्ताकार कक्षा में स्थापित करने के लिए आवश्यक क्षैतिजीय वेग को उसका कक्षीय वेग कहते हैं। चित्र 2.6 में हम देखते हैं कि जब एक पिंड को क्षैतिजीय वेग V प्रदान किया जाए, अनुपस्थिति में जड़त्व के कारण वह क्षैतिजीय दिशा में PX मार्ग पर आगे चला जाता, लेकिन पृथ्वी के गुरुत्वाकर्षण के कारण पिंड पृथ्वी की ओर खिंचता है और PX_1 मार्ग से होकर गुजरता है। पिंड का वेग बढ़ाने पर वह और आगे X_2 एवं X_3 बिंदुओं पर गिरता है। पिंड का क्षैतिजीय वेग और बढ़ाने के बाद एक विशिष्ट वेग पर पिंड पृथ्वी की सतह पर गिरने के बजाय पृथ्वी की वृत्ताकार कक्षा में चक्कर लगाने लगता है। इस वेग पर जितनी तेजी से पिंड पृथ्वी की ओर गिरता है, पृथ्वी की सतह भी अपनी गोलाई के कारण पीछे हटती रहती है, इसलिए पिंड पृथ्वी की सतह पर कभी नहीं पहुँच पाता है। इस वेग पर पिंड पृथ्वी की वृत्ताकार कक्षा में परिक्रमा करता रहता है, इस स्थिति में इसे पृथ्वी का उपग्रह कहा जा सकता है।

इस तरह हम देखते हैं कि जड़त्व एवं गुरुत्वाकर्षण के कारण उपग्रह पृथ्वी की कक्षा में चक्कर लगाता है। पृथ्वी की सतह से जिस ऊँचाई पर अपेक्षित वेग प्रदान किया जाता है, उसे उपग्रह की तुंगता कहते हैं।

उपग्रह की तुंगता और अंत:क्षेपण के वेग के अनुसार दो प्रकार की कक्षाएँ संभव हो सकती हैं—(1) वृत्ताकार कक्षा एवं (2) दीर्घवृत्ताकार कक्षा।

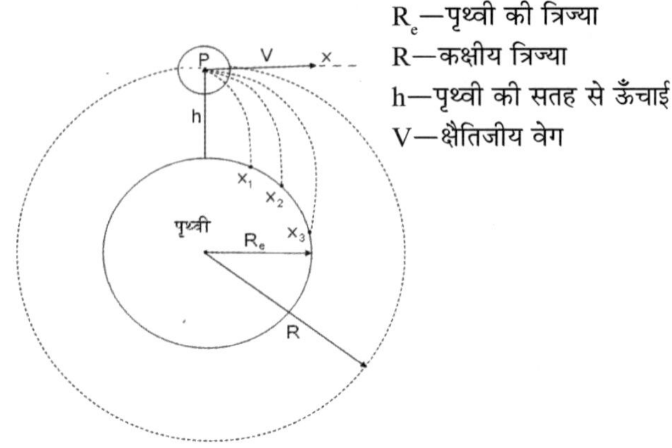

चित्र 2.6 पृथ्वी के गुरुत्व के प्रभाव में एक पिंड की गति

अगर हम पृथ्वी की वृत्ताकार कक्षा में एक उपग्रह की कल्पना करते हैं तो उसके परिक्रमा पथ पर किसी भी क्षण वह दो बलों के अधीन गति करता है। प्रथम बल, अपकेंद्री बल वृत्ताकार कक्षा के बाहर की ओर लगता है। यह बल गति करते हुए उपग्रह के जड़त्व के कारण लगता है। दूसरे बल को अभिकेंद्री बल कहते हैं, यह उपग्रह और पृथ्वी के बीच गुरुत्वाकर्षण बल के कारण उत्पन्न होता है। जब ये दोनों बल संतुलन में होते हैं, तब उपग्रह पृथ्वी की वृत्ताकार कक्षा में परिक्रमा करने लगता है। अगर उपग्रह एवं पृथ्वी के द्रव्यमान क्रमश: m एवं M, वृत्ताकार कक्षा की त्रिज्या R, गुरुत्वाकर्षण स्थिरांक G एवं कक्षीय वेग ν_c हो तब हम उपग्रह पर लगने वाले बलों को निम्न समीकरणों द्वारा व्यक्त कर सकते हैं—

$$\text{अपकेंद्री बल} = \frac{m\nu_c^2}{R}$$

$$\text{गुरुत्वाकर्षण बल} = \frac{GMm}{R^2}$$

$$\text{अपकेंद्री बल} = \text{गुरुत्वाकर्षण बल}$$

$$\frac{m\nu_c^2}{R} = \frac{GMm}{R^2}$$

$$\nu_c = \sqrt{\frac{GM}{R}}$$

$$\text{कक्षा का आवर्त काल } T = 2\pi\sqrt{\frac{R^3}{GM}}$$

उपर्युक्त समीकरणों से हम यह समझ सकते हैं कि (1) उपग्रह की कक्षीय त्रिज्या बढ़ने के साथ कक्षीय वेग कम होता है अर्थात् उपग्रह की कक्षा में अंत:क्षेपण की ऊँचाई बढ़ने के साथ वृत्ताकार कक्षा में स्थापित करने के लिए अपेक्षित वेग कम हो जाता है। (2) वृत्ताकार कक्षा में एक विशिष्ट कक्षीय त्रिज्या के लिए मात्र एक विशिष्ट कक्षीय वेग ही संभव होता है। अर्थात् दो उपग्रह जिनके भिन्न कक्षीय वेग हैं, उनका समान कक्षा में परिक्रमा लगाना संभव नहीं हो सकता है।

दीर्घवृत्ताकार कक्षा

किसी पिंड को इतना वेग दिया जाए कि वह पृथ्वी के गुरुत्व क्षेत्र से बाहर निकल जाए तो उस न्यूनतम वेग को पलायन वेग (ν_e) कहते हैं। पलायन वेग पृथ्वी की सतह से ऊँचाई पर निर्भर करता है। अगर किसी पिंड की पृथ्वी के केंद्र से दूरी R हो तो उस बिंदु पर आवश्यक पलायन वेग ν_e निम्न समीकरण द्वारा ज्ञात किया जाता है—

पिंड की गति ऊर्जा + पिंड की स्थितिज ऊर्जा = 0

$$\frac{m\nu_e^2}{2} + \left(-\frac{GMm}{R}\right) = 0$$

$$\nu_e = \sqrt{\frac{2GM}{R}} = \sqrt{2}\,\nu_c$$

उपर्युक्त समीकरण के अनुसार अगर किसी पिंड को अंतरिक्ष में $\sqrt{2}\,\nu_c$ वेग से अंत:क्षेपित किया जाए तो वह पिंड पृथ्वी के गुरुत्व क्षेत्र से पलायन कर जाएगा। किसी पिंड का पलायन वेग पिंड के अंत:क्षेपण बिंदु की पृथ्वी के केंद्र से दूरी पर निर्भर करता है। अंत:क्षेपण बिंदु की पृथ्वी की सतह से ऊँचाई बढ़ने पर पलायन वेग कम हो जाता है। हम यह पहले ही देख चुके हैं कि किसी पिंड को पृथ्वी की वृत्ताकार कक्षा में स्थापित करने के लिए आवश्यक अंत:क्षेपण वेग ν_c होता है।

अगर किसी पिंड का क्षैतिजीय अंत:क्षेपण वेग ν_c एवं $\sqrt{2}\,\nu_c$ के मध्य हो तब वह पिंड पृथ्वी की दीर्घवृत्ताकार कक्षा में स्थापित होगा तथा अंत:क्षेपण बिंदु दीर्घवृत्ताकार कक्षा का उपभू बिंदु बन जाता है। दीर्घवृत्ताकार कक्षा के दो केंद्र या नाभियाँ होती हैं। एक नाभि पृथ्वी के केंद्र पर होती है तथा दूसरी नाभि पृथ्वी के केंद्र से भिन्न होती है। दीर्घवृत्ताकार कक्षा अण्डाकार होती है, इसलिए परिक्रमारत पिंड जिस समय एक केंद्र के निकटतम बिंदु पर होता तो दूसरे केंद्र से अधिकतम दूरी पर होता है। दीर्घवृत्ताकार कक्षा के पृथ्वी के

निकटतम बिंदु को उपभू तथा अधिकतम दूरी पर स्थित बिंदु को अपभू कहते हैं। वृत्ताकार कक्षा में पथ के सभी बिंदु पृथ्वी से समान दूरी पर होने के कारण अपभू या उपभू जैसे—भिन्न बिंदु नहीं होते हैं। दीर्घवत्ताकार कक्षा में परिक्रमा करने वाले पिंड का वेग निरंतर बदलता रहता है। किसी पिंड का वेग उपभू बिंदु पर अधिकतम एवं अपभू बिंदु पर न्यूनतम होता है। दीर्घवृत्ताकार कक्षा, जिसे चित्र 2.7 में दिखाया गया है, उसके किसी बिंदु पर उपग्रह का वेग निम्न समीकरण द्वारा व्यक्त किया जाता है—

$$v_e^2 = G(M+m)(\frac{2}{r} - \frac{1}{a})$$

जहाँ पर r - उस बिंदु का त्रिज्या सदिश है,

a - कक्षा का अर्धदीर्घाक्ष है,

m - उपग्रह का द्रव्यमान है, जो पृथ्वी के द्रव्यमान की तुलना में नगण्य है।

उपर्युक्त समीकरण में $r = R_p$ रखने पर उपभू बिंदु पर आवश्यक क्षैतिजीय अंत:क्षेपण वेग v_p का मान ज्ञात हो जाता है, जो कि उस बिंदु पर वृत्ताकार कक्षा के लिए आवश्यक वेग से अधिक होता है। अत: पृथ्वी की सतह से उपभू बिंदु की ऊँचाई पर उपग्रह को क्षैतिजीय अंत:क्षेपण वेग v_p प्रदान करने पर वह उस दीर्घवृत्ताकार कक्षा में स्थापित होगा जिसकी उपभू त्रिज्या R_p होती है। उसी समीकरण $r = (2a - R_p)$ में प्रतिस्थापित करने पर अपभू बिंदु पर उपग्रह के वेग v_a का मान ज्ञात हो जाता है। पृथ्वी की सतह से अपभू बिंदु की ऊँचाई पर उपग्रह को क्षैतिजीय अंत:क्षेपण वेग v_a प्रदान करने पर भी उपग्रह उसी कक्षा में स्थापित किया जा सकता है। हमें यह ध्यान रखना चाहिए कि v_a का मान पृथ्वी की सतह से अपभू बिंदु की ऊँचाई पर वृत्ताकार कक्षा के लिए आवश्यक अंत:क्षेपण वेग के मान से कम होता है। इसलिए हम इस निष्कर्ष पर पहुँचते हैं कि पृथ्वी की सतह से काफी ऊँचाई पर स्थित बिंदु पर उस क्षैतिजीय वेग से अंत:क्षेपण किया जाए, जो कि उस ऊँचाई पर उपग्रह को वृत्ताकार कक्षा में स्थापित करने के लिए आवश्यक वेग से कम हो तो उपग्रह दीर्घवृत्ताकार कक्षा में स्थापित हो जाएगा तथा जिस बिंदु से उपग्रह का अंत:क्षेपण किया गया है, वह बिंदु दीर्घवृत्ताकार कक्षा का अपभू बिंदु बन जाएगा। चित्र 2.7 में दीर्घवृत्ताकार कक्षा में अपभू एवं उपभू बिंदुओं पर वेग सदिश दिखाए गए हैं।

पृथ्वी की कक्षा में परिक्रमारत उपग्रह सतत अभिकेंद्री एवं अपकेंद्री बलों के प्रभाव में होता है। वृत्ताकार कक्षा में परिक्रमारत उपग्रहों पर ये दोनों बल संतुलन में होते हैं, लेकिन दीर्घवृत्ताकार कक्षा में परिक्रमा कर रहे उपग्रहों पर ये बल उपग्रह की स्थिति के अनुसार परिवर्तनीय होते हैं। जब अपकेंद्री बल का मान गुरुत्वाकर्षण के कारण लग रहे अभिकेंद्री बल से अधिक होने लगता है तो पृथ्वी के केंद्र से उपग्रह की दूरी बढ़ने लगती है, इसलिए वह अपभू बिंदु की ओर गति करता है। अपभू बिंदु पर अभिकेंद्री बल का मान अपकेंद्री बल से अधिक होने लगता है, इसलिए वह पृथ्वी के निकट उपभू बिंदु की ओर गति करता है। इस तरह उपग्रह द्वारा पृथ्वी से दूर जाने एवं पास आने की प्रक्रिया लगातार चलती रहती है।

पृथ्वी की दीर्घवृत्ताकार कक्षा में चक्कर लगा रहे उपग्रह का आवर्तकाल निम्न समीकरण द्वारा व्यक्त किया जाता है—

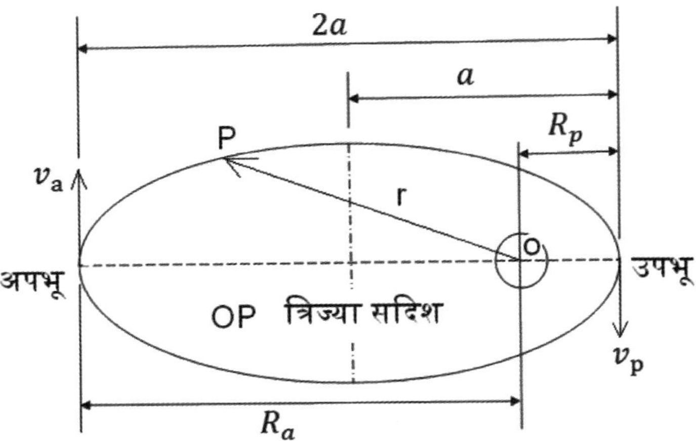

चित्र 2.7 एक उपग्रह के लिए पृथ्वी की दीर्घवृत्ताकार कक्षा

$$T_e^2 = \frac{4\pi^2 a^3}{G(M+m)}$$

अगर उपग्रह के द्रव्यमान को नगण्य माना जाए तो $T_e^2 \propto a^3$

अर्थात् दीर्घवृत्ताकार कक्षा में चक्कर लगा रहे एक उपग्रह के आवर्तकाल का वर्ग उस कक्षा के अर्धदीर्घाक्ष के घन के समानुपाती होता है, यह केपलर द्वारा बताए गए नियमों में से एक है। केपलर ने सूर्य के चारों ओर चक्कर लगाते हुए उपग्रहों की गति के नियम दिए। ये नियम पृथ्वी या अन्य खगोलीय पिंडों की परिक्रमा कर रहे उपग्रहों पर भी समान रूप से लागू होते हैं। उपर्युक्त नियम के अतिरिक्त केपलर के दो अन्य नियम निम्नलिखित हैं—

1. किसी उपग्रह की कक्षा दीर्घवृत्ताकार होती है, जिसके एक नाभिकीय बिंदु पर प्राथमिक पिंड का केंद्र स्थित होता है। प्राथमिक पिंड वह पिंड है, जिसके गुरुत्व क्षेत्र के प्रभाव के कारण उपग्रह उसके चारों ओर चक्कर लगाता है।
2. कक्षा में परिक्रमा करते हुए उपग्रह एवं कक्षा के नाभि बिंदु को जोड़ने वाली रेखा को उस कक्षा का त्रिज्या सदिश कहते हैं। परिक्रमारत उपग्रह का त्रिज्या सदिश समान समयावधि में समान क्षेत्रफल को पार करता है।

हमने देखा कि पृथ्वी के केंद्र से R दूरी पर किसी पिंड को क्षैतिजीय अंत:क्षेपण वेग v_c प्रदान करने पर वह पिंड पृथ्वी की वृत्ताकार कक्षा में स्थापित हो जाता है। अंत:क्षेपण वेग v_a एवं $\sqrt{2}\,v_c$ के बीच होने पर पिंड दीर्घवृत्ताकार कक्षा में स्थापित हो जाता है। अगर पिंड का क्षैतिजीय अंत:क्षेपण वेग का मान $\sqrt{2}\,v_c$ के तुल्य हो तो पिंड परवलयिक मार्ग एवं $\sqrt{2}\,v_c$ से अधिक होने पर अतिपरवलयिक मार्गों का अनुसरण करता है। इन परिस्थितियों में पिंड उपग्रह की तरह परिक्रमा नहीं कर सकेगा, वह अंतरिक्ष अन्वेषी की तरह ऐसे प्रक्षेप–पथ का अनुसरण करेगा, जो पृथ्वी के निकट कभी नहीं पहुँचेगा।

हमें यह भी ध्यान रखना चाहिए कि उपग्रह की परिक्रमा का कक्षीय तल हमेशा पृथ्वी या प्राथमिक पिंड के केंद्र से होकर गुजरना चाहिए।

भू-स्थिर एवं सूर्य तुल्यकाली कक्षा

किसी उपग्रह की वृत्ताकार कक्षा को परिभाषित करने के लिए मुख्य प्राचल उसकी पृथ्वी की सतह से ऊँचाई, भूमध्यरेखीय तल से झुकाव तथा भूमध्यरेखीय तल को पार करते समय स्थानीय समय हैं। ये प्राचल कक्षा के आकार, दिग्विन्यास एवं स्थिति निर्धारण करते हैं। हमारे देश के उपग्रह मुख्य रूप से दो वृत्ताकार कक्षाओं में स्थापित किए जाते हैं—1. भू-स्थिर कक्षा; 2. सूर्य तुल्यकाली कक्षा। चित्र 2.8 में पृथ्वी की सूर्य तुल्यकाली कक्षा एवं भू-स्थिर कक्षा में भ्रमण करते हुए उपग्रहों को दिखाया गया है।

हम जानते हैं कि जैसे-जैसे उपग्रह की पृथ्वी की सतह से ऊँचाई बढ़ती है, उपग्रह का कक्षा में परिक्रमण काल भी बढ़ता जाता है। लगभग 35800 किमी की ऊँचाई पर उपग्रह पृथ्वी का एक चक्कर लगाने में 24 घंटे लेता है। उपग्रह की इस कक्षा को भू-तुल्यकालिक कक्षा कहते हैं। इस कक्षा में उपग्रह की गति पृथ्वी के घूर्णन के साथ समकालिक होती है।

भू-स्थिर कक्षा एक विशेष भू-तुल्यकालिक कक्षा है, जिसमें उपग्रह की कक्षा का तल भूमध्यरेखीय तल में ही होता है एवं उपग्रह का पृथ्वी के चारों ओर घूर्णन काल, पृथ्वी का अपने अक्ष पर घूर्णन काल अर्थात् एक नाक्षत्र दिवस के बराबर होता है। सौर दिवस की अवधि जो 24 घंटे होती है उसमें पृथ्वी का अपने अक्ष पर घूर्णन काल के साथ सूर्य के चारों ओर घूर्णन भी शामिल होता है। सौर दिवस सूर्य की स्थिति के सापेक्ष मापा जाता है। नाक्षत्र दिवस केवल पृथ्वी के अपने अक्ष पर घूर्णन की अवधि होती है, जो 24 घंटे से थोड़ी कम अर्थात् 23 घंटे, 56 मिनट एवं 4 सेकेंड होती है। भू-स्थिर कक्षा में उपग्रह और पृथ्वी के कोणीय वेग एवं घूमने की दिशा समान होती है। अतः भू-स्थिर कक्षा में भ्रमण करता हुआ उपग्रह पृथ्वी के किसी बिंदु से स्थिर दिखाई देता है। इस कक्षा में स्थापित एक उपग्रह पृथ्वी का एक तिहाई भू-भाग देख सकता है। इस तरह तीन उपग्रहों, जो भू-स्थिर कक्षा में एक-दूसरे से समान दूरी पर हों, उनके द्वारा संपूर्ण पृथ्वी को उनके दृश्य क्षेत्र में लाया जा सकता है। इसलिए यह कक्षा पृथ्वी पर संचार, दूरदर्शन प्रसारण एवं मौसम संबंधी उद्देश्यों की पूर्ति के लिए बहुत उपयोगी होती है। हमारे देश के विभिन्न संचार उपग्रहों जैसे—इन्सैट श्रेणी एवं जीसैट शृंखला के उपग्रहों को भू-स्थिर कक्षा में स्थापित किया गया है। भारत का प्रथम मौसम उपग्रह कल्पना-1 भी भू-स्थिर कक्षा में स्थापित है।

सूर्य तुल्यकाली कक्षा उपग्रहों की वो कक्षा है, जिसकी कक्षा का तल सूर्य एवं पृथ्वी को जोड़ने वाली रेखा के सापेक्ष, वर्ष के दौरान लगभग समान दिग्विन्यास बनाए रखता है। इसलिए उपग्रह प्रत्येक चक्कर के दौरान पृथ्वी के उन क्षेत्रों के ऊपर से गुजरता है, जहाँ पर स्थानीय समय समान होते हैं एवं समान रूप से प्रदीप्त होते हैं। हम जानते हैं कि पृथ्वी सूर्य की एक परिक्रमा एक वर्ष में कर लेती है, इसलिए पृथ्वी लगभग 1 डिग्री प्रतिदिन सूर्य की कक्षा में घूमती है।

पृथ्वी पूर्ण रूप से गोलाकार नहीं है, ध्रुवों की तुलना में भूमध्यरेखीय तल पर पृथ्वी अधिक उभार लिये हुए है अर्थात् पृथ्वी आकार में चपटी है। अगर एक उपग्रह जिसकी कक्षा का भूमध्यरेखीय तल से झुकाव 0 से 90 डिग्री के मध्य हो, तब पृथ्वी के भूमध्यरेखीय तल के क्षेत्र के उभार के कारण वह उपग्रह के कक्षीय तल को भूमध्य रेखा की ओर खींचती है। इस बल के कारण उपग्रह के कक्षीय तल के झुकाव में कोई परिवर्तन नहीं होता है, लेकिन कक्षीय तल भूमध्य रेखा के चारों ओर प्रतिगमन करने लगता है। इस तरह उपग्रह की परिक्रमण कक्षा का तल पृथ्वी के चपटेपन के कारण कक्षा के प्राचलों के अनुसार अपनी स्थिति बदलता रहता है। उपग्रह की परिक्रमण कक्षा के प्राचलों के मानों को इस प्रकार समायोजित किया जा सकता है कि उपग्रह की परिक्रमण कक्षा के प्रतिगमन की दर भी 1 डिग्री प्रतिदिन हो जाए तो उपग्रह की परिक्रमण कक्षा का तल सूर्य–पृथ्वी रेखा के सापेक्ष वर्ष भर समान दिग्विन्यास बनाए रखता है। सूर्य तुल्यकाली कक्षा में स्थापित उपग्रह ध्रुवों के नजदीक से गुजरते हैं, इसलिए इस कक्षा को ध्रुवीय कक्षा भी कहा जाता है।

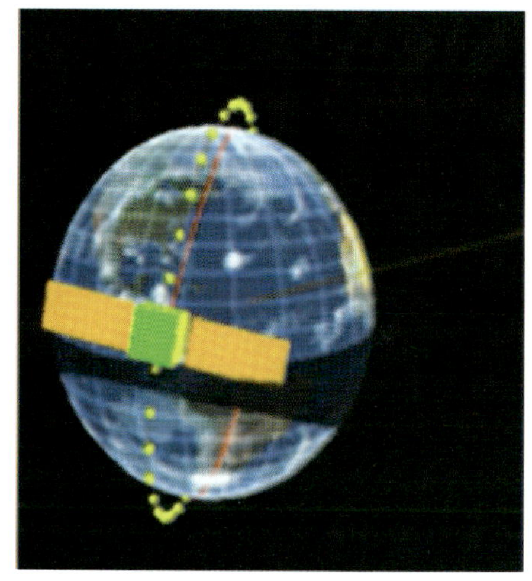

सूर्य तुल्यकाली कक्षा

भू–स्थिर कक्षा

चित्र 2.8 पृथ्वी की सूर्य तुल्यकाली कक्षा एवं भू–स्थिर कक्षा में उपग्रह

चित्र 2.9 में एक सूर्य तुल्यकाली कक्षा में उपग्रह की परिक्रमण कक्षा का तल और पृथ्वी को सूर्य के सापेक्ष वर्ष के दौरान विभिन्न स्थितियों में दिखाया गया है। इस चित्र में हम देख सकते हैं कि उपग्रह की परिक्रमण कक्षा के तल और सूर्य–पृथ्वी रेखा के बीच कोण θ प्रत्येक स्थिति में लगभग समान होता है। पृथ्वी उपग्रह की कक्षा के नीचे घूमती रहती है, इसलिए क्रमागत परिक्रमण कालों में उपग्रह द्वारा पृथ्वी का भिन्न भाग दृष्टिगोचर होता है एवं उपग्रह संपूर्ण पृथ्वी का प्रेक्षण करने में सक्षम होता है। इस कक्षा का यह अभिलक्षण भू–संसाधनों के सुदूर संवेदन एवं समुद्रविज्ञानी जानकारी के लिए बहुत उपयोगी होता है। धातुओं एवं खनिजों के अन्वेषण के लिए इन कक्षाओं में स्थापित उपग्रह अत्यंत सक्षम सिद्ध हुए हैं। चित्र 2.10 में एक सूर्य तुल्यकाली कक्षा में सुदूर संवेदी उपग्रह को पृथ्वी की सतह का मानचित्रण करते हुए दिखाया गया

है। पृथ्वी की सतह से सूर्य तुल्यकाली कक्षाओं में स्थापित किए गए हमारे उपग्रहों की ऊँचाई लगभग 700 से 800 कि.मी. होती है। हमारे देश के उपग्रह IRS-P4 को 720 कि.मी. एवं IRS-P6 को 817 कि.मी. की ऊँचाई पर सूर्य तुल्यकाली कक्षाओं में स्थापित किया गया। सूर्य तुल्यकाली कक्षाएँ इस तरह से निश्चित की जा सकती हैं, जिससे उपग्रह पृथ्वी के विभिन्न भू-भागों को समान स्थानीय समय पर देख सकता है। स्थानीय सूर्योदय / सूर्यास्त से स्थानीय मध्याह्न के बीच किसी भी एक समय पर संपूर्ण पृथ्वी को उपग्रह द्वारा विभिन्न परिक्रमण कालों के दौरान देखा जा सकता है। इन कक्षाओं को प्राय: मध्याह्न या सूर्योदय कक्षाओं के नाम से भी जाना जाता है। जब भूमध्यरेखीय तल को पार करने का स्थानीय समय प्रात: 6 बजे एवं सांय 6 बजे का होता है तो ऐसी कक्षा में उपस्थित उपग्रह कभी भी सूर्य की छाया में नहीं होता है। ऐसे उपग्रह का एक फलक हमेशा सूर्य के सामने रहता है। ऐसी कक्षाओं में उपग्रह को स्थापित करने का लाभ यह है कि उपग्रह के सौर पैनलों को हमेशा सौर ऊर्जा की उपलब्धता होती है, जिससे अधिकतम विद्युत् शक्ति का उत्पादन किया जा सकता है। हमारे देश के रिसैट-1 उपग्रह को इसी तरह की कक्षा में स्थापित किया गया है। रिसैट-1 विद्युत् चुंबकीय सूक्ष्म तरंगों पर आधारित एक सुदूर संवेदी उपग्रह है।

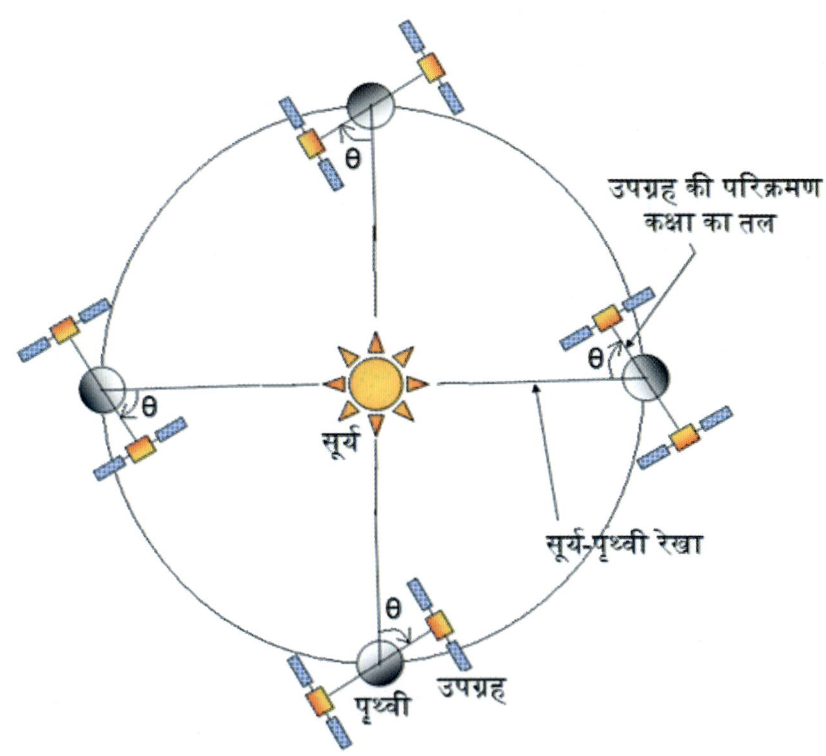

चित्र 2.9 वर्ष के दौरान सूर्य तुल्यकाली कक्षा की विभिन्न स्थितियाँ एवं सूर्य-पृथ्वी रेखा एवं उपग्रह की परिक्रमण कक्षा के तल के बीच का कोण

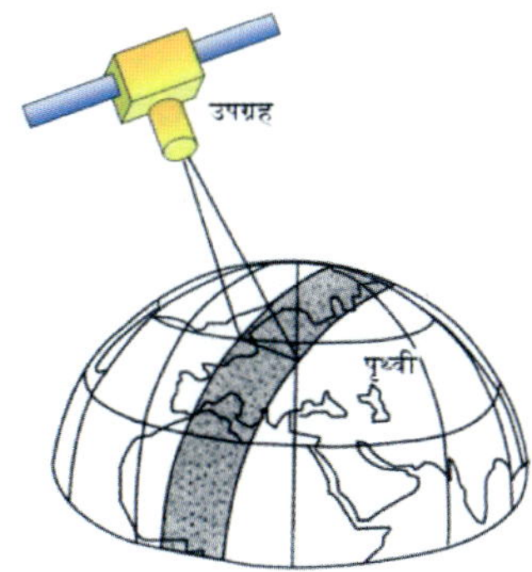

चित्र 2.10 एक सूर्य तुल्यकाली कक्षा में सुदूर संवेदी उपग्रह द्वारा पृथ्वी का मानचित्रण

मोलनिया कक्षा

भू-स्थिर कक्षा में तीन उपग्रहों के द्वारा संपूर्ण पृथ्वी से संचार संपर्क बनाया जा सकता है, लेकिन भू-स्थिर कक्षा के उपग्रहों द्वारा पृथ्वी के ध्रुवीय प्रदेशों से सीधा संपर्क आसान नहीं होता है। इसलिए ध्रुवीय प्रदेशों से संचार संपर्क के लिए उपग्रहों को विशेष कक्षा में स्थापित किया जाता है, जिसे मोलनिया कक्षा कहा जाता है। मोलनिया एक दीर्घवृत्तीय कक्षा होती है, जिनकी उत्केंद्रता बहुत अधिक होती है। मोलनिया का कक्षीय झुकाव भी उच्च अर्थात् 62° होता है। मोलनिया कक्षा की उपभू तुंगता 550 किमी. एव अपभू तुंगता 38,900 कि.मी. होती है। इस तरह की कक्षा में उपग्रह पर आने वाले बाह्य ऊष्मा भारों में भारी उतार-चढ़ाव होते हैं। उपभू बिंदु के समीप पृथ्वी से आने वाले ऊष्मा भार अधिक होते हैं, जबकि अपभू पर सौर विकिरण अधिक होते हैं। मोलनिया कक्षा का एक परिक्रमण काल लगभग 12 घंटे होता है। उपभू के निकट उपग्रह की गति बहुत अधिक एवं अपभू के निकट गति कम होने के कारण उपग्रह पृथ्वी की एक परिक्रमा के दौरान अधिकांश समय उच्च तुंगता वाले स्थानों पर ही व्यतीत करता है, इस तरह परिक्रमण काल के अधिकांश समय उपग्रह का ध्रुवीय क्षेत्रों से सीधा संचार संपर्क कायम हो पाता है।

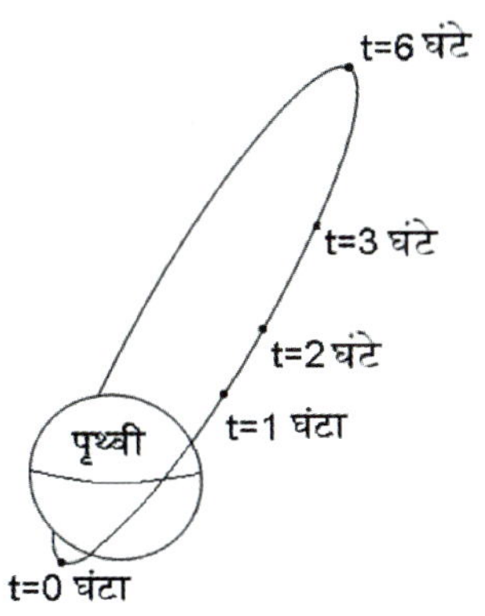

चित्र 2.11 ध्रुवीय प्रदेशों के लिए मोलनिया कक्षा

कक्षाओं का निर्धारण

किसी उपग्रह को पृथ्वी की किस कक्षा में स्थापित करना है, यह उस उपग्रह से अपेक्षित प्रयोजन पर निर्भर करता है। संचार उपग्रहों से यह अपेक्षित होता है कि पृथ्वी के किसी विशिष्ट भू-भाग से संकेतों के आदान-प्रदान के लिए सतत संपर्क बनाए रखें। हमारे देश की संचार आवश्यकताओं की पूर्ति के लिए भू-स्थिर कक्षाएँ उपयुक्त होती हैं। इसी तरह मौसम की भविष्यवाणी के उद्देश्य के लिए स्थापित उपग्रहों के लिए भी यह अपेक्षित होता है कि वे पृथ्वी के किसी विशिष्ट भू-भाग का सतत अवलोकन कर सकें। इसलिए भारत के मौसम की भविष्यवाणी के प्रयोजन हेतु उपग्रहों को पृथ्वी की भू-स्थिर कक्षा में स्थापित किया जाता है। जब किसी कक्षा का आनति कोण 90° अंश के आसपास होता है तब उस कक्षा को ध्रुवीय कक्षा कहते हैं। ध्रुवीय कक्षाओं में स्थापित उपग्रहों को ध्रुवीय उपग्रह कहते हैं। ध्रुवीय कक्षा को निम्न भू-कक्षा भी कहा जाता है, क्योंकि इन कक्षाओं में स्थापित उपग्रहों की पृथ्वी की सतह से ऊँचाई लगभग 500 से 1000 किलोमीटर तक हो सकती है। इस कक्षा के उपग्रह प्रत्येक चक्कर के दौरान पृथ्वी के भूमध्यरेखीय तल में भिन्न देशांतरों पर से गुजरते हैं। सूर्य तुल्यकाली कक्षाएँ भी ध्रुवीय कक्षाएँ होती है। हमारे देश के सुदूर संवेदी उपग्रहों को सूर्य तुल्यकाली ध्रुवीय कक्षाओं में स्थापित किया जाता है। पृथ्वी के मानचित्रण एवं प्राकृतिक संसाधनों के अनुमान के लिए स्थापित उपग्रह को पृथ्वी की इन्हीं कक्षाओं में स्थापित किया जाता है। ये उपग्रह एक परिक्रमा के दौरान पृथ्वी की सतह पर एक निश्चित चौड़ाई की पट्टी का अवलोकन करते हैं। इस तरह निश्चित संख्या में परिक्रमाओं में ये संपूर्ण पृथ्वी का अवलोकन करने में समर्थ होते हैं।

□

3. उपग्रहों में ऊष्मा स्थानांतरण की विधाएँ

अंतरिक्ष या पृथ्वी के वातावरण में किसी भी घटक के तापमान को निश्चित करने में उस घटक से विभिन्न विधाओं द्वारा ऊष्मा स्थानांतरण की भूमिका महत्वपूर्ण होती है। इसलिए उपग्रहों के ताप नियंत्रण को समझने के लिए ऊष्मा स्थानांतरण की विभिन्न विधाओं को समझना अनिवार्य है। ऊष्मा स्थानांतरण तीन विधाओं द्वारा संभव होता है—1. चालन; 2. संवहन एवं 3. विकिरण। पृथ्वी एवं अंतरिक्ष के वातावरण में ऊष्मा उत्पन्न करते हुए किसी घटक से ऊष्मा स्थानांतरण की विभिन्न विधाओं को क्रमश: चित्र 3.1 (अ) एवं (ब) में दिखाया गया है। इन चित्रों में हम देखते हैं कि अंतरिक्ष के वातावरण में निर्वात के कारण उपग्रह के घटकों पर ऊष्मा संवहन अनुपस्थित होता है। पृथ्वी के वातावरण में चालन, संवहन एवं विकिरण तीनों विधाओं द्वारा ऊष्मा का स्थानांतरण संभव होता है। अंतरिक्ष में वायुमंडल के अभाव के कारण संवहन द्वारा ऊष्मा स्थानांतरण संभव नहीं होता है। उपग्रह से अंतरिक्ष के वातावरण में ऊष्मा का स्थानांतरण केवल विकिरण द्वारा ही होता है, जैसा कि चित्र 3.1 (ब) में भी दिखाया गया है। चित्र 3.1 (अ) एवं (ब) में ऊष्मा अभिगम का उपयोग ऊष्मा को बृहत् क्षेत्र में फैलाने के लिए किया गया है।

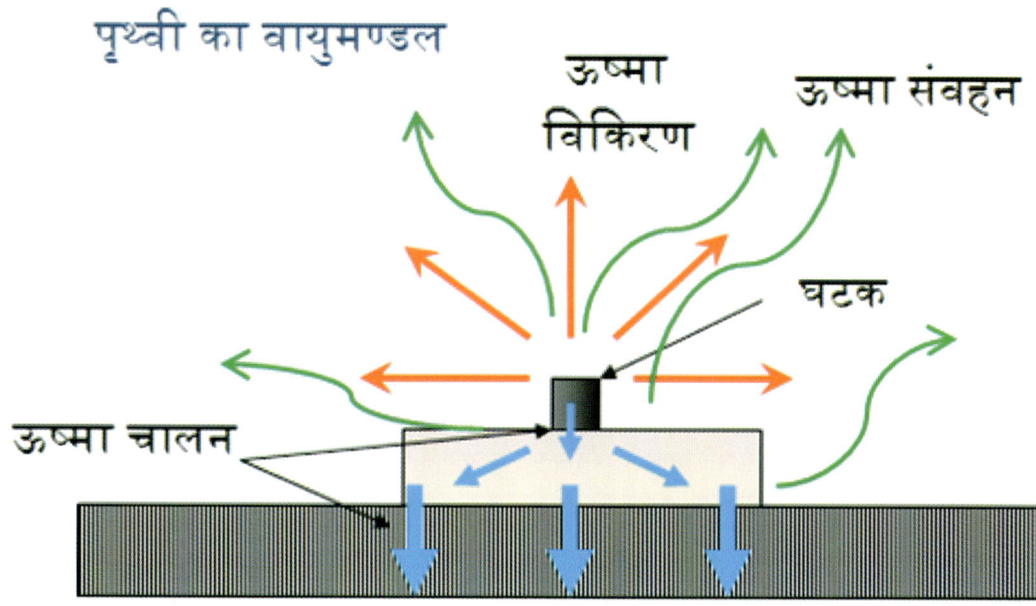

चित्र 3.1(अ) पृथ्वी के वायुमंडल ऊष्मा उत्पन्न करते हुए घटक से ऊष्मा स्थानांतरण की विधाएँ

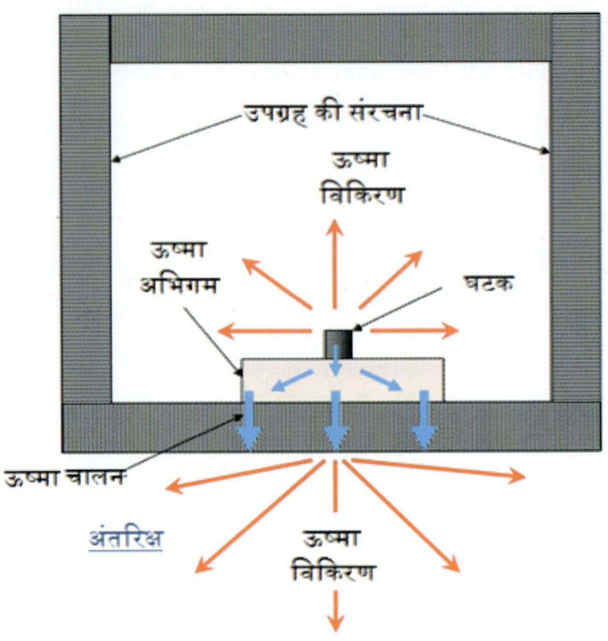

चित्र 3.1(ब) अंतरिक्ष में ऊष्मा उत्पन्न करते हुए एक घटक से ऊष्मा स्थानांतरण की विधाएँ

ऊष्मा चालन

अगर ताँबें या अल्यूमिनियम जैसी धातु की छड़ का एक सिरा आग में रखा दिया जाए तो हम देखते हैं कि दूसरा सिरा, जो हमने हाथ से पकड़ रखा होता है, वह भी गर्म होने लगता है। ऊष्मा गर्म सिरे से ठंडे सिरे की ओर छड़ की लंबाई की दिशा में चालन द्वारा स्थानांतरित हो जाती है। अगर धातु की छड़ के स्थान पर समान आकार के लकड़ी से बने डंडे के एक सिरे को आग में रखते हैं, तब हमारा अनुभव बिल्कुल भिन्न होता है। लकड़ी के डंडे का जो सिरा हाथ में होता है, उसका तापमान धातु की छड़ की तरह नहीं बढ़ता है। इस अनुभव से हम कहते हैं कि धातु ऊष्मा का सुचालक है, जबकि लकड़ी ऊष्मा की कुचालक है। धातु की छड़ के गर्म सिरे के परमाणु उच्च तापमान पर होने कारण बड़े आयामों के साथ कंपन करते हैं। ये बड़े आयामों के कंपन छड़ की लंबाई की दिशा में सन्निकट परमाणुओं से पारस्परिक क्रिया के द्वारा स्थानांतरित किए जाते हैं। इस कारण से ठंडे सिरे से गर्म सिरे की ओर एक बढ़ते हुए तापमान का क्षेत्र बन जाता है। ऊष्मा का चालन हमेशा अधिक तापमान से कम तापमान की ओर होता है तथा माध्यम के किसी बिंदु पर ऊष्मा चालन की दिशा, उस बिंदु पर समतापीय तल के अभिलंब की दिशा में होती है। अगर हम एक ऐसी छड़ लेते हैं, जिसकी लंबाई L, अनुप्रस्थ काट का क्षेत्रफल A तो छड़ के दोनों सिरों के तापमान T_1 (ठंडा सिरा) एवं T_2 (गर्म सिरा) पर स्थिर बनाए रखते हैं। हम यह भी मानते हैं कि छड़ की वलयाकार सतह पूरी तरह से रुद्धोष्म है, इस दशा में छड़ के एक सिरे से दूसरे सिरे पर ऊष्मा स्थानांतरण की दर छड़ के अनुप्रस्थ काट के क्षेत्रफल

एवं लंबाई की दिशा में तापीय प्रवणता पर सीधे समानुपाती रूप में निर्भर करती है, जिसे निम्न समीकरण द्वारा व्यक्त किया जाता है, जिसे फोरियर ने सबसे पहले 1822 में प्रस्तावित किया था—

$$Q \propto -A\frac{\Delta T}{\Delta x}$$

उपर्युक्त व्यंजक में ऋणात्मक चिह्न यह दर्शाता है कि ऊष्मा चालन की दिशा हमेशा अधिक तापमान से कम तापमान की ओर होती है, इसका हम निम्न रूप में विस्तार कर सकते हैं। हम जानते हैं कि

$$\frac{\Delta T}{\Delta x} = \frac{(T_1 - T_2)}{L}$$

इसलिए, $Q \propto -\frac{A(T_1 - T_2)}{L}$

$$Q = KA\frac{(T_2 - T_1)}{L}$$

उपर्युक्त समीकरण में K एक समानुपाती स्थिरांक है, जिसे पदार्थ का ऊष्मा चालकता गुणांक कहा जाता है, इसे वाट प्रति वर्ग मीटर प्रति डिग्री सेल्सियस (W/m/ºC) की इकाई में व्यक्त किया जा सकता है।

ऊष्मा चालकता गुणांक पदार्थ विशेष का गुणधर्म होता है, K ऊष्मा चालन की वह दर है, जो इकाई अनुप्रस्थ काट के क्षेत्रफल एवं इकाई लंबाई की छड़ के सिरों पर तापमानों में अंतर भी इकाई ही बनाए रखने के कारण छड़ में से होकर गुजरती है। अच्छे ऊष्मा चालक पदार्थों के लिए K का मान अधिक होता है, जिन्हें ऊष्मा के सुचालक भी कहते हैं। जिन पदार्थों के लिए K का मान बहुत कम होता है, उन्हें ऊष्मा के कुचालक कहते हैं। सामान्यतया धातुएँ ऊष्मा की सुचालक एवं अधात्विक पदार्थ ऊष्मा के कुचालक होते हैं। कुछ पदार्थों की सामान्य ऊष्मा चालकता निम्न सारणी क्रमांक–1 में दिखाई गई है।

सारणी क्रमांक-1 के कुछ सामान्य पदार्थों के ऊष्मा चालकता गुणांक

धातुएँ	ऊष्मा चालकता (W/m/ºC)	द्रव	ऊष्मा चालकता (W/m/ºC)	अन्य पदार्थ	ऊष्मा चालकता (W/m/ºC)
स्टेनलैस स्टील	50	पानी	0.6	लकड़ी	0.1
अल्यूमिनियम	200	वायु	0.025	सिरेमिक	1.5
इनवार	16	इंजन ऑयल	0.14	फाइबर ग्लास	0.04
ताँबा	380	अमोनिया	0.03	टेफ्लॉन	0.25

उपग्रहों में ताप नियंत्रण के लिए ऊष्मा चालन का बहुत महत्व है। उपग्रहों में ऊष्मा के सुचालक एवं कुचालक दोनों तरह के पदार्थ उपयोगी होते हैं। ऊष्मा प्रवाह के मार्ग में अवरोध पैदा करने के लिए ऊष्मा के कुचालकों की आवश्यकता होती है, जबकि ऊष्मा प्रवाह को सुगम बनाने के लिए ऊष्मा के सुचालकों की आवश्यकता होती है।

संवहन

संवहन, ऊष्मा स्थानांतरण की ऐसी विधा है, जो तरल पदार्थों के माध्यम से होती है। किसी ऊष्मा स्रोत से संवहन ऊष्मा स्थानांतरण की दो प्रक्रियाओं द्वारा होता है। किसी तरल में अणुओं की यादृच्छिक सूक्ष्म गति के कारण ऊर्जा का स्थानांतरण (विसरण) होता है। इसके अतिरिक्त तरल की स्थूल गति (प्रवाह) के कारण स्थूल तरल द्वारा ऊर्जा का स्थानांतरण होता है। स्थूल तरल गति में बड़ी संख्या में अणु सामूहिक रूप से गति करते हैं। तरल में तापीय प्रवणता की उपस्थिति में दोनों प्रक्रियाओं द्वारा ऊष्मा स्थानांतरण होता है, क्योंकि अणुओं के समूहों में यादृच्छिक सूक्ष्म गति भी निहित होती है। इसलिए संवहन में प्रभावी ऊष्मा स्थानांतरण, अणुओं की यादृच्छिक सूक्ष्म गति के कारण ऊर्जा का स्थानांतरण (विसरण) एवं तरल की स्थूल गति (प्रवाह) के कारण स्थूल तरल द्वारा ऊर्जा के स्थानांतरण के अध्यारोपण के कारण होती है। तरल में विसरण एवं उसके प्रवाह के संयुक्त प्रभाव के संदर्भ में संवहन शब्द का उपयोग करते हैं एवं केवल तरल की स्थूल गति के संदर्भ में अभिवहन शब्द का उपयोग करते हैं। जब तरल किसी ठोस गर्म सतह के संपर्क में होता है, तब सतह के नजदीक अणुओं की यादृच्छिक सूक्ष्म गति के कारण ऊर्जा स्थानांतरण (विसरण) की प्रधानता होती है, क्योंकि वहाँ पर तरल की गति बहुत कम होती है। ठोस एवं तरल के अंतरापृष्ठ पर वास्तव में तरल का वेग शून्य होता है। जैसे-जैसे सतह से दूर जाते हैं अभिवहन की प्रधानता बढ़ती जाती है।

तरल के प्रवाह की प्रकृति के अनुसार संवहन को वर्गीकृत किया जा सकता है। जब तरल का प्रवाह किसी बाहरी साधन जैसे—पंखा, पंप या वातावरण के पवन द्वारा प्रेरित हो, तब उसे बलात् संवहन कहा जाता है। कंप्यूटर में विद्युत् घटकों को ठंडा करने के लिए बलात् संवहन का उपयोग किया जाता है। इसके विपरीत जब तरल में तापमान के अंतर के कारण उसके घनत्वों में अंतर पैदा हो जाता है, जिससे तरल पर उत्प्लावन बल लगते हैं और ये बल तरल को गति प्रदान करते हैं, इस तरह उत्पन्न हुए प्रवाह को मुक्त या प्राकृतिक संवहन कहते हैं।

किसी ऊष्मा स्रोत से संवहन के द्वारा ऊष्मा स्थानांतरण की दर को निम्न समीकरण द्वारा व्यक्त किया जा सकता है—

$$q' = h(T_s - T_w)$$

जहाँ पर q' संवहन ऊष्मा अभिवाह (W/m^2), सतह और तरल के तापमानों क्रमशः T_s एवं T_w के अंतर के समानुपाती है। उपर्युक्त समीकरण को न्यूटन के शीतलन का नियम के नाम से जाना जाता है, और प्राचल h (W/m^2/°C) को संवहन ऊष्मा स्थानांतरण गुणांक कहते हैं। इसका मान सतह की ज्यामिति, तरल प्रवाह की प्रकृति, तरल एवं ठोस के गुणधर्मों इत्यादि पर निर्भर करता है।

अंतरिक्ष में निर्वात के कारण प्रत्यक्ष रूप से संवहन द्वारा ऊष्मा स्थानांतरण संभव नहीं होता है। ऊष्मा स्थानांतरण की प्रयुक्तियाँ जैसे ऊष्मा नलियों के अंदर तरल की उपस्थिति के कारण संवहन की भूमिका होती है। ऊष्मा स्थानांतरण के लिए उपग्रहों में ऊष्मा नलियों का उपयोग व्यापक रूप से होता है।

तापीय विकिरण

हम जानते हैं कि अंतरिक्ष में वायुमंडल के अभाव के कारण निर्वात होता है, इसलिए उपग्रह एवं उसके परिवेश के बीच ऊष्मा विनिमय केवल विकिरण द्वारा ही संभव होता है। उपग्रहों में ऊष्मीय प्रबंधन के लिए तापीय विकिरण की महत्वपूर्ण भूमिका होती है।

किसी पदार्थ के तापमान के कारण उत्सर्जित विकिरण को तापीय विकिरण कहते हैं। हम यहाँ पर ठोस पदार्थों की सतहों से तापीय विकिरण की चर्चा कर रहें हैं, परंतु द्रव एवं गैसों से भी तापीय विकिरण का उत्सर्जन होता है। तापीय विकिरण विद्युतचुंबकीय तरंगें ही होती है। सूर्य से पृथ्वी तक ऊर्जा भी विद्युतचुंबकीय तरंगों द्वारा निर्वात में से होकर पहुँचती है। चालन एवं संवहन द्वारा ऊष्मा स्थानांतरण के लिए माध्यम की आवश्यकता होती है, जबकि विकिरण के लिए किसी माध्यम की आवश्यकता नहीं होती है। 0.1 से 100 माइक्रॉन के बीच तरंगदैर्घ्य वाले विद्युतचुंबकीय विकिरण तापीय विकिरण होते हैं। दृश्य विद्युतचुंबकीय विकिरण का तरंगदैर्घ्य 0.38 से 0.76 माइक्रॉन के बीच होता है। किसी सतह के प्रति इकाई क्षेत्रफल से उत्सर्जित ऊर्जा (W/m^2) को सतह की उत्सर्जी शक्ति कहते हैं। किसी सतह की कुल उत्सर्जी शक्ति की एक अधिकतम सीमा होती है, जिसे स्टीफन बोल्जमान के निम्न समीकरण द्वारा व्यक्त किया जाता है—

$$E_b = \sigma T_s^4$$

जहाँ पर T_s सतह का परम तापमान केल्विन में है और σ स्टीफन बोल्जमान स्थिरांक है, जिसका मान $5.67X10^{-8}\ W/m^2.K^4$ होता है। $E_{b'}$ को कुल अर्द्धगोलीय उत्सर्जी शक्ति भी कहा जाता है, क्योंकि यह सभी तरंगदैर्घ्यों पर सभी दिशाओं में उत्सर्जित होने वाले कुल विकिरण का समाकलन होता है। ऐसी सतह को आदर्श विकिरक या कृष्ण पिंड कहते हैं, जिसकी उत्सर्जी शक्ति अधिकतम होती है। वास्तविक सतहों की उत्सर्जी शक्ति कृष्ण पिंड की उत्सर्जी शक्ति से कम होती है तथा उसे निम्न समीकरण द्वारा व्यक्त किया जाता है—

$$E = \varepsilon\, \sigma\, T_s^4$$

जहाँ पर ε सतह का विकिरण गुणधर्म है, जिसे उत्सर्जनांक कहा जाता है। इसका मान 0 से 1 के मध्य होता है, यह वास्तविक सतहों द्वारा, कृष्ण पिंड वाली सतहों की तुलना में विकिरण उत्सर्जन करने की क्षमता का माप है। इसका मान सतह की परिष्कृत गुणवत्ता एवं पदार्थ पर निर्भर करता है। उपर्युक्त दो समीकरणों से हम किसी सतह के उत्सर्जनांक को निम्न तरह से अभिव्यक्त कर सकते हैं—

$$\varepsilon = \frac{E}{E_b}$$

किसी सतह से विशिष्ट तरंगदैर्घ्य λ, के सापेक्ष प्रति इकाई तरंगदैर्घ्य पर उत्सर्जित होने वाले विकिरण को उस सतह की एकवर्णी उत्सर्जी शक्ति कहा जाता है। कृष्ण सतह के लिए एकवर्णी उत्सर्जी शक्ति और तरंगदैर्घ्य में संबंध को प्लांक ने क्वांटम सिद्धांत के अनुसार निम्न समीकरण द्वारा दिया—

$$E_{b\lambda} = \frac{C_1 \lambda^{-5}}{e^{(c_2/\lambda T)} - 1}$$

जहाँ पर $E_{b\lambda}$ = कृष्ण पिंड के लिए एकवर्णी उत्सर्जी शक्ति;

λ = तरंगदैर्घ्य, मीटर में,

T = परम तापमान, केल्विन में;

C_1 (स्थिरांक) = $3.74 X 10^{-19}\ kW.\ m^2$;

C_2 (स्थिरांक) = $1.439 X 10^{-2}\ m.\ K$

किसी कृष्ण सतह की कुल उत्सर्जी शक्ति एवं एकवर्णी उत्सर्जी शक्ति में संबंध निम्न समीकरण द्वारा व्यक्त कर सकते हैं—

$$E_b = \int_0^{\infty} E_{b\lambda}(\lambda, T)\, d\lambda$$

एकवर्णी उत्सर्जी शक्ति की तंरगदैर्घ्य पर निर्भरता अर्थात् $E_{b\lambda}$ को निर्वात में विभिन्न तापमानों के लिए चित्र 3.2 में दिखाया गया है। इस चित्र में विभिन्न तापमानों के लिए विभिन्न वक्र दिखाए गए हैं। हम देखते हैं कि तरंगदैर्घ्य के दोनों सिरों पर उत्सर्जी शक्ति शून्य है एवं तरंगदैर्घ्य के मध्यवर्ती क्षेत्र में अधिकतम है। तापमान बढ़ने के साथ कुल उत्सर्जी शक्ति का मान भी बढ़ जाता है तथा अधिकतम ऊर्जा उत्सर्जन करने वाला क्षेत्र बाईं ओर अर्थात् छोटे तरंगदैर्घ्य की ओर खिसक जाता है। इन विकिरण वक्रों के शीर्ष बिंदु का मान ज्ञात करने के लिए हमें निम्न समीकरण को हल करना होगा—

$$\frac{dE_{b\lambda}}{d\lambda} = 0$$

उपर्युक्त समीकरण के परिणामस्वरूप हमें निम्न समीकरण प्राप्त होता है—

$$\lambda_{max} T = 2898\ \mu m.\ K$$

उपर्युक्त समीकरण को वीन का विस्थापन नियम के नाम से जाना जाता है। उपर्युक्त नियम के अनुसार किसी कृष्ण सतह का परम तापमान तथा उस तापमान पर उत्सर्जित स्पेक्ट्रम की शीर्ष तरंगदैर्घ्य, जिस पर उत्सर्जी शक्ति अधिकतम हो, उसका गुणा एक स्थिरांक होता है। सूर्य की सतह का तापमान 5762 केल्विन

माना जाता है। चित्र 3.2 के अवलोकन करने पर हम देखते हैं कि 5762 केल्विन अर्थात् सूर्य के तापमान पर अधिकतम ऊर्जा 0.4 से 0.7 μm के तरंगदैर्घ्य के बीच होता है, यह सौर स्पेक्ट्रम का दृश्य भाग है। पृथ्वी के सामान्य तापमानों (300 केल्विन) पर अधिकतम ऊर्जा लगभग 4 से 50 μm के तरंगदैर्घ्य के बीच होती है, जिसे अवरक्त स्पेक्ट्रम कहते हैं।

सतहों पर विकिरण उनके परिवेश द्वारा आपतित भी होते हैं, आपतित विकिरण किसी विशेष स्रोत, सूर्य या अन्य सतहों से आ सकते हैं। आपतित विकिरण का एक अंश सतह द्वारा अवशोषित हो जाता है, जिससे उसकी तापीय ऊष्मा में वृद्धि हो जाती है। किसी सतह के इकाई क्षेत्रफल पर कुल आपतित विकिरण को किरणन, G कहते हैं। सतह द्वारा अवशोषित ऊष्मा

$$G_{abs} = \alpha G$$

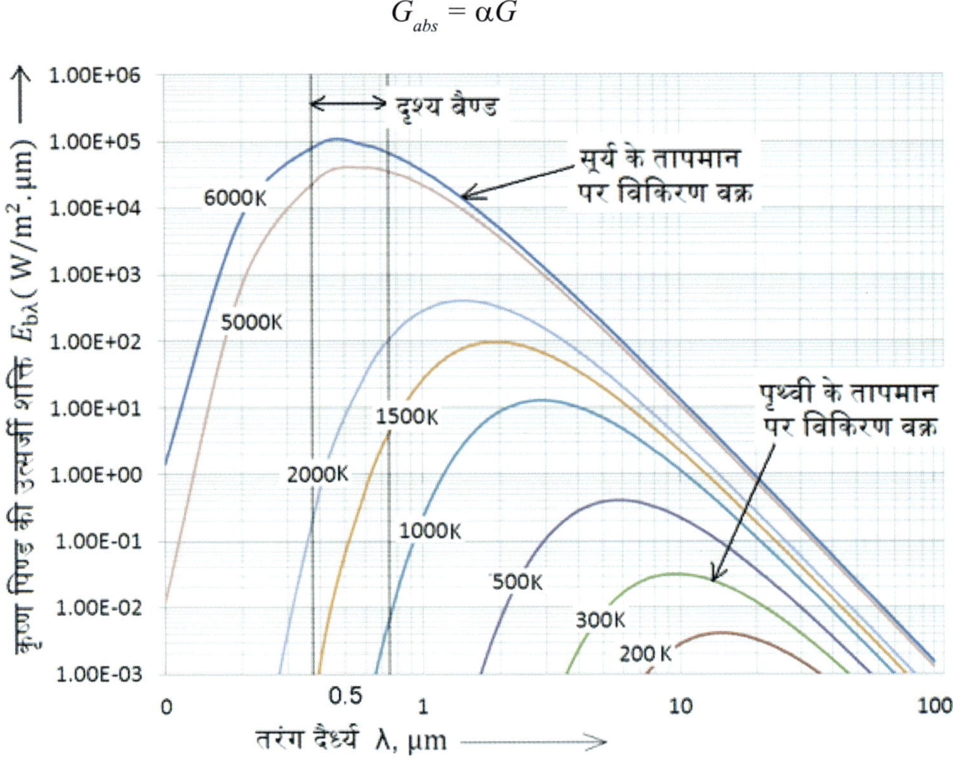

चित्र 3.2 कृष्ण पिंड के लिए विभिन्न तापमानों पर उत्सर्जी शक्ति का स्पेक्ट्रम

जहाँ α को सतह का अवशोषणांक कहा जाता है, जिसका मान आपतित विकिरण की तरंगदैर्घ्य पर निर्भर करता है एवं 0 से 1 के मध्य में होता है।

जब किसी सतह पर तापीय विकिरण गिरता है तो विकिरण का कुछ अंश (α) अवशोषित हो जाता है, कुछ अंश (ρ) परावर्तित हो जाता है एवं कुछ अंश (τ) सतह के पदार्थ में से होकर गुजर जाता है। ये अंश निम्न समीकरण द्वारा संबंधित होते हैं

$$\alpha + \rho + \tau = 1$$

जहाँ पर (α) को अवशोषण क्षमता, (ρ) को परावर्तन क्षमता एवं (τ) को पारगमन क्षमता कहा जाता है।

कोई सतह सभी दिशाओं में विकिरण का उत्सर्जन करती है, किसी दिशा में इकाई घन कोण में से गुजरने वाले विकिरण अभिवाह को उस दिशा में विकिरण की तीव्रता कहा जाता है। विकिरण उत्सर्जित करने वाली सतह के लंब की दिशा में विकिरण की तीव्रता I_n उस सतह की कृष्ण पिंड उत्सर्जी शक्ति E_b से निम्न समीकरण द्वारा संबंधित होती है—

$$I_n = \frac{E_b}{\pi}$$

अगर उत्सर्जन की दिशा लंब से किसी कोण ϕ पर हो तब $I_\phi = I_n cos\phi$, इस समीकरण को लैम्बर्ट का कोसाइन नियम कहते हैं। इस नियम का पालन करने वाली सतह को विसरित सतह कहा जाता है। विसरित सतहों के विकिरणीय गुणधर्म सतहों से उत्सर्जित विकिरणों या सतहों पर गिरने वाले विकिरणों की दिशा पर निर्भर नहीं करते हैं। विसरित सतह आपतित विकिरण को सभी दिशाओं में परावर्तित करती है।

पृथ्वी की सूर्य से बहुत अधिक दूरी होने के कारण पृथ्वी पर सूर्य की किरणें समानांतर किरण पुंज के रूप में गिरती हैं। सूर्य से पृथ्वी या उपग्रह की सतह से आने वाली प्रकाश की किरणें एक–दूसरे के समानांतरण होने के कारण उन्हें समांतरित कहा जाता है। जो सतह आपतित समांतरित किरणों को समांतरित किरणों के रूप में ही परावर्तित कर देती है, उस सतह को दर्पणी सतह कहा जाता है। चित्र 3.3 में दर्पणी एवं विसरित सतहों से परावर्तित विकिरणों को दिखाया गया है।

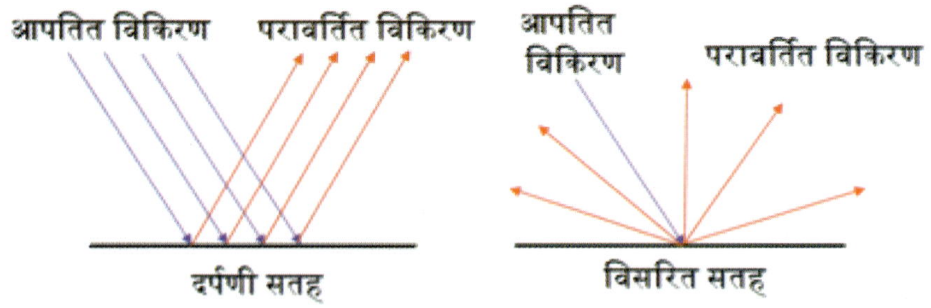

चित्र 3.3 दर्पणी एवं विसरित सतहों पर विकिरणों के परावर्तन में भिन्नता

लैम्बर्ट के नियम के अनुसार किसी सतह से विकिरणों का प्रसार सभी दिशाओं में होता है इसलिए यह आवश्यक नहीं है कि एक सतह से उत्सर्जित सभी विकिरण दूसरी सतह पर पहुँचें। किसी विसरित सतह 1 द्वारा छोड़े गए कुल विकिरण का जितना अंश किसी दूसरी सतह 2 पर पहुँचता है, उसे सतह 1 का दूसरी सतह 2 के प्रति व्यू फैक्टर या दृष्टि गुणक F_{12} कहते हैं। दो सतहों, जिनके क्षेत्रफल A_1 और A_2 हैं, उनके लिए दृष्टि गुणक F_{12} की गणना निम्न समीकरण द्वारा की जा सकती है।

$$F_{12} = \frac{1}{A_1}\left[\int_{A1}\int_{A2} \frac{\cos\beta_1 \cos\beta_2}{\pi S^2} dA_2\, dA_1\right]$$

उपर्युक्त समीकरण में dA_1 एवं dA_2, सतहों A_1 और A_2 पर अवकलन क्षेत्र है। S, अवकलन क्षेत्रों dA_1 एवं dA_2 के बीच दूरी है। β_1 एवं β_2, अवकलन क्षेत्रों dA_1 एवं dA_2 को जोड़ने वाली रेखा एवं उनके स्थानीय अभिलंबों के बीच कोण हैं, जैसा कि चित्र 3.4 में दिखाया गया है।

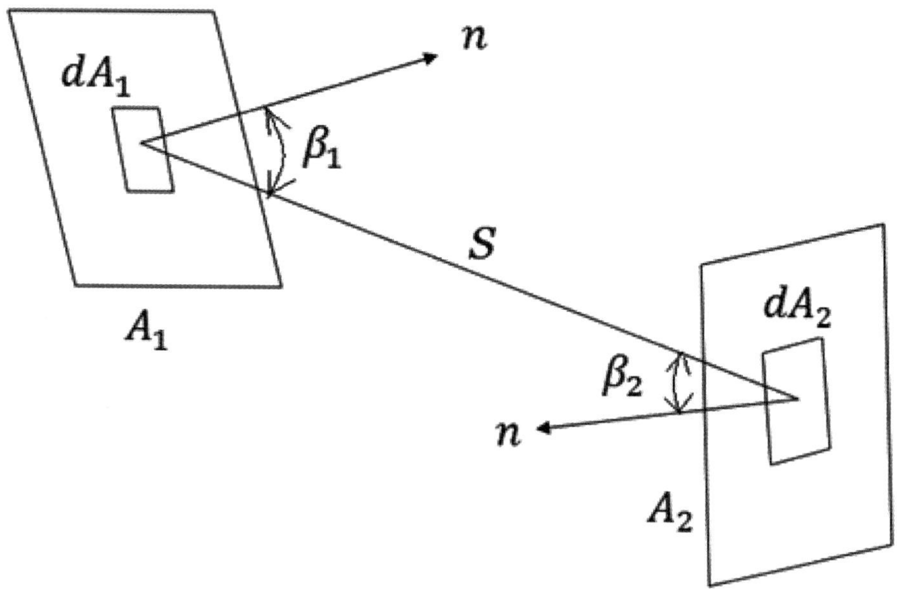

चित्र 3.4 दो सतहों के बीच दृश्य गुणक की गणना

दो कृष्ण सतह, जिनके तापमान T_1 एवं T_2 हैं, तो उनके बीच विकिरण द्वारा प्रभावी ऊष्मा स्थानांतरण निम्न समीकरण द्वारा व्यक्त किया जाता है—

$$q = F_{12} A_1\, \sigma(T_1^4 - T_2^4)$$

जहाँ पर F_{12} सतह 1 से सतह 2 की ओर दृष्टि गुणक है, A_1 और A_2 क्रमशः सतह 1 एवं 2 के क्षेत्रफल हैं। ऐसा सिद्ध किया जा सकता है कि

$$F_{12} A_1 = F_{21} A_2$$

जहाँ पर F_{21} सतह 2 से सतह 1 की ओर दृष्टि गुणक है। उपर्युक्त समीकरण को दृश्य गुणक का अन्योन्यता का नियम कहा जाता है।

किसी सतह i से निकलने वाले कुल विकिरण का जो अंश सतह j द्वारा अवरुद्ध किया जाता है, उसे दृश्य गुणक F_{ij} द्वारा व्यक्त किया जाए तो N सतहों के मध्य दृश्य गुणक के लिए निम्न नियम लिखा जा सकता है, जिसे दृश्य गुणकों के जोड़ के नियम के नाम से भी जाना जाता है—

$$\sum_{j=1}^{N} F_{ij} = 1$$

उपर्युक्त समीकरण की ऊर्जा संरक्षण के नियम हेतु आवश्यकता भी स्वत: स्पष्ट है। चित्र 3.3 में हम देखते हैं कि सतह i, दूसरी N सतहों से घिरी हुई है। सतह i से निकलने वाले कुल विकिरण को इन N सतहों द्वारा अवरुद्ध किया जाता है। हम देखते हैं कि दृश्य गुणकों के जोड़ का नियम इस चित्र 3.5 से स्पष्ट हो जाता है।

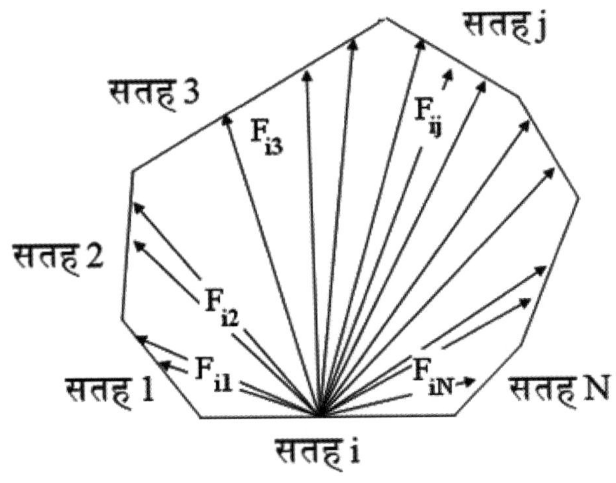

चित्र 3.5 किसी सतह i से विभिन्न सतहों के लिए दृश्य गुणक

किरचॉफ के नियम के अनुसार एक दिए हुए तरंगदैर्घ्य λ के विसरित विकिरण के लिए किसी विसरित सतह के अवशोषणांक एवं उत्सर्जनांक समान होते हैं, अर्थात्

$$\alpha_\lambda = \varepsilon_\lambda$$

हम यह भी कह सकते हैं कि जब कोई पिंड अपने परिवेश के साथ तापीय साम्यावस्था में होता है, तब उस पिंड की सतह के लिए अवशोषणांक एवं उत्सर्जनांक के मान समान होते हैं। अगर किसी सतह के लिए ऐसा माना गया है कि उसके अवशोषणांक एवं उत्सर्जनांक तरंगदैर्घ्य पर निर्भर नहीं करते हैं, तब उसे ग्रे सतह कहा जाता है, अर्थात् सभी तरंगदैर्घ्यों पर ग्रे सतह के उत्सर्जनांक एवं अवशोषणांक के मान समान होते हैं। गणितीय रूप में हम इसे निम्न समीकरण के रूप में लिख सकते हैं—

$$\varepsilon = \alpha$$

उपग्रहों में ऐसा मामला अक्सर देखने में आता है, जब एक छोटी सतह T_s तापमान पर बहुत बड़ी समतापीय सतह T_{surr} तापमान से घिरी होती है। उदाहरण के लिए उपग्रह की घनाकार संरचना की आंतरिक सतह T_{surr} तापमान पर हो सकती है एवं एक छोटे इलेक्ट्रॉनिक पैकेज की सतह T_s तापमान पर मानते हैं (T_s # T_{surr}) ऐसी दशा में छोटी सतह पर उसके परिवेश से गिरने वाले विकिरण को कृष्ण पिंड से आने वाले विकिरण के समान मान सकते हैं, जिसका मान है—

$$G = \sigma T_{surr}^4$$

अगर छोटी सतह को ग्रे सतह मान लिया जाए, तब उस सतह के प्रति इकाई क्षेत्रफल पर प्रभावी ऊष्मा विकिरण की दर है—

$$q_{net} = \frac{q}{A} = \varepsilon E_b - \alpha G = \varepsilon \sigma \left(T_s^4 - T_{surr}^4\right)$$

जहाँ पर E_b, T_s तापमान पर कृष्ण सतह की उत्सर्जी शक्ति है

तापीय संपर्क चालकत्व

उपग्रहों के ताप नियंत्रण में तापीय संपर्क चालकत्व एक महत्वपूर्ण प्राचल होता है। उपग्रहों में विभिन्न घटक एक-दूसरे से जुड़े रहते हैं। घटकों के जोड़ पर संपर्क में आने वाली सतहों में से होकर ऊष्मा स्थानांतरण की दर उन सतहों के बीच तापीय संपर्क चालकत्व पर निर्भर करती है। जब ठोस 1 की सतह एवं ठोस 2 की सतह परस्पर संपर्क में होती है, तब ठोस 1 से ठोस 2 में ऊष्मा स्थानांतरण होने पर उनकी सतहों के जोड़ पर तापीय पतन हो जाता है, इसे चित्र 3.6 में दिखाया गया है।

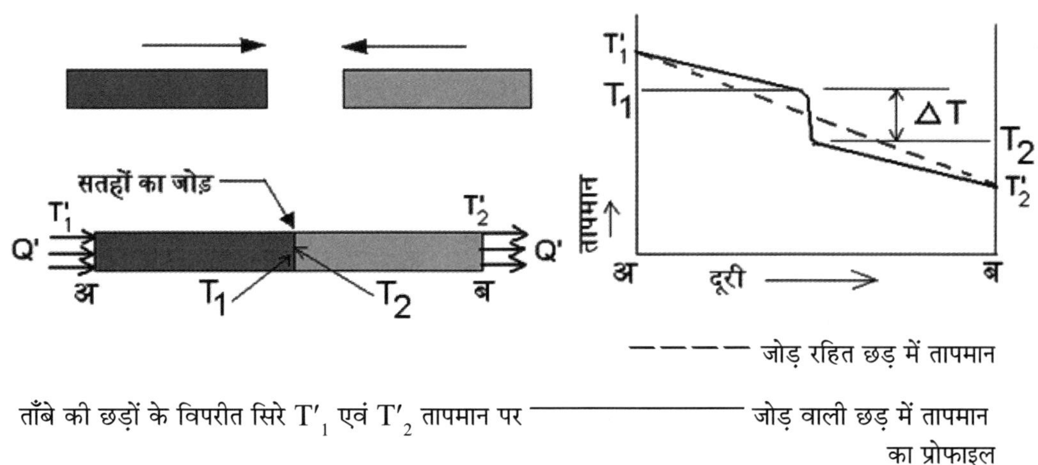

चित्र 3.6 दो ठोस सतहों के जोड़ पर संपर्क प्रतिरोध के करण तापमान का पतन

हम दूसरे शब्दों में कह सकते हैं कि ठोस 1 एवं ठोस 2 के जोड़ पर संपर्क वाली सतहों के तापमान भिन्न होते हैं। सतहों में यह तापीय भिन्नता उनके जोड़ पर तापीय प्रतिरोध के कारण होती है। यह तापीय प्रतिरोध ठोसों के जोड़ पर सतहों की सूक्ष्म अनियमितताओं के कारण उपस्थित होता है। सतहों की इन अनियमितताओं को चित्र 3.7 में भी दिखाया गया है। इन अनियमितताओं के कारण सतहों के जोड़ पर वास्तविक संपर्क क्षेत्र दृश्य संपर्क क्षेत्र का 1 से 2 प्रतिशत भाग ही होता है। ये वास्तविक संपर्क क्षेत्र कुछ बिंदुओं पर ही होते हैं, इस कारण से एक ठोस से दूसरे ठोस की ओर ऊष्मा प्रवाह रेखाएँ उन संपर्क बिंदुओं में से जाने के लिए बाध्य हो जाती हैं। इस तरह चालन द्वारा ऊष्मा प्रवाह के लिए प्रभावी क्षेत्र जोड़ पर कम हो जाने के कारण तापीय प्रतिरोध उत्पन्न हो जाता है।

अगर ठोस 1 की सतह का तापमान T_1 है एवं ठोस 2 की सतह का तापमान T_2 है, A जोड़ पर संपर्क क्षेत्र है, तब उन सतहों के पार गुजरने वाली ऊष्मा स्थानांतरण की दर q_c को निम्न समीकरण द्वारा व्यक्त किया जाता है—

$$q_c = h_c A (T_1 - T_2)$$

उपर्युक्त समीकरण में h_c को तापीय संपर्क चालकत्व कहते हैं। तापीय संपर्क चालकत्व को वाट प्रति वर्ग मीटर प्रति डिग्री सेल्सियस (W/m²/°C) की इकाई में व्यक्त किया जा सकता है। उपर्युक्त समीकरण में हम देखते हैं कि h_c जोड़ पर सतहों में से गुजरने वाली ऊष्मा स्थानांतरण की दर को निर्धारित करता है।

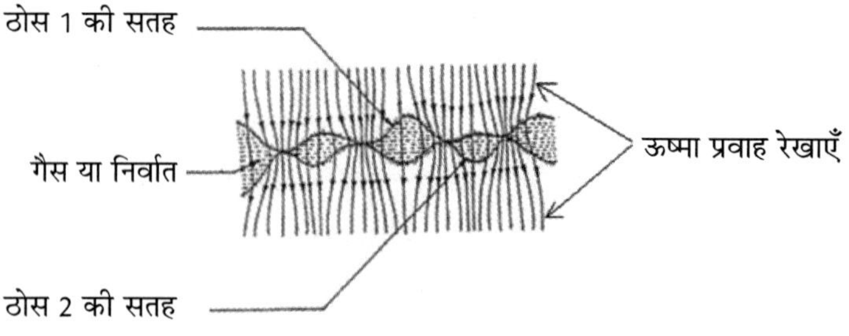

चित्र 3.7 दो ठोस सतहों के जोड़ पर सतहों की अनियमितताएँ एवं जोड़ पर ऊष्मा प्रवाह रेखाएँ

पृथ्वी के वातावरण में सतहों की अनियमितताओं के बीच रिक्त स्थान में वायु की उपस्थिति होती है, जबकि अंतरिक्ष में इन रिक्त स्थानों में निर्वात होता है इसलिए समान परिस्थितियों में h_c का मान पृथ्वी पर अंतरिक्ष की तुलना में अधिक होता है। तापीय संपर्क चालकत्व का मान जोड़ के कई प्राचलों पर निर्भर करता है जैसे—सतहों पर दाब, सतहों की उत्कृष्टता, समतलता, सतहों के पदार्थ की ऊष्मीय चालकता, सतहों की कठोरता, सतहों के पदार्थ का प्रत्यास्थता गुणांक, सतहों के बीच किसी अन्य पदार्थ की उपस्थिति एवं सतहों पर विलेपन। दाब, समतलता एवं सतहों की उत्कृष्टता बढ़ने पर सतहों का वास्तविक संपर्क क्षेत्र बढ़ जाता

है, जिससे तापीय संपर्क चालकत्व का मान भी बढ़ जाता है। सतहों के मध्य विशेष पदार्थों को निविष्ट करने से भी तापीय संपर्क चालकत्व का मान बढ़ाया जा सकता है, ऐसे पदार्थों को अंतराली पदार्थ कहा जाता है। किसी ऊष्मा उत्पन्न करने वाले इलेक्ट्रॉनिक घटक का तापमान, उसके स्थापित होने वाले स्थान पर सतहों के बीच तापीय संपर्क चालकत्व पर काफी निर्भर करता है, ऐसा हम चित्र 3.1 में भी देख सकते हैं। इस चित्र में ऊष्मा को दो जोड़ों में से होकर गुजरना पड़ता है, पहले घटक और ऊष्मा अभिगम, उसके बाद ऊष्मा अभिगम और उपग्रह संरचना के जोड़ चित्र में देखे जा सकते हैं। इन जोड़ों पर तापीय संपर्क चालकत्व का मान घटक के तापमान निर्धारित करने में महत्वपूर्ण भूमिका निभाता है। उपग्रहों के इलेक्ट्रॉनिक उपकरणों के तापमान में वृद्धि को रोकने के लिए तापीय संपर्क चालकत्व का उच्च मान अपेक्षित होता है। सतहों के मध्य तापीय संपर्क चालकत्व का मान परिस्थितियों के अनुसार 100 से लेकर 10000 $W/m^2/^oC$ तक की परास में हो सकता है।

क्वथन एवं संघनन ऊष्मा स्थानांतरण

उपग्रहों में जब चालन एवं विकिरण की विधाओं द्वारा ऊष्मा प्रबंधन संभव नहीं हो पाता है, तब हमें ऐसी प्रयुक्तियों का भी उपयोग करना पड़ता है, जिनमें क्वथन एवं संघनन की प्रक्रियाओं द्वारा ऊष्मा स्थानांतरण होता है। ऊष्मा नली ऊष्मा स्थानांतरण की एक ऐसी ही प्रयुक्ति है, जिसमें द्रव के क्वथन एवं संघनन की परिघटनाएँ होती है।

क्वथन के दौरान द्रव का वाष्पीकरण तेजी से होता है। किसी द्रव का क्वथनांक उसकी सतह के ऊपर गैस के दाब तथा द्रव के गुणधर्मों पर निर्भर करता है। एक नियत दाब पर द्रव के क्वथनांक को संतृप्त तापमान भी कहते हैं, क्योंकि यह उस दाब पर द्रव द्वारा ऊष्मा ग्रहण करने की सीमा होती है। किसी द्रव को ऊष्मा प्रदान करने पर जब नियत दाब पर द्रव का तापमान उसके संतृप्त तापमान पर पहुँच जाता है तो उसके बाद अतिरिक्त ऊष्मा का उपयोग द्रव को वाष्प में परिवर्तित करने में होता है। ऐसी परिस्थिति में ऊष्मा स्रोत एवं द्रव के अंतरापृष्ठ पर वाष्प के बुलबुले बनने लगते हैं और इसे हम द्रव का उबलना या क्वथन कहते हैं। इस परिस्थिति में द्रव की सतह पर वाष्प दाब द्रव के ऊपर परिवेश के दाब के बराबर हो जाता है। क्वथन के दौरान बुलबुलों के अंदर वाष्प का तापमान एवं दाब द्रव के ताप एवं दाब से भिन्न होता है। बुलबुलों में वाष्प एवं द्रव के दाब में अंतर द्रव-वाष्प अंतरापृष्ठ पर सतह तनाव बलों के द्वारा संतुलित किया जाता है। वाष्प एवं द्रव के तापमानों में अंतर के कारण द्रव एवं वाष्प के बीच ऊष्मा स्थानांतरण होता है। अगर बुलबुले में वाष्प का तापमान परिवेश के द्रव के तापमान से अधिक है तो वाष्प के संघनन के कारण बुलबुला नष्ट हो जाएगा तथा वाष्प की ऊष्मा द्रव में स्थानांतरित हो जाएगी। अगर द्रव का तापमान बुलबुले में वाष्प के तापमान से अधिक है तो बुलबुले का आकार बढ़ता जाएगा तथा ऊष्मा का स्थानांतरण द्रव से वाष्प की ओर होगा। तापमान बढ़ाने के अतिरिक्त द्रव पर दाब कम करने से भी क्वथन की प्रक्रिया शुरू हो सकती है, क्योंकि कम दाब पर अणुओं के बीच आकर्षण बल इतना कम हो जाता है कि वह द्रव के अणुओं को साथ नहीं रख सकता है। घरों में खाना पकाने के लिए उपयोग में लाए जाने वाले गैस सिलंडर के वाल्व को खोलने से दाब कम होने के कारण वह द्रव से गैस में परिवर्तित होकर बाहर निकलती है।

जब कोई तरल पदार्थ गैस अवस्था से द्रव या ठोस अवस्था में परिवर्तित हो जाता है तो उसे संघनन कहते हैं। संघनन क्वथन की विपरीत प्रक्रिया है। हम देखते हैं कि जब पानी की वाष्प पर्याप्त ठंडी सतह के संपर्क में आती है तो वह संघनित होकर द्रव में परिवर्तित हो जाती है। जब गैसों को पर्याप्त दाब प्रदान किया जाता है तब भी वे द्रव या ठोस अवस्था में संघनित हो जाती है, क्योंकि अत्यधिक दाब की परिस्थिति में अणुओं के मध्य आकर्षण बल उन्हें एक–दूसरे से अलग नहीं होने देता है। आग बुझाने के यंत्रों में अत्यधिक दाब के कारण कार्बन डाई ऑक्साइड द्रव अवस्था में होती है।

क्वथन के दौरान पदार्थ द्वारा उसकी गुप्त ऊष्मा के रूप में ऊष्मा का अवशोषण होता है, क्योंकि गुप्त ऊष्मा का उपयोग द्रव के अणुओं के मध्य आकर्षण बलों के कारण बने हुए बंधों को तोड़ने के लिए होता है। इसके विपरीत संघनन के दौरान वाष्प या गैस द्वारा ऊष्मा मुक्त की जाती है, क्योंकि द्रव अवस्था में अणुओं की ऊर्जा गैस अवस्था की तुलना में कम हो जाती है। किसी पदार्थ द्वारा वाष्पीकरण के दौरान ऊष्मा अवशोषण करने एवं संघनन के दौरान ऊष्मा मुक्त करने के लक्षणों का उपयोग ऊष्मा स्थानांतरण के लिए उपयोगी प्रयुक्तियाँ बनाने के लिए किया जाता है। ऊष्मा नली एक ऐसी ही प्रयुक्ति है, जिसमें वाष्पीकरण एवं संघनन प्रक्रियाओं का उपयोग ऊष्मा स्थानांतरण के लिए किया जाता है। उपग्रहों के ऊष्मा प्रबंधन में ऊष्मा नलियों का उपयोग अनिवार्य हो गया है। ऊष्मा नलियों पर विस्तार से चर्चा आगे के अध्याय में की गई है।

□

4. उपग्रहों पर ऊष्मा भार

उपग्रहों के ऊष्मीय प्रबंधन के लिए उन पर आने वाले ऊष्मा भारों के बारे में सटीक जानकारी होना आवश्यक होता है। उपग्रह एवं उसके उपकरणों पर दो तरह के ऊष्मा भार हो सकते हैं—1. बाह्य ऊष्मा भार; 2. आंतरिक ऊष्मा भार। सौर विकिरण एवं अन्य ग्रहों या खगोलीय पिंडों द्वारा उत्सर्जित या परावर्तित विकिरणों को बाह्य ऊष्मा भार कहते हैं, जबकि उपग्रह के विभिन्न घटकों एवं ऊष्मकों द्वारा विद्युत् शक्ति के क्षय के कारण उत्पन्न ऊष्मा को आंतरिक ऊष्मा भार कहते हैं। चित्र 4.1 में पृथ्वी की कक्षा में स्थापित उपग्रह पर बाह्य ऊष्मा भार दर्शाए गए हैं। किसी सतह पर विकिरण की तीव्रता उस सतह की विकिरण के स्रोत से दूरी एवं सतह के दिग्विन्यास पर निर्भर करती है। स्रोत से दूरी बढ़ने पर उसकी तीव्रता भी कम हो जाती है। भू-स्थिर कक्षा में भ्रमण करने वाले उपग्रहों पर सौर विकिरण की ही प्रधानता होती है, पृथ्वी से 36000 कि.मी. की दूरी पर होने के कारण पृथ्वी से आने वाले भू-दीप्ति एवं अल्बिडो विकिरण का प्रभाव नगण्य हो जाता है।

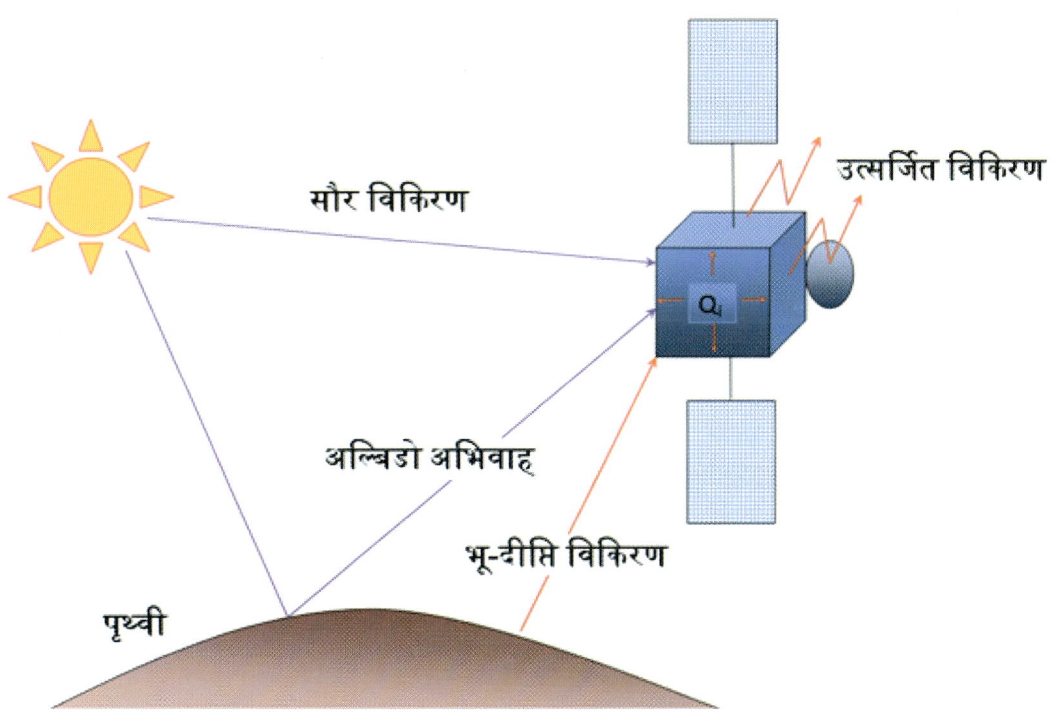

चित्र 4.1 पृथ्वी की कक्षा में स्थापित एक उपग्रह पर बाहरी ऊष्मा भार

सौर विकिरण

पृथ्वी की कक्षा में भ्रमण करने वाले अधिकांश उपग्रहों के लिए सौर विकिरण, बाह्य ऊष्मा भार का सबसे बड़ा स्रोत है। सौर स्पेक्ट्रम को हम लगभग 5800 केल्विन तापमान के कृष्ण पिंड से उत्सर्जित विकिरण के समान मान सकते हैं। चित्र 4.2 में सौर विकिरण एवं 5800 K पर कृष्ण पिंड की सतह से उत्सर्जित विकिरण का स्पेक्ट्रमी वितरण दिखाया गया है। चित्र 4.2 में पराबैंगनी, दृश्य एवं अवरक्त विकिरण के क्षेत्रों को भी दर्शाया गया है। सौर स्पेक्ट्रम को पृथ्वी के वायुमंडल से बाहर एवं पृथ्वी की सतह, दोनों परिस्थितियों के लिए दिखाया गया है। चित्र में हम देख सकते हैं कि पृथ्वी के वायुमंडल में उपस्थित गैसें जैसे—ओजोन, ऑक्सीजन, जल वाष्प इत्यादि के द्वारा कुछ तरंगदैर्घ्य पर विकिरण का अवशोषण हो जाता है। सौर विकिरण की कुल ऊर्जा का 97 प्रतिशत विकिरण 0.2 से 2.8 माइक्रॉन तरंगदैर्घ्य के विकिरण के मध्य में स्थित होता है एवं अधिकतम विकिरण लगभग 0.48 माइक्रॉन अर्थात् दृश्य विकिरण बैंड के तरंगदैर्घ्य पर उत्सर्जित होता है। किसी सतह के लिए सौर अवशोषणांक सौर विकिरण के दृश्य स्पेक्ट्रमी बैंड के लिए होता है, जबकि सतह का तापीय उत्सर्जनांक सतह के तापमान पर निर्भर करता है। एक उपग्रह की सतहों के तापीय विकिरण उत्सर्जनांक के लिए सतहों के तापमान लगभग 300 से 400 केल्विन के आसपास माने जा सकते हैं। उपग्रह के इस तापमान पर उत्सर्जित विकिरण अवरक्त बैंड में स्थित होता है एवं अधिकतम विकिरण लगभग 8 माइक्रॉन के तरंगदैर्घ्य पर स्थित होता है, इसका अनुमान चित्र 3.2 से भी लगाया जा सकता है। अवरक्त विकिरण जो कि 1 से 100 माइक्रॉन की तरगदैर्घ्य के विकिरण में स्थित होता है उसका लगभग 95 प्रतिशत विकिरण 5 से 50 माइक्रॉन की तरंगदैर्घ्य के बीच होता है, उपग्रह की विभिन्न सतहों का इसी तरंगदैर्घ्य वाले विकिरण के लिए तापीय उत्सर्जनांक महत्वपूर्ण होता है।

यह महत्वपूर्ण तथ्य है कि सौर विकिरण की तरंगदैर्घ्य, कमरे के साधारण तापमान पर रखी किसी वस्तु से उत्सर्जित विकिरण की तरंगदैर्घ्य से लघुतर होती है। इस विशिष्टता के कारण हम उपग्रह के ऊष्मीय प्रबंधन के लिए ऐसी सतहों का चुनाव कर सकते हैं, जो सौर विकिरण को तो परावर्तित कर देती है, लेकिन कमरे के तापमान पर उत्सर्जित लंबी तरंगदैर्घ्य अर्थात् अवरक्त विकिरणों के लिए उच्च उत्सर्जनांक वाली होती है। प्रकाशिकी सौर परावर्तक एक ऐसी ही गुणधर्म वाली सतह होती है।

पृथ्वी के वायुमंडल के बाहर वार्षिक औसत सौर ऊष्मा अभिवाह लगभग 1353 W/m^2 होता है। इसे सौर स्थिरांक S भी कहते हैं। सौर स्थिरांक सूर्य से दूरी के वर्ग के व्युत्क्रम के समानुपातिक होता है। पृथ्वी सूर्य के चारों ओर दीर्घवृत्ताकार कक्षा में चक्कर लगाती है, इसलिए सौर स्थिरांक भी पृथ्वी की सूर्य से दूरी के अनुसार परिवर्तित होता है। सौर स्थिरांक का अधिकतम एवं न्यूनतम मान क्रमशः 1397 W/m^2 एवं 1311 W/m^2 होते हैं, ये क्रमशः 3 जनवरी एवं 4 जुलाई को घटित होते हैं। सौर विकिरण अभिवाह J_s की गणना सूर्य से d दूरी पर निम्न समीकरण द्वारा की जा सकती है।

$$J_s = \frac{P}{4\pi d^2}$$

जहाँ पर P सूर्य से उत्सर्जित होने वाले कुल विकिरण की मात्रा है, जिसका मान 3.856 X 10^{26} W है।

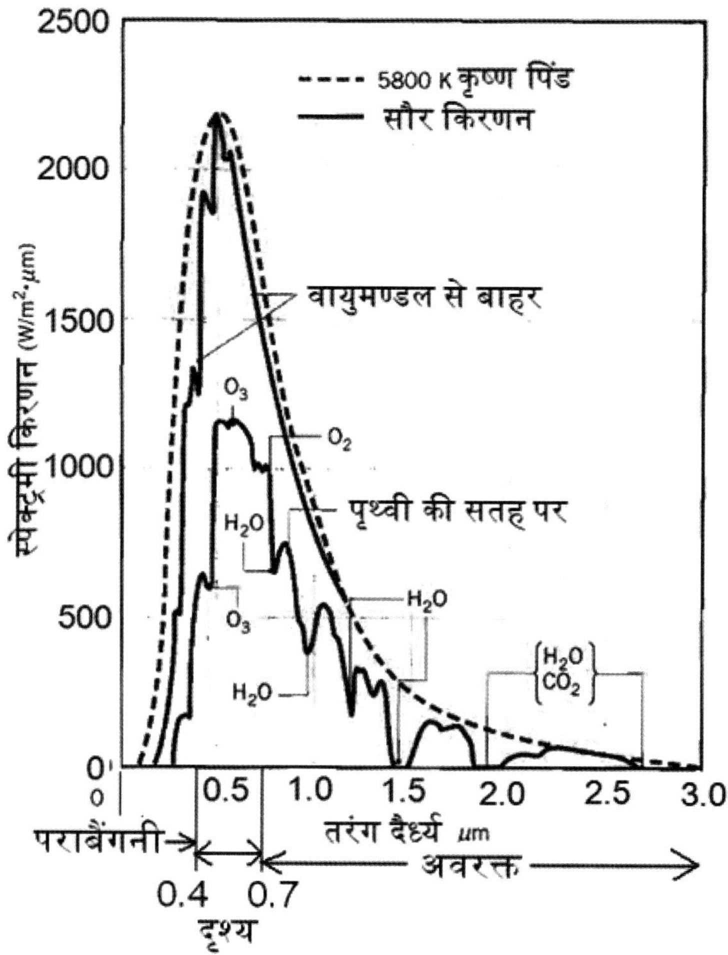

चित्र 4.2 सौर विकिरण एवं 5800 K पर कृष्ण पिंड की सतह से उत्सर्जित विकिरण का स्पेक्ट्रमी वितरण

पृथ्वी सूर्य के चारों ओर दीर्घवृत्ताकार पथ पर एक वर्ष में घूर्णन पूरा करती है, जिस तल में पृथ्वी सूर्य के चारों ओर चक्कर लगाती है उसे क्रांतिवृत्त तल कहते हैं। पृथ्वी के अक्ष में झुकाव के कारण उसके भूमध्यरेखीय तल के अभिलंब और क्रांतिवृत्त तल के अभिलंब के बीच 23.5° का कोण होता है। दूसरे शब्दों में हम यह भी कह सकते हैं कि भूमध्यरेखीय तल और क्रांतिवृत्त तल के बीच 23.5° का कोण होता है। इसे चित्र 4.3 में स्पष्ट देखा जा सकता है। पृथ्वी का अपने अक्ष पर झुकाव के कारण सूर्य की किरणें भूमध्यरेखीय तल के सापेक्ष तिरछी आती हुई प्रतीत होती है। पृथ्वी का सूर्य के चारों ओर वार्षिक घूर्णन के कारण सूर्य की

किरणों का तिरछापन 23.5° से −23.5° के बीच परिवर्तित होता रहता है। सूर्य के चारों ओर वार्षिक घूर्णन के दौरान पृथ्वी की चार मुख्य स्थितियाँ होती हैं, चित्र 4.3 में इन चारों स्थितियों को दिखाया गया है। जब सूर्य की किरणें पृथ्वी पर भूमध्य रेखा से 23.5° उत्तर दिशा में स्थित बिंदु पर सीधी गिरती हैं, तो उस स्थिति को ग्रीष्म अयनांत कहते हैं। ग्रीष्म अयनांत पर पृथ्वी की सूर्य से दूरी अधिकतम होती है, इसलिए सूर्य से पृथ्वी पर आने वाले ऊष्मा अभिवाह का मान न्यूनतम होता है, जो 4 जुलाई को घटित होता है। जब सूर्य की किरणें पृथ्वी पर भूमध्य रेखा से 23.5° दक्षिण दिशा में स्थित बिंदु पर सीधी गिरती है, तो उस स्थिति को शीत अयनांत कहते हैं। शीत अयनांत पर पृथ्वी की सूर्य से दूरी न्यूनतम होती है, इसलिए सूर्य से पृथ्वी पर आने वाले ऊष्मा अभिवाह का मान अधिकतम होता है, जो 3 जनवरी को घटित होता है। वर्ष में दो बार ऐसी स्थितियाँ आती हैं, जब सूर्य की किरणें भूमध्य रेखा पर सीधी गिरती हैं। इन दो स्थितियों को वसंत विषुव एवं शरद विषुव कहते हैं। वसंत विषुव एवं शरद विषुव क्रमशः 21 मार्च एवं 23 सितंबर को घटित होते हैं। वसंत विषुव एवं शरद विषुव पर सूर्य एवं पृथ्वी के केंद्र भूमध्यरेखीय तल में आ जाते हैं। पृथ्वी के अपने अक्ष पर झुकाव के कारण सौर सदिश अर्थात् सूर्य से आने वाले विकिरणों की दिशा एवं भूमध्यरेखीय तल के बीच कोण भी वर्ष के दौरान 23.5° से −23.5° के बीच बदलता रहता है, सौर सदिश एवं भूमध्य रेखीय तल के बीच के न्यूनतम कोण को सूर्य का दिक्पात कोण कहते हैं। इसे चित्र 4.3 एवं 4.4 में देखा जा सकता है।

हमारे मन में यह विचार आ सकता है कि ग्रीष्म अयनांत पर न्यूनतम सौर अभिवाह के बावजूद भी इसे ग्रीष्म अयनांत क्यों कहा जाता है। ऐसा इसलिए कहा जाता है, क्योंकि ग्रीष्म अयनांत के दौरान पृथ्वी के उत्तरी गोलार्ध पर सूर्य की किरणें सीधी अर्थात् लगभग लंबवत् आपतित होती हैं और किसी क्षेत्र द्वारा अवरुद्ध की गई ऊर्जा की मात्रा सौर किरणों के आपतन कोण पर निर्भर करती है। इसलिए उत्तरी गोलार्ध के किसी क्षेत्र द्वारा अधिक विकिरण ऊर्जा अवरुद्ध हो जाती है, जबकि शीत अयनांत के दौरान सूर्य से कम दूरी होने के बावजूद भी उत्तरी गोलार्ध के क्षेत्र पर कम ऊर्जा अवरुद्ध होती है, क्योंकि सूर्य की किरणें उत्तरी गोलार्ध पर लंबवत के बजाय तिरछी गिरती हैं।

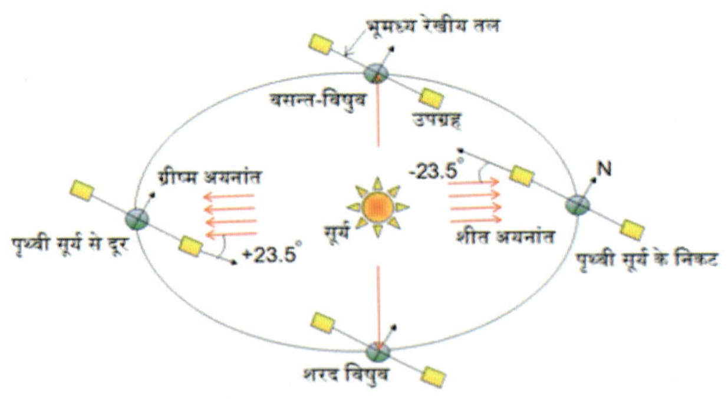

चित्र 4.3 सूर्य के चारों ओर वार्षिक घूर्णन के दौरान सौर किरणों का भूमध्यरेखीय तल के साथ झुकाव एवं भू-स्थिर कक्षा में एक उपग्रह

पृथ्वी 24 घंटे में अपने अक्ष पर एक चक्कर पूरा कर लेती है। भू-स्थिर कक्षा में स्थित उपग्रह भी 24 घंटे में पृथ्वी के चारों ओर एक चक्कर पूरा करता है, इसलिए भू-स्थिर उपग्रह पृथ्वी के सापेक्ष स्थिर दिखाई देता है। भू-स्थिर उपग्रह का कक्षीय तल पृथ्वी के भूमध्यरेखीय तल में ही होता है। भू-स्थिर उपग्रहों पर सौर अभिवाहों में दो तरह के परिवर्तन होते हैं—1. दैनिक और 2. वार्षिक। भू-स्थिर उपग्रह की मुख्य घनाकार संरचना पर चार पार्श्व फलक होते हैं एवं उत्तर एव दक्षिण दिशा में क्रमशः उत्तर एव दक्षिण फलक होते हैं। जो पार्श्व फलक हमेशा सीधा पृथ्वी की ओर देखता है, उसे भूदर्शी फलक कहते हैं, इसके ठीक सामने वाले फलक को प्रतिभूदर्शी फलक कहते हैं। भूदर्शी एवं प्रतिभूदर्शी फलकों के मध्य, पूर्व एवं पश्चिम पार्श्व फलक होते हैं। चित्र 4.4 में हम देख सकते हैं कि पृथ्वी की दैनिक परिक्रमा के दौरान उपग्रह के पार्श्व फलकों के अभिलंब और सौर सदिश के बीच कोण 0 से 90° के बीच परिवर्तित होता रहता है। चित्र 4.4 में हम यह भी देखते हैं कि उपग्रह के प्रतिभूदर्शी, पश्चिम, भूदर्शी एवं पूर्व पार्श्व फलकों पर सौर अभिवाह क्रमशः मध्याह्न, सांय 6 बजे, अर्धरात्रि एवं प्रातः 6 बजे अधिकतम होता है। सौर अभिवाह में यह दैनिक परिवर्तन फलकों के अभिलंब एवं सौर सदिश के बीच कोण के कोसाइन के अनुसार बदलता रहता है।

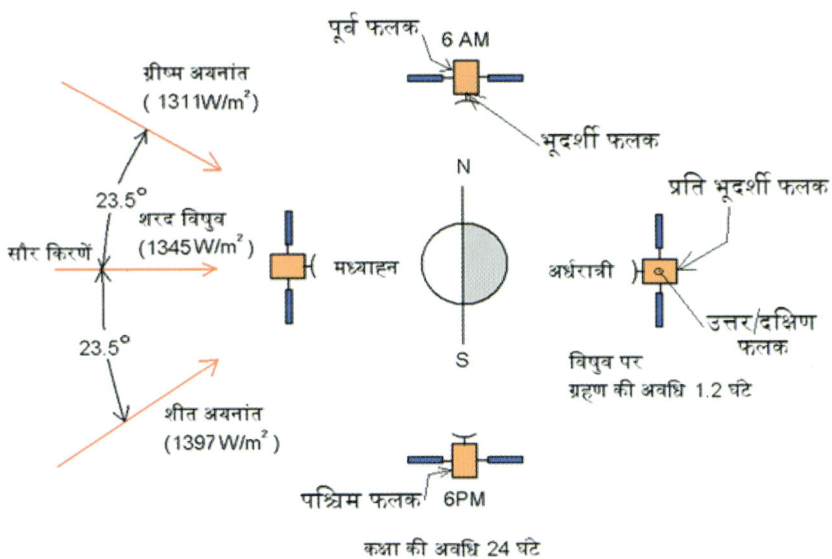

चित्र 4.4 भू-स्थिर उपग्रह के फलकों पर सौर अभिवाहों में वार्षिक एव दैनिक परिवर्तन

चित्र 4.5 में शून्य सौर दिक्पात कोण के लिए भू-स्थिर उपग्रह के विभिन्न फलकों पर एक कक्षा में परिक्रमण काल के दौरान सौर अभिवाहों में परिवर्तन दिखाए गए हैं। इस चित्र में हम देखते हैं कि प्रतिभूदर्शी फलक पर मध्याह्न के समय या शून्य घंटे पर सौर अभिवाह अधिकतम होता है। इसके बाद अन्य पार्श्व फलकों

पर बारी–बारी से अधिकतम मान होता है। उत्तर एवं दक्षिण फलकों पर सौर अभिवाहों में पार्श्व फलकों की तरह दैनिक परिवर्तन नहीं होते हैं। उत्तर एवं दक्षिण फलकों पर सौर अभिवाहों में वार्षिक परिवर्तन सौर किरणों के दिक्पात कोण या झुकाव में ±23.5° से परिवर्तन के कारण होते हैं। इस तरह उत्तर एवं दक्षिण फलकों पर सौर किरणें सीधी कभी नहीं गिरती हैं। इन फलकों पर फलकों के तल एवं सौर सदिश के बीच अधिकतम कोण 23.5° होता है। सौर अभिवाह जब उत्तर फलक पर आपतित होता है तो दक्षिण फलक पर पूरी तरह से अनुपस्थित होता है, इस तरह वर्ष के आधे समय ही इन फलकों पर सौर अभिवाह गिरता है। भू–स्थिर उपग्रहों के उत्तर एवं दक्षिण फलकों पर न्यूनतम सौर अभिवाहों के कारण ऊष्मा उत्पन्न करने वाले अधिकांश उपकरणों को इन फलकों पर स्थापित किया जाता है एवं उपकरणों द्वारा क्षय ऊष्मा के अंतरिक्ष में उत्सर्जन के लिए इन फलकों की बाह्य सतहों पर विकिरक लगाए जाते हैं।

भू–स्थिर उपग्रह वर्ष में दो ऐसी अवधियों से गुजरता है, जब वह पृथ्वी की पूर्ण छाया या सूर्य ग्रहण की स्थिति में होता है। भू–स्थिर उपग्रह पर सूर्य ग्रहण की स्थिति शरद एवं वसंत विषुव के समय पर केंद्रित होती है। एक भू–स्थिर उपग्रह वर्ष में 90 दिन पूर्ण सूर्य ग्रहण अर्थात् शून्य सौर अभिवाह की स्थिति में से गुजरता है, ग्रहण की अधिकतम अवधि 72 मिनट होती है, जो वसंत एवं शरद विषुवों के समय के नजदीक होती है। सूर्य ग्रहण के दौरान उपग्रह पर शून्य सौर अभिवाह के कारण उपग्रह के तापमान कम होने लगते हैं एवं इस अवधि के दौरान सौर व्यूह फलकों द्वारा विद्युत् उत्पादन भी रुक जाता है। ऐसी स्थिति में उपग्रह के उपकरणों एवं घटकों का तापमानों के अनुमत सीमाओं से नीचे जाने से रोकने के लिए ऊष्मकों का प्रावधान रखा जाता है, जो बैटरी के द्वारा प्रचालित किए जाते हैं।

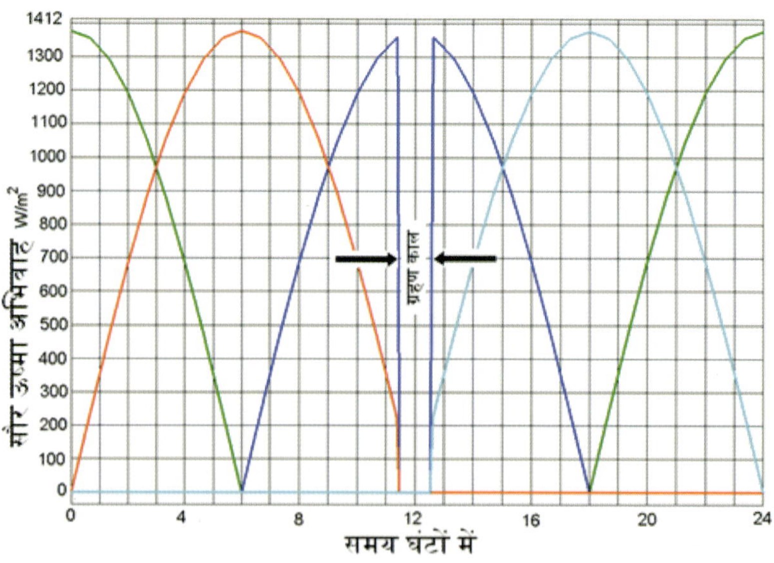

चित्र 4.5 भू–स्थिर उपग्रहों के पार्श्व फलकों पर सौर ऊष्मा अभिवाहों में शून्य सौर दिक्पात कोण पर समय के साथ परिवर्तन

उपग्रह की किसी सतह पर सौर ऊष्मा भार की गणना निम्न समीकरण द्वारा की जाती है—

$$Q_s = S\, cos\theta\, A$$

जहाँ पर Q_s = आपतित सौर ऊष्मा भार;

S = सौर स्थिरांक, W/m^2;

$cos\theta$ = सौर सदिश एवं सतह के अभिलंब के बीच कोण;

A = सतह का कुल क्षेत्रफल;

भू-स्थिर कक्षा में शून्य सौर अवनत की दशा में उपग्रह की एक सतह के अभिलंब एवं सौर सदिश के बीच कोण θ को चित्र 4.6 में दिखाया गया है। यह कोण उपग्रह का पृथ्वी की कक्षा में परिभ्रमण होने के कारण समय के साथ चक्रीय रूप में परिवर्तित होता है। इसलिए उपग्रह की सतहों पर गिरने वाले सौर अभिवाह भी समय के साथ चक्रीय रूप में परिवर्तित होते हैं।

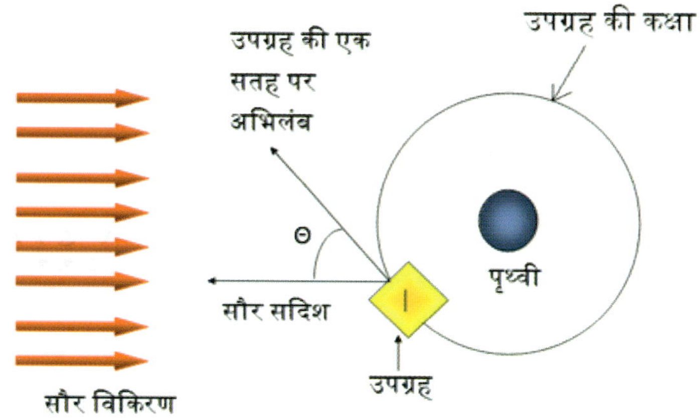

चित्र 4.6 भू-स्थिर कक्षा में शून्य सौर अवनत की स्थिति में उपग्रह के एक फलक पर सौर अभिवाह की गणना के लिए सतह पर अभिलंब का सौर सदिश के साथ कोण

अल्बिडो एवं भू-दीप्ति अभिवाह—

अल्बिडो अभिवाह, पृथ्वी या अन्य खगोलीय पिंड पर आपतित कुल सौर अभिवाह का वह अंश है, जो पृथ्वी या उस पिंड के वातावरण द्वारा प्रकीर्णन एवं बादलों द्वारा परावर्तन के कारण अंतरिक्ष की ओर लौटा दिया जाता है। इस अंश को अल्बिडो गुणांक कहते हैं, पृथ्वी के लिए इसका औसत मान लगभग 0.3 माना जाता

है। अल्बिडो गुणांक उस ग्रह की स्थानीय सतह एवं वहाँ के वायुमंडल के गुणधर्मों पर अधिक निर्भर करता है। किसी उपग्रह पर अल्बिडो अभिवाह उपग्रह की स्थिति, सूर्य के सापेक्ष विन्यास एवं उपग्रह की ऊँचाई पर निर्भर करता है, जैसा कि चित्र 4.7 में दिखाया गया है।

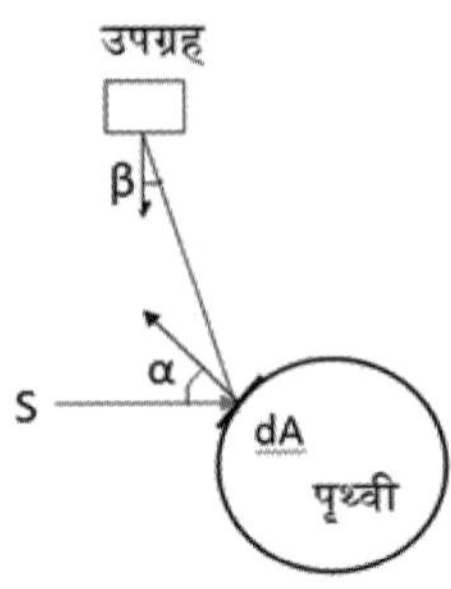

चित्र 4.7 उपग्रह की एक सतह पर अल्बिडो अभिवाह

अल्बिडो अभिवाह की गणना के लिए पृथ्वी की सतह को छोटे-छोटे अवयवों में विभक्त किया जाता है। उसके बाद ऐसे प्रत्येक अवयव की यह जाँच की जाती है कि क्या उस अवयव पर सूर्य का प्रकाश गिरता है। अगर पृथ्वी की सतह के किसी अवयव पर सूर्य का प्रकाश गिरता है तो आपतित सौर ऊर्जा Q_i की गणना निम्न समीकरण द्वारा की जाती है—

$$Q_i = S\, dA \cos \alpha$$

जहाँ पर S = आपतित सौर अभिवाह,

α सौर सदिश एवं अवयव dA के अभिलंब के बीच कोण

अगर पृथ्वी की सतह का अल्बिडो गुणांक a है, तो इस अवयव से परावर्तित विसरित सौर ऊर्जा Q_r का मान निम्न समीकरण द्वारा व्यक्त किया जा सकता है—

$$Q_r = a\, Q_i$$

Q_r, पृथ्वी के द्वारा विसरित सौर विकिरण ऊर्जा है। उपग्रह की किसी सतह पर इस ऊर्जा का कितना अंश पहुँचता है यह उपग्रह की सतह एवं पृथ्वी की सतह पर इस अवयव के बीच दृश्य गुणांक F पर निर्भर करता है। F को Q_r से गुणा करने पर हमें उस परावर्तित ऊर्जा का मान ज्ञात हो जाता है, जो इस पृथ्वी के एक अवयव से उपग्रह की सतह पर पहुँचती है। दृश्य गुणांक इसका मापक है कि उपग्रह, पृथ्वी की सतह पर सीधे सौर विकिरण गिरने वाले भाग को कितना देख पाता है। जब कक्षा में भ्रमण करता हुआ उपग्रह सूर्य के ठीक नीचे अर्थात् अव-सौर बिंदु पर होता है तब उपग्रह पर अधिकतम अल्बिडो अभिवाह गिरता है एवं जैसे-जैसे उपग्रह अव-सौर बिंदु से दूर जाता है, अल्बिडो अभिवाह कम होता जाता है। जब उपग्रह सूर्य द्वारा

प्रकाशित क्षेत्रों को नहीं देखता है तब उपग्रह पर अल्बिडो अभिवाह शून्य हो जाता है। इस तरह हम देखते हैं कि अल्बिडो अभिवाह सूर्य और उपग्रह की पृथ्वी के सापेक्ष स्थितियों पर निर्भर करता है। अल्बिडो अभिवाह के इस परिवर्तन को चित्र 4.8 में दिखाया गया है।

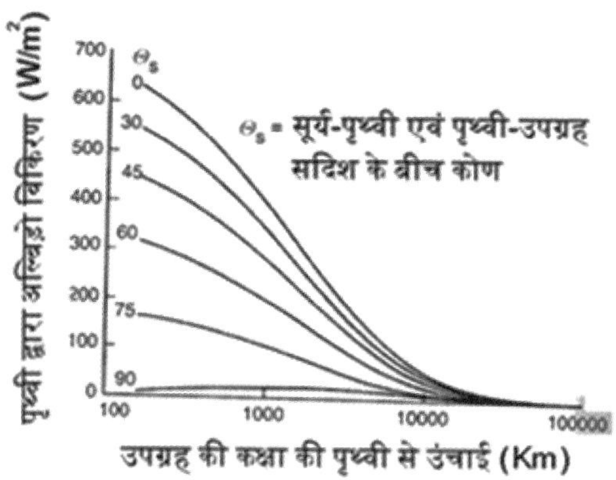

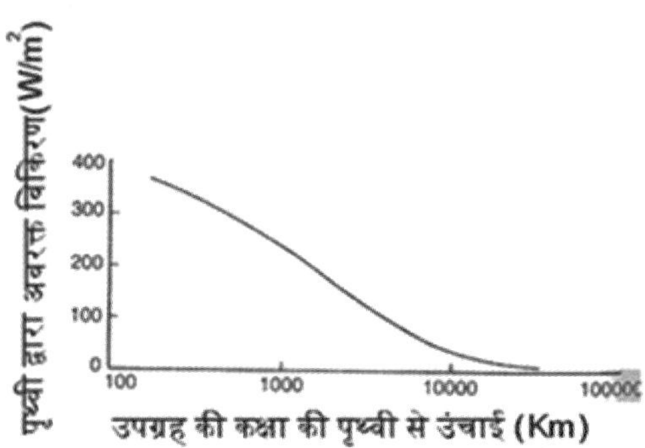

चित्र 4.8 भू–दीप्ति एवं अल्बिडो अभिवाहों का उपग्रह की कक्षा की ऊँचाई के साथ परिवर्तन

आपतित सौर विकिरण का एक अंश पृथ्वी एवं उसके वातावरण द्वारा ऊष्मा के रूप में शोषित कर लिया जाता है, पृथ्वी द्वारा इस ऊष्मा का स्टीफन–बोल्जमान के नियमानुसार वापस अवरक्त विकिरण के रूप में उत्सर्जन किया जाता है। यह विकिरण ही भू–दीप्ति अभिवाह के रूप में उपग्रह की सतहों पर पहुँचता है। पृथ्वी के चारों ओर घने वायुमंडल की उपस्थिति के कारण भू–दीप्ति अभिवाह की गणना के लिए पृथ्वी की सतह को समान तापमान पर माना जा सकता है। पृथ्वी की सतह से अवरक्त विकिरणों का उत्सर्जन विसरित विकिरणों के रूप में होता है। पृथ्वी की सतह द्वारा उत्सर्जित अवरक्त विकिरणों को -20°C के तापमान पर कृष्ण सतह से उत्सर्जित विकिरणों के समान मान सकते हैं। पिछले अध्याय के चित्र 3.2 से हम पृथ्वी द्वारा

उत्सर्जित अवरक्त विकिरणों के स्पेक्ट्रम का अनुमान लगा सकते हैं। पृथ्वी द्वारा उत्सर्जित अवरक्त विकिरणों की तरंगदैर्घ्य लगभग 2 से 50 माइक्रॉन के मध्य होती है तथा 10 माइक्रॉन पर इस विकिरण की तीव्रता उच्चतम होती है, इसे भू-दीप्ति अभिवाह कहते हैं।

पृथ्वी की सतह से उत्सर्जित भू-दीप्ति अभिवाह की गणना हम ऊर्जा संरक्षण के नियम के आधार पर आसानी से कर सकते हैं। अगर हम पृथ्वी की तुलना एक ऐसे गोलाकार पिंड से करें, जिसकी त्रिज्या R_e तथा पृथ्वी की सतह पर आपतित सौर अभिवाह का मान S हो, तब

पृथ्वी का वह क्षेत्र जो सौर ऊर्जा को रोकता है $= \neq R_e^2$

पृथ्वी पर आपतित सौर ऊर्जा का मान $= S \neq R_e^2$

पृथ्वी का अल्बिडो का मान a हो, तो

पृथ्वी द्वारा अवशोषित सौर ऊर्जा का मान $= (1–a)S \neq R_e^2$

पृथ्वी द्वारा अवशोषित सौर ऊर्जा पृथ्वी की संपूर्ण सतह से अवरक्त विकिरण के रूप में उत्सर्जित की जाती है।

पृथ्वी की सतह से उत्सर्जित विकिरण अभिवाह, जिसे भू-दीप्ति कहा जाता है, उसका मान अगर E हो, तो

पृथ्वी की सतह द्वारा उत्सर्जित कुल विकिरण का मान $= E\, 4 \neq R_e^2$

पृथ्वी के ऊष्मीय संतुलन की दशा में पृथ्वी द्वारा अवशोषित सौर ऊर्जा का मान पृथ्वी की सतह द्वारा उत्सर्जित कुल विकिरण के मान के तुल्य होना चाहिए। गणितीय समीकरण के रूप में हम पृथ्वी के ऊष्मीय संतुलन को निम्न तरह से लिख सकते हैं—

$$(1-a)S\,\pi\,R_e^2 = E\,4\,\pi\,R_e^2$$

$$E = \frac{(1-a)S}{4}$$

उपर्युक्त समीकरण में अल्बिडो, a = 0.3 तथा सौर स्थिरांक, $S = 1353\ W/m^2$ औसत मान रखने पर पृथ्वी की सतह से उत्सर्जित औसत भू-दीप्ति अभिवाह, E का मान लगभग $237\ W/m^2$ प्राप्त होता है।

चित्र 3.2 में 300 केल्विन पर कृष्ण पिंड की सतह से उत्सर्जित विकिरणों के स्पेक्ट्रम को दिखाया गया है। पृथ्वी द्वारा उत्सर्जित भू-दीप्ति विकिरण को 220 एवं 290 केल्विन पर रखे हुए कृष्ण पिंड से उत्सर्जित स्पेक्ट्रम के समान माना जाता है। इसका वार्षिक औसत मान लगभग $237\ W/m^2$ होता है। भू-दीप्ति विकिरण की तीव्रता व्युत्क्रम-वर्ग नियम के अनुसार उपग्रह की पृथ्वी की सतह से ऊँचाई के साथ कम होती जाती है,

जिसे चित्र 4.8 में भी देखा जा सकता है। किसी ऊँचाई पर भू-दीप्ति अभिवाह Q_p का मान W/m^2 निम्न समीकरण से ज्ञात किया जा सकता है—

$$Q_p = 237\left(\frac{R_{rad}}{R_{orbit}}\right)^2$$

जहाँ पर R_{rad} पृथ्वी से विकिरण उत्सर्जन करने वाली सतह की प्रभावी त्रिज्या है एवं R_{orbit} उपग्रह की कक्षा की त्रिज्या है। पृथ्वी की निम्न कक्षाओं, अर्थात् सतह से लगभग 1000 कि.मी. तक में स्थापित उपग्रहों पर अल्बिडो एव भू-दीप्ति अभिवाह का प्रभाव महत्वपूर्ण होता है।

पृथ्वी द्वारा उत्सर्जित अवरक्त विकिरण एवं उपग्रह के विकिरकों द्वारा उत्सर्जित अवरक्त विकिरण लगभग समान तरंगदैर्घ्य के होने के कारण भू-दीप्ति विकिरण, विकिरक की सतह द्वारा किरचॉफ के नियम के कारण $(\alpha_\lambda = \varepsilon_\lambda)$ अवशोषित हो जाते हैं, क्योंकि उपग्रह के विकिरकों की सतहों का अवरक्त उत्सर्जनांक उच्च मान का होता है, जिससे वह उपग्रह की अपव्यय ऊष्मा को अच्छी तरह उत्सर्जित कर सके। इसलिए निम्न ऊँचाई की कक्षाओं में उपग्रहों पर भू-दीप्ति अभिवाह का भार उपग्रह के ऊष्मा प्रबंधन के लिए चुनौतीपूर्ण हो सकता है।

पृथ्वी की कक्षा में उपग्रह की एक सतह पर बाह्य ऊष्मा भारों की गणना

किसी उपग्रह की तापीय अभिकल्पना के लिए उसकी सतहों पर आने वाले बाह्य विकिरण ऊष्मा भारों की जानकारी आवश्यक है। बाह्य ऊष्मा भारों की गणना ज्यामिति और समाकलन विषयों से संबंधित एक जटिल गणितीय समस्या होती है। चित्र 4.9 में पृथ्वी की कक्षा में उपग्रह की एक सतह का सरल आरेखण दिखाया गया है। हम यहाँ पर पृथ्वी की कक्षा में स्थापित उपग्रह की एक सतह, जिसका क्षेत्रफल dA_s उस पर आपतित विभिन्न ऊष्मा भारों पर विचार करते हैं। पृथ्वी की सतह के छोटे से क्षेत्र, जिसका क्षेत्रफल dA_E है, उसके द्वारा उपग्रह की सतह पर आपतित अल्बिडो एवं भू-दीप्ति ऊष्मा भारों की गणना के लिए विचार करते हैं। चित्र 4.9 में दोनों क्षेत्रों पर अभिलंब की दिशा को सदिश n से दर्शाया गया है। उपग्रह की सतह dA_s एवं पृथ्वी की सतह dA_E के केंद्रों के बीच दूरी L है। कोण β_1, β_2, β_3 एवं β_4 को भी चित्र 4.9 में दर्शाया गया है।

अगर β_1 सौर सदिश एवं उपग्रह की सतह पर अभिलंब के बीच का कोण है तो हम उपग्रह की सतह पर आपतित सौर ऊष्मा भार को निम्न समीकरण द्वारा व्यक्त कर सकते हैं—

$$dQ_s = S \text{ (सौर विकिरण के लंबवत् प्रक्षेपित क्षेत्र)}$$

$$dQ_s = S \cos \beta_1 \, dA_s$$

अगर उपग्रह की सतह और पृथ्वी के छोटे क्षेत्र को जोड़ने वाली रेखा उपग्रह की सतह dA_s एवं पृथ्वी की सतह dA_E पर अभिलंबों के साथ क्रमशः β_2 एवं β_3 कोण बनाती है एवं पृथ्वी की सतह का तापमान

T_e हो, तो पृथ्वी के सतह के अभिलंब की दिशा में विकिरण की तीव्रता को निम्न समीकरण द्वारा व्यक्त किया जा सकता है—

$$I_{ne} = \frac{\sigma T_e^4}{\pi}$$

अभिलंब से β_3 कोण पर विकिरण की तीव्रता $= I_{ne} \cos \beta_3$

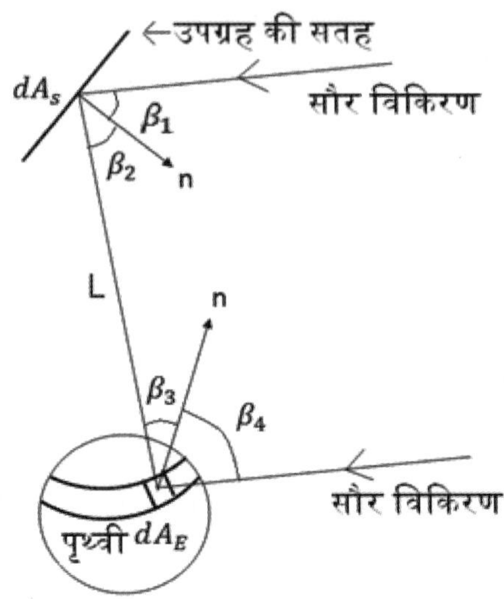

चित्र 4.9 पृथ्वी की कक्षा में उपग्रह की एक सतह का आरेखण

उपग्रह की सतह dA_s द्वारा पृथ्वी के क्षेत्र dA_E पर अंतरित घन कोण (ϕ_{se}) को निम्न समीकरण द्वारा व्यक्त किया जा सकता है—

$$\phi_{se} = \frac{dA_s \cos \beta_2}{L^2}$$

पृथ्वी के क्षेत्र dA_E द्वारा उपग्रह की सतह dA_s की ओर उत्सर्जित विकिरण की दर dQ_e को निम्न समीकरण द्वारा व्यक्त किया जा सकता है—

$$dQ_e = I_{ne} \cos \beta_3 \, \phi_{se} \, dA_E$$

$$dQ_e = \frac{\sigma \, T_e^4 \cos \beta_2 \cos \beta_3 \, dA_s \, dA_E}{\pi L^2}$$

उपग्रह की सतह पर उसकी सूर्य एवं पृथ्वी के सापेक्ष एक स्थिति के लिए भू-दीप्ति ऊष्मा भार की गणना के लिए उपर्युक्त समीकरण को पृथ्वी के उस क्षेत्र के लिए समाकलन करना होगा, जो उपग्रह की सतह से दृष्टिगोचर है।

इसी तरह से हम उपग्रह की सतह पर अल्बिडो ऊष्मा भार की गणना कर सकते हैं। हम यह मान सकते हैं कि पृथ्वी से परावर्तित सौर विकिरण की प्रकृति विसरित होती है। चित्र 4.9 में सौर सदिश, पृथ्वी के क्षेत्र dA_E के अभिलंब के साथ β_4 कोण बनाता है, तो इस क्षेत्र से परावर्तित सौर विकिरण की दर

$$E_{reflected} = S\, a \cos \beta_4$$

जहाँ पर S सौर स्थिरांक है तथा a अल्बिडो गुणांक है।

पृथ्वी के क्षेत्र dQA_E द्वारा उपग्रह की सतह dA_s की ओर अल्बिडो विकिरण की दर को dQ_E की तरह निम्न समीकरण द्वारा व्यक्त किया जा सकता है—

$$d\,Q_a = \frac{E_{reflected} \cos \beta_2 \cos \beta_3 \, dA_s \, dA_E}{\pi L^2}$$

$$dQ_a = \frac{S\, a \cos \beta_4 \cos \beta_2 \cos \beta_3 \, dA_s \, dA_E}{\pi L^2}$$

उपग्रह की सतह पर उसकी सूर्य एवं पृथ्वी के सापेक्ष एक स्थिति के लिए अल्बिडो ऊष्मा भार की गणना के लिए उपर्युक्त समीकरण को पृथ्वी के उस क्षेत्र के लिए समाकलन करना होगा, जो सूर्य के प्रकाश द्वारा प्रदीप्त है तथा साथ ही उपग्रह की सतह से दृष्टिगोचर भी है।

एक परिक्रमा करते हुए उपग्रह की सतहों पर सौर, भू-दीप्ति एवं अल्बिडो ऊष्मा भार उसकी कक्षा में प्रत्येक स्थिति के लिए परिवर्तित होते रहते हैं। इसके अतिरिक्त जब उपग्रह की कोई सतह अन्य सतहों की छाया में आती है या विकिरण अन्य सतहों से परावर्तित होकर आता है तो ऊष्मा भारों की गणना का कार्य अत्यंत जटिल हो जाता है। इसलिए यह कार्य कंप्यूटरों द्वारा किया जाता है।

बीटा कोण (β)

पृथ्वी की निम्न कक्षाओं में उपग्रहों पर आपतित विकिरण अभिवाहों की हमारे मानस पटल पर स्पष्ट तस्वीर के लिए बीटा कोण (β) उपयोगी होता है। सौर सदिश एवं उपग्रह की कक्षा के तल के बीच के न्यूनतम कोण को बीटा कोण के रूप में परिभाषित किया जाता है। पृथ्वी की वृत्ताकार कक्षा में चक्कर लगाने के दौरान उपग्रह सूर्य के सीधे प्रकाश में कितने समय रहेगा, बीटा कोण एवं उपग्रह की पृथ्वी की सतह से ऊँचाई के द्वारा इस बात का निश्चय हो जाता है। एक बीटा कोण, मात्र एक कक्षीय तल को परिभाषित नहीं करता है। वे सभी उपग्रह जिनकी कक्षा की ऊँचाई एवं बीटा कोण समान हैं, वे उपग्रह भिन्न कक्षीय तलों में भ्रमण करते हुए भी सीधे सौर विकिरणों के प्रभाव में समान अवधि के लिए होते हैं। चित्र 4.10 (अ) में पृथ्वी की एक कक्षा के लिए बीटा कोण दिखाया गया है। जिस कक्षा में उपग्रह पृथ्वी के चारों ओर चक्कर लगाता है उस

कक्षा के तल को कक्षीय तल कहते हैं। पृथ्वी के चपटेपन, सौर सदिश का भूमध्यरेखीय तल के झुकाव और अन्य कारणों से बीटा कोण वर्ष के दौरान परिवर्तित होता रहता है। बीटा कोण एवं कक्षा की पृथ्वी की सतह से ऊँचाई से हम इस बात का अनुमान लगा सकते हैं कि उपग्रह की कोई सतह से पृथ्वी का कितना भाग दृष्टिगोचर होता है, इससे उपग्रह पर भू-दीप्ति अभिवाह का अनुमान लगा सकते हैं। उपग्रह की कोई सतह से पृथ्वी का सौर किरणों द्वारा प्रदीप्त भाग कितना दृष्टिगोचर होता है, इस पर अल्बिडो अभिवाह निर्भर करता है। इसी तरह उपग्रह की सतहों पर सौर अभिवाह का अनुमान लगाया जा सकता है। चित्र 4.10 (अ) में उपग्रह के सौर पैनल पर दायीं ओर की सतह सौर सैल वाली सतह दिखाई गई है। उपग्रह की कक्षा का बीटा कोण सौर पैनल की सतहों के तापमान के लिए अत्यधिक महत्वपूर्ण है, इस तथ्य का अनुभव हम चित्र 4.10 (ब) एवं (स) के प्रेक्षण से आसानी से कर सकते हैं।

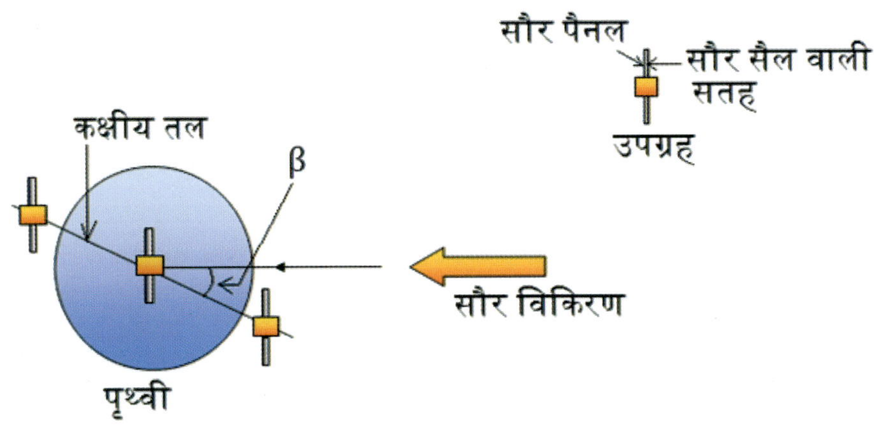

चित्र 4.10 (अ) पृथ्वी की कक्षा में उपग्रह एव बीटा कोण

चित्र 4.10 (ब) में उपग्रह का कक्षीय तल सौर विकिरण की दिशा अर्थात् सौर सदिश के समानांतर होने के कारण बीटा कोण का मान शून्य है, जबकि चित्र 4.10 (स) में कक्षीय तल सौर सदिश के अभिलंब की दिशा में होने के कारण बीटा कोण का मान 90° है। चित्र 4.10 (ब) में हम देखते हैं कि जब उपग्रह पृथ्वी की छाया में नहीं है, तब सौर सैल वाली सतह पर सीधा सौर विकिरण गिरता है तथा सौर पैनल की बाईं सतह द्वारा पृथ्वी का सौर किरणों द्वारा प्रदीप्त क्षेत्र दृष्टिगोचर होने के कारण उस पर अल्बिडो एवं भू-दीप्ति अभिवाह आपतित होता है। इसलिए उपग्रह जब सूर्य द्वारा प्रकाशमान क्षेत्र में होता है, तब सौर पैनलों का तापमान अधिक होता है। इसके विपरीत इसी कक्षा में उपग्रह जब पृथ्वी की छाया में होता है, तब सौर एवं अल्बिडो अभिवाहों की पूर्ण अनुपस्थिति के कारण सौर पैनलों का तापमान शून्य से भी नीचे चला जाता है। उदाहरण के लिए अगर पृथ्वी की सतह से कक्षा की ऊँचाई 1335 किलोमीटर है तो सौर पैनल का अधिकतम तापमान लगभाग 80°C एवं न्यूनतम तापमान -60°C तक जा सकता है।

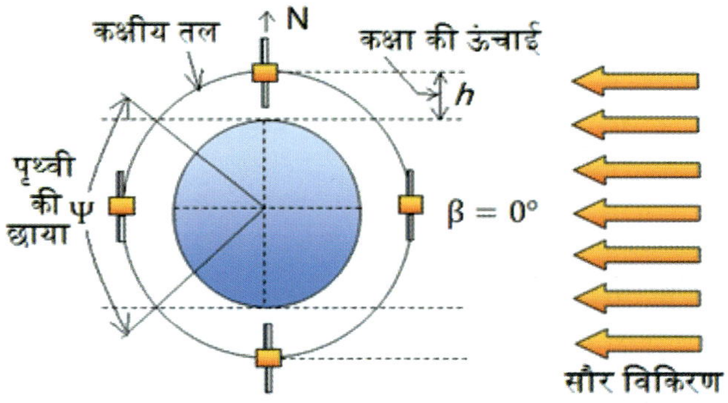

चित्र 4.10(ब) शून्य बीटा कोण की कक्षा में एक उपग्रह

चित्र 4.10 (स) के प्रेक्षण द्वारा हम अनुमान लगा सकते हैं कि उपग्रह संपूर्ण कक्षा के दौरान सूर्य के प्रकाशमान क्षेत्र में ही होता है, हम यह भी कह सकते हैं कि इस कक्षा में उपग्रह पर पृथ्वी की छाया की अवधि शून्य होती है। इस चित्र के प्रेक्षण से हम यह भी अनुमान लगा सकते हैं कि 90° के बीटा कोण की कक्षा में सौर, अल्बिडो एवं भू-दीप्ति, तीनों अभिवाह समय के साथ नहीं बदलते हैं, इसलिए सौर पैनल की सतहों का तापमान स्थिर रहता है, 1335 किमी की ऊँचाई वाली कक्षा के लिए यह तापमान लगभग 60°C होता है। इस कक्षा में हम यह भी देखते हैं कि उपग्रह की बायीं ओर की सतहों द्वारा पृथ्वी का प्रकाशमान क्षेत्र दृष्टिगोचर नहीं होने के कारण उन पर अल्बिडो एवं सौर अभिवाह दोनों शून्य होते हैं।

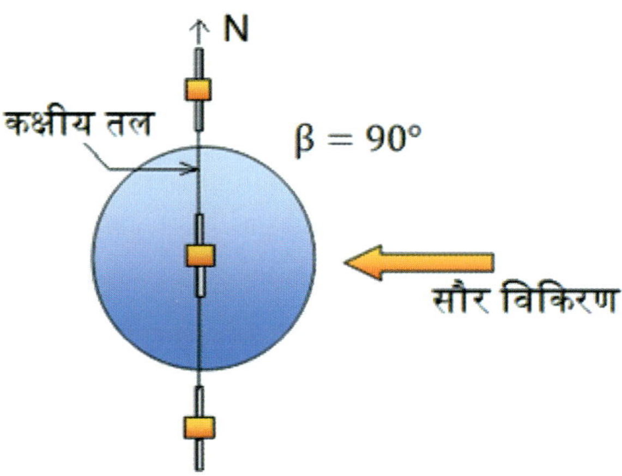

चित्र 410. (स) 90° के बीटा कोण की कक्षा में एक उपग्रह

चित्र 4.10 (अ) के प्रेक्षण से हम यह अनुमान लगा सकते हैं कि बीटा कोण के कम होने पर उसकी पृथ्वी की छाया में रहने की अवधि भी बढ़ जाती है। सूर्य की ओर से देखने पर शून्य बीटा कोण वाली कक्षा एक रेखा के रूप में दिखाई देती है। इस कक्षा में उपग्रह पृथ्वी के अव-सौर बिंदु के ऊपर से गुजरता है, जहाँ

पर सौर किरणें सीधी गिरती हैं, ऐसे बिंदुओं पर अल्बिडो अभिवाह अधिकतम होता है। बीटा कोण शून्य होने पर उपग्रह पर पृथ्वी की छाया की अवधि अधिकतम होती है। बीटा कोण के बढ़ने पर उपग्रह की अव-सौर बिंदु से दूरी भी बढ़ जाती है, इसलिए अल्बिडो ऊष्मा भार कम होता जाता है। लेकिन बीटा कोण बढ़ने से उपग्रह की सूर्य द्वारा प्रकाशमान क्षेत्र में रहने की अवधि का प्रतिशत बढ़ता जाता है अर्थात् छाया की अवधि का प्रतिशत कम होता जाता है। एक बीटा कोण पर, जिसका मान कक्षा की पृथ्वी की सतह से ऊँचाई पर निर्भर करता है, उपग्रह पर छाया की अवधि शून्य हो जाती है। 90° के बीटा कोण की कक्षा, सूर्य की ओर से देखने पर वृत्ताकार दिखाई देती है, इस कक्षा में उपग्रह पर छाया की अवधि शून्य हो जाती है और अल्बिडो ऊष्मा भार भी लगभग नगण्य हो जाते हैं। चित्र 4.10 (ब) द्वारा हम बीटा कोण शून्य होने पर सरल ज्यामिति द्वारा छाया कोण की गणना कर सकते हैं। अगर R_e पृथ्वी की त्रिज्या है तथा h पृथ्वी की सतह से कक्षा की ऊँचाई है तो शून्य बीटा कोण वाली कक्षा के लिए छाया कोण की गणना निम्न समीकरण द्वारा की जा सकती है। इस कक्षा में उपग्रह द्वारा पृथ्वी की एक परिक्रमा अवधि का अधिकतम 41% समय छाया काल हो सकता है।

$$\sin(\psi/2) = \frac{R_e}{R_e + h}$$

उपग्रह में उपकरणों की स्थिति को निर्धारित करने के लिए बीटा कोण बहुत उपयोगी होता है। जिन उपकरणों को ठंडा रखना है, उन्हें शून्य बीटा कोण की कक्षा में उस तरफ रखा जा सकता है, जहाँ पर सीधा सौर विकिरण नहीं गिरता है। अगर उपकरणों का तापमान स्थायी रखना हो तो 90° के बीटा कोण की कक्षा उपयुक्त हो सकती है। बीटा कोण के संदर्भ में सोचने का मुख्य लाभ यह है कि इससे उपग्रह के कक्षीय तापीय भारों का विश्लेषण आसान हो जाता है, जिनका ज्ञान उपग्रह के ऊष्मीय प्रबंधन के लिए आवश्यक होता है।

चंद्रमा एवं अन्य ग्रहों की कक्षा में उपग्रहों का ऊष्मीय परिवेश

अंतरिक्षयानों को अंतर्ग्रहीय प्रक्षेप-पथ पर यात्रा के दौरान भी अत्यंत कर्कश ऊष्मीय परिवेश का सामना करना पड़ता है। अंतर्ग्रहीय प्रक्षेप-पथों पर सौर विकिरण की ही प्रमुखता होती है। अंतर्ग्रहीय यात्रा के दौरान अंतरिक्षयान की सूर्य से दूरी पर उसका ऊष्मीय परिवेश निर्भर करता है। हम जानते हैं कि किसी पिंड पर सौर विकिरण पिंड की सूर्य से दूरी के वर्ग के व्युत्क्रमानुपाती होता है। सारणी 4.1 में हम देखते हैं कि ग्रहों की सूर्य से दूरी बढ़ने के साथ-साथ उन पर गिरने वाले सौर अभिवाह की मात्रा कम होती जाती है। अगर हम एक ग्रह को कृष्ण पिंड मान लें तो हम उसके साम्य तापमान की गणना निम्न तरीके से कर सकते हैं।

अगर कृष्ण पिंड का व्यास D हो, q_s ग्रह पर गिरने वाले सौर अभिवाह का मान और ग्रह का माध्य तापमान T_s तब, ग्रह की सतह द्वारा अवशोषित ऊष्मा = ग्रह की सतह द्वारा उत्सर्जित ऊष्मा

$$q_s(1)\pi D^2 = \sigma(1)4\pi D^2 T_s^4$$

$$T_s = \sqrt[4]{\frac{q_s}{4\sigma}}$$

उपर्युक्त समीकरण में R_s की गणना खगोलीय पिंड की सूर्य से दूरी के आधार पर आसानी से की जा सकती है। आगे सारणी में 4.1 विभिन्न ग्रहों का कृष्ण तुल्य तापमान दिखाया गया है। हम देखते हैं कि ग्रहों की सूर्य से दूरी बढ़ने के साथ-साथ उनका तुल्य कृष्ण पिंड तापमान कम होता जाता है। ग्रहीय अन्वेषण अभियानों हेतु उपग्रहों की अभिकल्पना के लिए ग्रहों के उन लक्षणों की जानकारी आवश्यक होती है, जिनका उनकी कक्षा में परिक्रमा करते हुए उपग्रहों पर महत्वपूर्ण प्रभाव पड़ता है। हमारे सौर मंडल के अन्य ग्रहों के मुख्य लक्षण, जिनसे उपग्रहों का ऊष्मीय परिवेश प्रभावित होता है, निम्न सारणी में संक्षिप्त रूप में दिखाए गए है—

सारणी 4.1—उपग्रहों को प्रभावित करने वाले विभिन्न ग्रहों के तापीय अभिलक्षण

ग्रह का नाम	सूर्य से माध्य दूरी $\times 10^6$ कि.मी.	माध्य त्रिज्या कि.मी. में	औसत सौर अभिवाह W/m^2	अल्बिडो गुणांक	ग्रहीय अवरक्त उत्सर्जन W/m^2	ग्रहीय तुल्य कृष्ण पिंड तापमान °C में
बुध	57.9	2426.21	9154	0.12	7279.23	175.22
शुक्र	108.2	6065.52	2622	0.8	113.4	55.0
पृथ्वी	149.6	6371	1353	0.3	237	−18
मंगल	227.9	3383	591	0.29	124.53	−47.07
गुरु	778.3	71323.2	50.7	0.343	13.52	−150.7
शनि	1426.9	60045	15.1	0.342	4.58	−182.7
यूरेनस	2870.9	25420	3.72	0.343	0.87	−209.34
वरुण	4497	24780	1.51	0.282	0.73	−222.136
प्लूटो	5913	3884.1	0.87	0.47	0.51	−228.644

उपर्युक्त सारणी में हम देखते हैं कि शुक्र का अल्बिडो गुणांक अधिकतम होता है, ऐसा इसके घने वायुमंडल के कारण होता है। बुध ग्रह का अल्बिडो गुणांक का मान 0.12 न्यूनतम होने के कारण इसका ग्रहीय अवरक्त उत्सर्जन अधिकतम है। ग्रहों के अल्बिडो गुणांक एवं ग्रहीय अवरक्त उत्सर्जन का उनकी कक्षा में चक्कर काटने वाले उपग्रहों के ऊष्मीय प्रबंधन पर महत्वपूर्ण प्रभाव पड़ता है। गुरु, शनि, यूरेनस, वरुण एवं प्लूटों से ग्रहीय अवरक्त उत्सर्जन की मात्रा बहुत कम है, जबकि इन ग्रहों के अल्बिडो गुणांक के मान इनकी कक्षा में स्थापित उपग्रहों के ऊष्मीय प्रबंधन की दृष्टि से महत्वपूर्ण है।

चंद्रयान-1 भारत का प्रथम चंद्र अभियान था। इसका प्रमोचन इसरो द्वारा 22 अक्तूबर, 2008 को पी.एस.एल.वी सी-11 प्रमोचक यान द्वारा सतीश धवन अंतरिक्ष केंद्र, श्रीहरिकोटा से किया गया था। 12 नवंबर, 2008 को चंद्रयान-1 को चंद्रमा की कक्षा में चंद्रमा की सतह से 100 किलोमीटर की ऊँचाई पर

स्थापित किया गया था। इस यान ने चंद्रमा की कक्षा में 312 दिन तक कार्य किया। चंद्रयान-1 का उद्देश्य चंद्रमा की सतह के रासायनिक, खनिज एवं भूवैज्ञानिक अध्ययन तथा मानचित्रण करना था। चंद्रमा के ऊष्मीय परिवेश के अध्ययन का महत्व इस बात से पता चलता है कि इस यान का ऊष्मीय प्रबंधन चुनौतीपूर्ण रहा। चंद्रमा की कक्षा में उपग्रह स्थापित करने के अभियान की तैयारी के लिए चंद्रमा के ऊष्मीय परिवेश की सटीक जानकारी होना अनिवार्य है।

चंद्रमा की कक्षा में उपग्रह पर मुख्यतया तीन प्रकार के ऊष्मा भार गिरते हैं—(1) सीधा सौर विकिरण; (2) चंद्रमा की सतह से अवरक्त विकिरणों का उच्च तीव्रता का ऊष्मा अभिवाह; (3) अल्बिडो अभिवाह अर्थात् चंद्रमा की सतह द्वारा परावर्तित सौर विकिरण

निम्न सारणी 4.2 में उपर्युक्त ऊष्मा अभिवाहों को संक्षिप्त रूप में दर्शाया गया है—सारणी में उपसौर एवं अपसौर बिंदुओं पर ऊष्मा भार दर्शाए गए हैं। कक्षा के जिस बिंदु पर सूर्य और चंद्रमा के बीच न्यूनतम दूरी होती है, उसे उपसौर बिंदु कहा जाता है। इसके विपरीत, जिस बिंदु पर सूर्य एवं चंद्रमा के बीच अधिकतम दूरी होती है उसे अपसौर बिंदु कहा जाता है।

सारणी 4.2—चंद्रमा की कक्षा में उपग्रह को प्रभावित करने वाले विभिन्न ऊष्मा भार

	उपसौर बिंदु	अपसौर बिंदु	माध्य
सीधा सौर विकिरण	1414 W/m^2	1323 W/m^2	1367 W/m^2
अल्बिडो (उपसौर शिखर)	0.073	0.073	0.073
चंद्रमा अवरक्त (उपसौर शिखर) न्यूनतम	1314 W/m^2 5.2 W/m	1226 W/m^2 5.2 W/m^2	1268 W/m^2 5.2 W/m^2

चंद्रमा और बुध ग्रह के चारों ओर कक्षाओं में तापीय परिवेश में समरूपता है, क्योंकि वहाँ पर वायुमंडल की अनुपस्थिति है। चंद्रमा के अप्रकाशित पक्ष पर तापमान लगभग 100 केल्विन होता है, जबकि प्रकाशित पक्ष की ओर अधिकतम तापमान लगभग 400 केल्विन तक पहुँच जाता है। चंद्रमा की सतह के तापमान के फैलाव की विषमता का उसकी कक्षा में परिक्रमा करने वाले उपग्रहों के ऊष्मीय प्रबंधन पर महत्वपूर्ण प्रभाव पड़ता है।

नासा के अपोलो अभियान से भी चंद्रमा के तापीय परिवेश के बारे में महत्वपूर्ण तथ्यों की जानकारी हुई। चंद्रमा की सतह से अवरक्त विकिरणों का उत्सर्जन इतना तीव्र है कि कक्षीय यान के विकिरकों की सतह बुरी तरह से प्रभावित हो जाती है। विशेष रूप से कक्षीय यान की निष्क्रिय अवधि के दौरान उसका दिग्विन्यास इस तरह से होना चाहिए कि विकिरक चंद्रमा को कम-से-कम देखें क्योंकि अधिकतर विकिरकों की सतहों

का सौर अवशोषणांक अपेक्षाकृत कम एवं अवरक्त उत्सर्जनांक अधिक होता है। किरचॉफ के नियम के अनुसार जिस सतह का अवरक्त उत्सर्जनांक अधिक होता है उस सतह का अवरक्त अवशोषणांक भी अधिक होगा, इसलिए विकिरक की सतह चंद्रमा की ओर से आने वाले अवरक्त विकिरणों को अवशोषित कर लेगी। इस परिस्थिति में विकिरक की कुछ दृष्टि सूर्य की तरफ करना बेहतर हो सकता है, जिससे चंद्रमा की ओर विकिरक की दृष्टि कम-से-कम हो जाए और वह न्यूनतम अवरक्त विकिरणों का अवशोषण कर सके।

भारत का प्रथम अंतर्ग्रहीय अभियान मार्स ऑर्बिटर मिशन था। इस अभियान के अंतर्गत 5 नवंबर, 2013 को मंगल ग्रह की परिक्रमा हेतु सतीश धवन अंतरिक्ष केंद्र से ध्रुवीय उपग्रह प्रक्षेपण यान, सी-25 के द्वारा मंगलयान का प्रमोचन किया गया। 24 सितंबर, 2014 को मंगलयान को मंगल ग्रह की कक्षा में स्थापित कर दिया गया। भारत विश्व का पहला देश है, जिसने पहले प्रयास में ही अपने यान को मंगल की कक्षा में सफलतापूर्वक स्थापित कर दिया। इस अभियान ने भारत की अंतर्ग्रहीय अभियानों के अभिकल्पन, नियोजन, प्रबंधन एवं क्रियान्वयन की क्षमताओं का प्रदर्शन किया। मंगलयान मंगल ग्रह की दीर्घ वृत्ताकार कक्षा में परिक्रमा कर रहा है। मंगलयान से हमें मंगल ग्रह की सतह की तस्वीरें और वहाँ के वातावरण के अध्ययन के लिए आँकड़े प्राप्त हो रहे हैं। मंगल ग्रह का तापीय परिवेश चंद्रमा के परिवेश जैसा चुनौतीपूर्ण नहीं है। मंगल की सतह का अल्बिडो गुणांक पृथ्वी की सतह के समान ही है तथा पृथ्वी की तुलना में मंगल की सूर्य से दूरी अपेक्षाकृत अधिक होने के कारण सतह से अवरक्त विकिरणों का उत्सर्जन भी पृथ्वी की सतह की तुलना में कम है।

□

5. उपग्रहों में ऊष्मीय प्रबंधन के आधारभूत तत्व

अंतरिक्ष में चक्कर लगाते हुए उपग्रहों पर बाह्य एवं आंतरिक दोनों तरह के ऊष्मा भार आते हैं। बाह्य ऊष्मा भार सीधे सौर विकिरण, अल्बिडो एवं भू-दीप्ति अभिवाहों के रूप में गिरते हैं एवं पिछले अध्याय में इन पर विस्तारपूर्वक चर्चा की गई है। इन्हें चित्र 1.5 में भी दिखाया गया है। ये सभी ऊष्मा अभिवाह उपग्रहों एवं ग्रहों की गति के कारण समय के साथ परिवर्तित होते रहते हैं। उपग्रहों के विभिन्न घटकों द्वारा ऊर्जा क्षय के कारण उपग्रहों पर आंतरिक ऊष्मा भार आता है। उपग्रह अपने तापमान के कारण विभिन्न सतहों से ऊष्मा को ठंडे अंतरिक्ष की ओर विकिरण के रूप में उत्सर्जित करता है। इसके अतिरिक्त उपग्रह के विभिन्न घटकों के मध्य भी चालन या विकिरण अथवा दोनों विधियों द्वारा ऊष्मा का विनिमय होता रहता है। उपग्रहों द्वारा ऊष्मा के आदान-प्रदान की इन परिस्थितियों में उसके विभिन्न घटकों का तापमान उन पर ऊष्मा संतुलन द्वारा निर्धारित होता है। ऊष्मा संतुलन ऊर्जा संरक्षण के नियम का ही एक रूप है। उपग्रहों में उचित ऊष्मा प्रबंधन के द्वारा उसके घटकों पर ऊष्मा संतुलन इस प्रकार प्राप्त किया जाता है कि सभी घटकों के तापमान उनकी स्वीकृत सीमाओं के अंदर ही रहे। ऊष्मीय प्रबंधन का प्राथमिक उद्देश्य उपग्रह के अभियान के सभी चरणों के दौरान उसके सभी घटकों के तापमानों को उनकी स्वीकृत सीमाओं के अंदर बनाए रखना होता है। उपग्रह के ऊष्मीय अभियंता को घटकों के तापीय नियंत्रण की प्रक्रिया के दौरान इस कार्य के लिए आवश्यक विद्युत् ऊर्जा व्यय, द्रव्यमान, आयतन एवं आकार की सीमाओं का भी कड़ाई से पालन करना होता है। इसलिए ऊष्मीय प्रबंधन मात्र घटकों के ताप नियंत्रण तक ही सीमित न होकर एक जटिल अंत:विषय प्रक्रिया होती है। ऊष्मीय प्रबंधन को समझने के लिए ऊर्जा संरक्षण के नियम का स्पष्ट होना अत्यंत आवश्यक है। इसलिए हम इस मूल नियम पर एक दृष्टि डालते हैं।

ऊर्जा संरक्षण का नियम

हम सभी ने यह पढ़ा है कि किसी तंत्र में ऊर्जा संरक्षित रहती है। ऊर्जा का एक रूप से दूसरे रूप में रूपांतरण होता है, जैसे—उपग्रहों के घटकों में विद्युत् ऊर्जा ऊष्मा ऊर्जा में परिवर्तित होती है। ऊष्मा, ऊर्जा का वह रूप है, जिसके द्वारा किसी वस्तु का तापमान निर्धारित होता है। ऊष्मा गतिकी के प्रथम नियम के अनुसार यांत्रिक कार्य की अनुपस्थिति में किसी तंत्र के लिए ऊर्जा संरक्षण के नियम को निम्न समीकरण द्वारा व्यक्त किया जा सकता है—

[ऊष्मा प्रवेश की दर]+[ऊष्मा उत्पन्न होने की दर]=[ऊष्मा निकास की दर]+[तंत्र की ऊष्मा में वृद्धि की दर]

$$Q_{in} + Q_{gen} = Q_{out} + Q_{stored}$$

जहाँ पर Q_{in} तंत्र में ऊष्मा के प्रवेश की दर है, Q_{gen} तंत्र में ऊष्मा उत्पन्न होने की दर है, Q_{out} तंत्र से ऊष्मा के निर्गम होने की दर है एवं Q_{stored} तंत्र में ऊष्मा एकत्र होने की दर है।

उपग्रह के विभिन्न घटकों में ऊष्मा विनिमय चालन एवं विकिरण की विधियों द्वारा होता है, जिन्हें पहले ही स्पष्ट किया जा चुका है। ऊष्मा एकत्र होने की दर, Q_{stored} तंत्र की ऊष्मा धारिता पर निर्भर करती है। किसी पदार्थ की ऊष्मा धारिता उसके द्रव्यमान एवं पदार्थ की विशिष्ट ऊष्मा पर निर्भर करती है। किसी अवयव के लिए Q_{stored} को निम्न समीकरण द्वारा व्यक्त किया जा सकता है—

$$Q_{stored} = m\, C_p \frac{\Delta T}{\Delta t}$$

$$m\, C_p \frac{\Delta T}{\Delta t} = Q_{in} - Q_{out} + Q_{gen}$$

जहाँ पर m अवयव का द्रव्यमान है, C_p, अवयव की विशिष्ट ऊष्मा है तथा Δt समयावधि में अवयव के तापमान में परिवर्तन ΔT है। अगर किसी अवयव के तापमान में समय के साथ परिवर्तन होता है तो Q_{stored} पद का मान धनात्मक या ऋणात्मक होता है। इस पद का मान शून्य होने का अर्थ यह है कि अवयव के तापमान में समय के साथ परिवर्तन नहीं हो रहा है।

ऊर्जा संरक्षण के नियम को जब किसी तंत्र या अवयव के लिए अभिव्यक्त किया जाता है तो इसे ऊष्मा संतुलन भी कहा जाता है। ऊष्मा संतुलन किसी अवयव पर तापमान की वह स्थिति है कि उस तापमान पर अवयव में ऊष्मा के प्रवेश की प्रभावी दर तथा ऊष्मा उत्पत्ति की दर का योग अवयव में ऊष्मा एकत्रित होने की प्रभावी दर के संतुलन में रहता है। तापमान की स्थायी अवस्था में किसी अवयव के लिए ऊष्मा संतुलन को निम्न समीकरण द्वारा व्यक्त किया जा सकता है—

तापमान की स्थायी अवस्था में $$\frac{\Delta T}{\Delta t} = 0$$

या $$Q_{stored} = 0,$$

इसलिए, $$Q_{in} + Q_{gen} = Q_{out}$$

$$Q_{in} - Q_{gen} = Q_{out}$$

उपर्युक्त समीकरण दर्शाता है कि स्थायी तापमान की अवस्था में किसी अवयव में ऊष्मा विनिमय की प्रभावी दर ऊष्मा उत्पत्ति की दर के बराबर होती है। अवयव में ऊष्मा उत्पत्ति की दर शून्य होने पर ऊष्मा के प्रवेश की दर ऊष्मा के निर्गम की दर के बराबर होती है, अर्थात्

$$Q_{in} = Q_{out}$$

किसी तंत्र पर आने वाले ऊष्मा भारों तथा तापीय परिवेश के बारे में जानकारी होने पर पर उस तंत्र के पदार्थों के ऊष्मीय गुणधर्मों की सहायता से तंत्र पर तापमानों की गणना तंत्र पर ऊष्मा संतुलन के द्वारा की जाती है।

उपग्रह के ऊष्मीय प्रबंधन में अभिधारणाएँ

ग्रे सतह व्यवहार

हम जानते हैं कि किसी सतह से उसके तापमान के अनुसार विकिरण ऊर्जा का उत्सर्जन होता है। तापमान के कारण उत्सर्जित इन विकिरणों को ऊष्मीय विकिरण कहा जाता है। हम यह भी जानते हैं कि वह सतह जो किसी तापमान पर अधिकतम विकिरण ऊर्जा का उत्सर्जन करती है उसे कृष्ण पिंड कहा जाता है। कोई सतह समान तापमान पर कृष्ण पिंड की तुलना में कितनी विकिरण ऊर्जा का उत्सर्जन करती है, यह उसकी उत्सर्जकता या उत्सर्जनांक कहलाती है। इसी तरह सतहों की अवशोषकता या अवशोषणांक को परिभाषित किया जा सकता है।

किसी तापमान पर वास्तविक या व्यावहारिक सतहों की उत्सर्जकता विकिरण की तरगंदैर्घ्य एवं दिशा पर निर्भर करती है, जैसा कि चित्र 5.1 में दिखाया गया है—किसी भी ऊष्मीय अभिकल्पना की वैधता सिद्ध करने के लिए उसका ऊष्मीय विश्लेषण करना आवश्यक होता है। ऊष्मीय विश्लेषण के सरलीकरण के लिए सतहों के विकिरणीय गुणधर्मों के लिए कुछ ऐसी अभिधारणाएँ मानकर चलते हैं, जो व्यावहारिक रूप से सही होती है तथा इन अभिधारणाओं से ऊष्मीय प्रबंधन का कार्य आसान हो जाता है। इन अभिधारणाओं से सामान्य मामलों में ऊष्मीय विश्लेषण के परिणाम व्यावहारिक रूप से त्रुटिहीन होते हैं। कुछ विशेष मामलों में, जहाँ पर इनकी वैधता पर संदेह हो, हमें इन अभिधारणाओं के बारे में पुनर्विचार भी करना चाहिए।

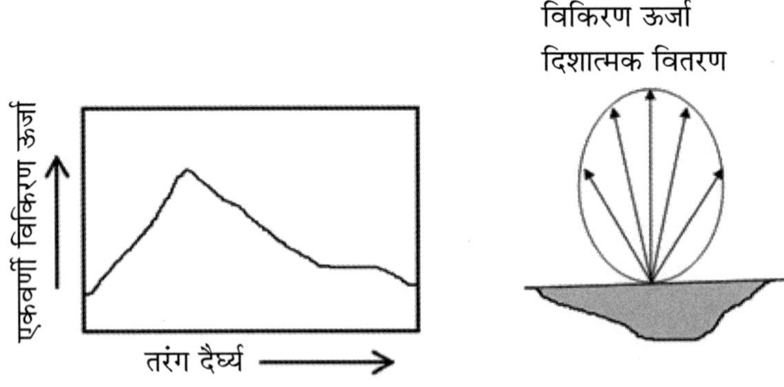

चित्र 5.1 विकिरण ऊर्जा का तरंगदैर्घ्य के अनुसार एवं दिशात्मक वितरण

1. विसरित सतह—इस अभिधारणा के अनुसार विकिरण उत्सर्जन एवं अवशोषण करने वाली सतहों को विसरित माना जाता है। अर्थात् सतहों के विकिरणीय गुणधर्म, उत्सर्जनांक एवं अवशोषणांक, सतह को छोड़ने वाले या सतह की ओर आने वाले विकिरणों की दिशा पर निर्भर नहीं करते हैं। किरचॉफ के नियम के अनुसार अगर किसी सतह से विकिरण का उत्सर्जन विसरित हो या उस पर गिरने वाला विकिरण विसरित हो, तब उस सतह के एकवर्णी उत्सर्जनांक एवं एकवर्णी अवशोषणांक के मान समान होते हैं। दूसरे शब्दों में हम

यह भी कह सकते हैं कि समान तरंगदैर्घ्य पर सतह के उत्सर्जनांक एवं अवशोषणांक का मान समान होता है।

2. अर्द्ध ग्रे सतह—जिन सतहों के विकिरणीय गुणधर्म, उत्सर्जनांक एवं अवशोषणांक, विकिरणों की तरगंदैर्घ्यों पर निर्भर नहीं होते हैं उन सतहों को ग्रे सतह कहा जाता है। अगर कोई सतह विसरित होने के साथ-साथ ग्रे भी हो, तो ऐसी सतह को विसरित-ग्रे सतह कहा जाता है। उपग्रहों की सतहों पर गिरने वाले और उन सतहों से उत्सर्जित होने वाले विकिरण मुख्य रूप से तरंगदैर्घ्यों के दो क्षेत्रों में फैले होते हैं। सूर्य से आने वाले दृश्य विकिरण मुख्य रूप से 0.2 से 2 माइक्रॉन तरंगदैर्घ्य के क्षेत्र में फैले होते हैं, जिन्हें दृश्य विकिरण कहा जाता है। दूसरी ओर उपग्रहों एवं ग्रहों की सतहों से उत्सर्जित अधिकतम विकिरण 5 से 100 माइक्रॉन तरंगदैर्घ्य के क्षेत्र में फैले होते हैं, जिन्हें अवरक्त विकिरण कहा जाता है। उपग्रहों के ऊष्मीय विश्लेषण के दौरान हम उपग्रह की सतहों को संपूर्ण तरंगदैर्घ्यों के लिए ग्रे नहीं मानकर, केवल दृश्य एवं अवरक्त तरंगदैर्घ्यों के क्षेत्र में ग्रे मानते हैं। ऐसी सतहों को अर्द्ध ग्रे सतह कहा जाता है। अर्थात् दृश्य एवं अवरक्त क्षेत्रों के अंदर सतहों के विकिरणीय गुणधर्म, उत्सर्जनांक एवं अवशोषणांक, तरंगदैर्घ्य पर निर्भर नहीं होते हैं, लेकिन सतहों के विकिरणीय गुणधर्म इन दोनों क्षेत्रों के लिए समान हो यह जरूरी नहीं है। गणितीय रूप में अर्द्ध ग्रे सतह अभिधारणा को निम्न समीकरणों के रूप में व्यक्त कर सकते हैं—

दृश्य विकिरणों के लिए $\varepsilon_{\text{दृश्य}} = \alpha_{\text{दृश्य}} = \alpha_{solar}$

अवरक्त विकिरणों के लिए $\varepsilon_{\text{अवरक्त}} = \alpha_{\text{अवरक्त}} = \alpha_{ir}$

$$\alpha_{solar} \neq \varepsilon_{ir}$$

उपग्रहों एवं ग्रहों की सतहों के तापमान सामान्यतया 300° सेल्सियस से अधिक नहीं होते हैं, इसलिए उनसे उत्सर्जित विकिरण अवरक्त तरंगदैर्घ्य क्षेत्र में ही होता है। अवरक्त विकिरण क्षेत्र के अंदर विकिरणों के लिए अर्द्ध ग्रे सतह की अभिधारणा के अनुसार सतहों के उत्सर्जनांक एवं अवशोषणांक समान होते हैं। दृश्य क्षेत्र के विकिरणों का तरंगदैर्घ्य कम होने के कारण इनका उत्सर्जन बहुत अधिक तापमान (1000° सेल्सियस से अधिक) वाली सतहों से ही होता है, इसलिए सूर्य से आने वाले विकिरण ही दृश्य क्षेत्र में होते हैं। दृश्य क्षेत्र वाले विकिरणों के लिए सतहों के गुणधर्म अवरक्त क्षेत्र के विकिरणों से पृथक् होते हैं, यही अर्द्ध ग्रे सतह अभिधारणा है। उपग्रहों की सतहों का तापमान कम होने के कारण दृश्य क्षेत्र वाले विकिरणों का उत्सर्जन संभव नहीं है, केवल अवशोषण या परावर्तन ही संभव है, इसलिए दृश्य क्षेत्र में सतहों के विकिरण गुणधर्म को सौर अवशोषणांक कहा जाता है। उपग्रह की सतहों से विकिरणों का उत्सर्जन केवल अवरक्त क्षेत्र में होने के कारण इस क्षेत्र के गुणधर्म को अवरक्त उत्सर्जनांक कहा जाता है।

अर्द्ध ग्रे सन्निकटन को आगे चित्र 5.2 में दिखाया गया है। इस चित्र में हम देख सकते हैं कि वास्तविक सतह के गुणधर्मों को तंरगदैर्घ्य के बैंड या परासों जैसे (λ_1 से λ_2) या (λ_2 से λ_3) में विभाजित कर दिया जाता है। तरंगदैर्घ्य की इन परासों में सतहों के उत्सर्जनांक एवं अवशोषणांक के मान समान माने जाते हैं, अर्थात् तरंगदैर्घ्य के इन बैंडों या परासों में सतहों को ग्रे सतह माना गया है।

अर्द्ध ग्रे सतह की अभिधारणा उपग्रहों के ऊष्मीय प्रबंधन के लिए अत्यंत महत्वपूर्ण अभिधारणा है। ऊष्मीय प्रबंधन में ऐसी सतहों का उपयोग अनिवार्य होता है, जिनके सौर अवशोषणांक एवं अवरक्त उत्सर्जनांक असमान होते हैं। इस अभिधारणा से ऊष्मीय विश्लेषण भी अत्यंत सरल हो जाता है।

सौर विकिरण जब उपग्रह की सतहों पर आपतित होता है तो वह उन सतहों के सौर अवशोषणांक (α_{solar}) के अनुसार सतहों द्वारा अवशोषित कर लिया जाता है और शेष विकिरण का परावर्तन या पारगमन हो जाता है। इस अवशोषित विकिरण के कारण उपग्रहों की सतहों का तापमान बढ़ता है। तापमान में वृद्धि के कारण उपग्रहों की सतहों से विकिरणों का उत्सर्जन सतहों के अवरक्त उत्सर्जनांक के अनुसार ε_{ir} होता है, इन विकिरणों की तरंगदैर्घ्य अवरक्त विकिरणों की परास में होती है क्योंकि इन सतहों का अधिकतम तापमान 300° सेल्सियस से अधिक नहीं होता है।

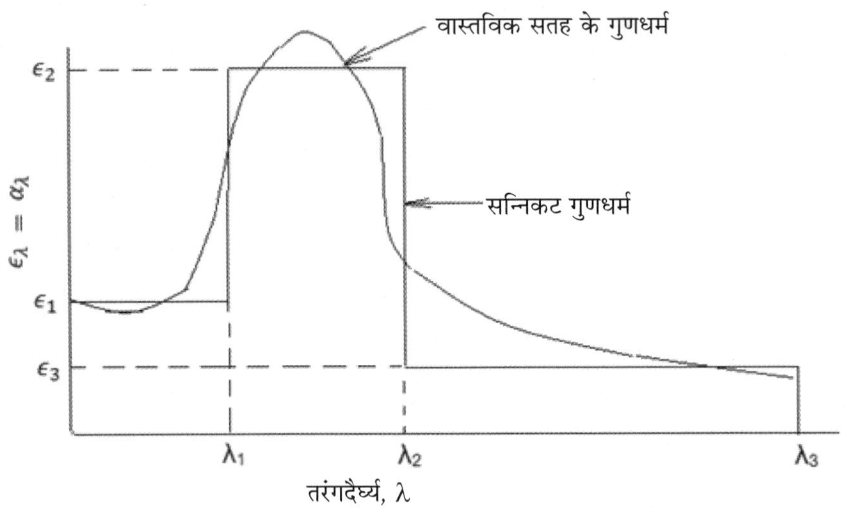

चित्र 5.2 सतहों का अर्द्ध ग्रे सन्निकटन

पदार्थों के ऊष्मा-भौतिकी गुणधर्मों में तापमान के साथ स्थिरता

एक उपग्रह के निर्माण में विभिन्न तरह के पदार्थों का उपयोग किया जाता है। इनमें धातु एवं अधातु दोनों तरह के पदार्थ हो सकते हैं। उपग्रहों के ऊष्मीय प्रबंधन के परिप्रेक्ष्य में ऊष्मीय चालकता, द्रव्यमान घनत्व एवं विशिष्ट ऊष्मा पदार्थों के ऊष्मा-भौतिकी गुणधर्म हैं। अंतरिक्ष में उपग्रहों के प्रचालन के दौरान उनके विभिन्न घटकों के तापमान समय के साथ परिवर्तित होते रहते हैं। अगर पदार्थों की प्रावस्था में कोई परिवर्तन नहीं हो तो यह माना जाता है कि प्रचालन तापमानों की परास में उपग्रह के घटकों के पदार्थों के ऊष्मा-भौतिकी गुणधर्मों में महत्वपूर्ण परिवर्तन नहीं होते हैं। इस अभिधारणा से उपग्रहों के ऊष्मीय प्रबंधन के लिए ऊष्मीय विश्लेषण का कार्य सरल हो जाता है।

उपग्रह का समतापीय मॉडल

किसी ग्रह या खगोलीय पिंड की कक्षा में चक्कर लगाते हुए उपग्रह की सतहों का किसी भी समय पर एक निश्चित तापमान होता है, इसलिए इन सतहों के तापमान के कारण अंतरिक्ष में ऊष्मा उत्सर्जित की जाती है। ऊष्मा प्रबंधन के कारण उपग्रहों की अधिकतर सतहों के तापमान लगभग पृथ्वी के सामान्य तापमान की तरह ही होते हैं, इसलिए उपग्रह की सतहों द्वारा उत्सर्जित ऊष्मा विकिरण, अवरक्त विकिरण के रूप में होता है। उपग्रह के विभिन्न घटकों का तापमान उन पर बाहरी एवं आंतरिक ऊष्मा भारों तथा उनके द्वारा अंतरिक्ष में उत्सर्जित ऊष्मा के बीच संतुलन पर निर्भर करता है।

उपग्रह के ऊष्मीय प्रबंधन के लिए उसके द्वारा अवशोषित एवं उत्सर्जित ऊष्मा विकिरण, दोनों को नियंत्रित करना आवश्यक होता है।

अगर उपग्रह एक आदर्श कृष्ण पिंड होता अर्थात् वह एक कृष्ण पिंड की तरह उस पर आपतित सभी विकिरण अवशोषित कर लेता एवं एक नियत तापमान पर कृष्ण पिंड की तरह विकिरण उत्सर्जित करता तब हमारे पास उसके ताप नियंत्रण के लिए उसके आंतरिक ऊष्मा भार में परिवर्तन करने के अतिरिक्त कोई विकल्प नहीं होता। लेकिन उपग्रह की वास्तविक सतह कृष्ण पिंड की तरह नहीं होती है, वे आपतित विकिरण का एक अंश (α) ही अवशोषित करती है। विकिरण का उत्सर्जन भी कृष्ण सतह की तरह नहीं करती है अर्थात् किसी नियत तापमान पर कृष्ण पिंड की सतह द्वारा उत्सर्जित विकिरण का एक अंश (ε) उत्सर्जित करती है। हम थोड़े समय के लिए पृथ्वी की भू-स्थिर कक्षा में चक्कर लगाते हुए उपग्रह को एक गोलाकार पिंड मान लेते हैं, हम यह भी मान लेते हैं कि वह गोला समतापीय है अर्थात् पूरे गोले का तापमान एक समान है। चित्र 5.3 में इस तरह के समतापीय गोलाकार उपग्रह को दिखाया गया है। पृथ्वी की भू-स्थिर कक्षा में उपग्रह की पृथ्वी से दूरी अधिक होने के कारण भू-दीप्ति एवं अल्बिडो ऊष्मा भार नगण्य होते हैं, सीधा सौर विकिरण ही मुख्य ऊष्मा भार होता है। अब हम इस उपग्रह के तापमान की गणना करने के लिए इसका ऊष्मा संतुलन करते हैं।

यदि उपग्रह की त्रिज्या R है तो सौर विकिरण को अवशोषित करने वाला प्रभावी क्षेत्र सौर सदिश की दिशा में उपग्रह का प्रक्षेपित क्षेत्र होता है, एक गोलाकार पिंड के लिए प्रक्षेपित क्षेत्र πR^2 होता है। हम यह मानते हुए ऊष्मा संतुलन की गणना करते हैं कि उपग्रह पर सौर ऊष्मा अभिवाह में समय के साथ कोई परिवर्तन नहीं हो रहा है तथा उपग्रह तापमान की स्थायी अवस्था पर है। इन परिस्थितियों में हम अपने गोलाकार उपग्रह के तापमान का मान ऊष्मा संतुलन की निम्न गणनाओं द्वारा कर सकते हैं—

गोलाकार उपग्रह द्वारा अवशोषित ऊष्मा (सौर विकिरण)

$$Q_{absorbed} = \alpha\, S\, A_{\alpha}$$

जहाँ पर α सतह का अवशोषणांक, S सौर स्थिरांक तथा A_{α} सौर सदिश की दिशा में प्रक्षेपित क्षेत्र है।

अगर ठंडे अंतरिक्ष का तापमान शून्य केल्विन मान लिया जाए, तब गोलाकार उपग्रह द्वारा उत्सर्जित ऊष्मा (अवरक्त विकिरण) को निम्न समीकरण द्वारा व्यक्त किया जा सकता है—

$$Q_{radiated} = \varepsilon A_\varepsilon \sigma T^4$$

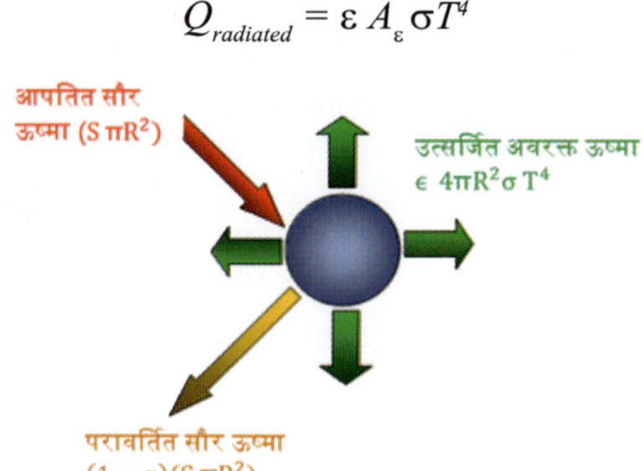

चित्र 5.3 भू-स्थिर कक्षा में समतापीय गोलाकार उपग्रह पर ऊष्मा संतुलन

जहाँ पर T उपग्रह का तापमान एवं A_ε गोलाकार उपग्रह की सतह का क्षेत्रफल है। उपग्रह के साम्य तापमान पर ऊष्मा संतुलन के लिए

$$Q_{absorbed} = Q_{radiated}$$

$$\alpha\, S\, A_\alpha = \varepsilon\, A_\varepsilon\, \sigma\, T^4$$

$$T^4 = \frac{A_\alpha}{A_\varepsilon}\frac{S}{\sigma}\left(\frac{\alpha}{\varepsilon}\right)$$

उपर्युक्त समीकरण में हम देखते हैं कि एक उपग्रह के लिए A_α, A_ε, S एवं σ स्थिरांक है, अतः हम उपग्रह का तापमान α, सतह का सौर अवशोषणांक एवं ε, अवरक्त उत्सर्जनांक के अनुपात (α / ε) में परिवर्तन के द्वारा प्रभावित कर सकते हैं।

लेकिन वास्तव में α और ε एक-दूसरे से स्वतंत्र नहीं है, किसी भी निश्चित तरंगदैर्घ्य पर ऊष्मा गतिकी के अनुसार α एवं ε समान होते हैं, इसे किरचॉफ के नियम के नाम से भी जानते हैं। इस प्रकार एक दिए हुए तरंगदैर्घ्य पर किसी सतह का अवशोषणांक, उसी तरंगदैर्घ्य पर उस सतह के उत्सर्जनांक के मान के बराबर होता है।

उपग्रह के ताप नियंत्रण अभियंता के लिए यह एक अच्छी बात है कि किसी सतह के अवशोषणांक एवं उत्सर्जनांक के मान तरंगदैर्घ्य के साथ परिवर्तित हो जाते हैं। हम यह देख चुके हैं कि उपग्रह का तापीय परिवेश मूलतः दो तरह के विकिरणों अर्थात् दृश्य एवं अवरक्त बैंड वाले विकिरणों से बना होता है, उपग्रह के तापीय परिवेश का यह वो विशेष लक्षण है, जिसके कारण से उसका ताप नियंत्रण संभव हो पाता है।

उपग्रह के ताप नियंत्रण अभियंता के लिए—

(α) अवशोषणांक सौर विकिरण के लिए अवशोषणांक है, जिसकी उच्चतम तीव्रता 0.45 माइक्रॉन के तरंगदैर्घ्य पर होती है, इसलिए प्रायः इसे सौर अवशोषणांक के नाम से जाना जाता है।

(ε) उत्सर्जनांक उस सतह के लिए होता है, जो स्पेक्ट्रम के अवरक्त क्षेत्र में विकिरण उत्सर्जित कर रही हो, जिसकी उच्चतम तीव्रता 10 माइक्रॉन के तरंगदैर्घ्य पर होती है, इसलिए प्रायः इसे अवरक्त उत्सर्जनांक के नाम से जाना जाता है।

हमें यह ध्यान रखना चाहिए कि किरचॉफ के नियम के अनुसार पृथ्वी, ग्रहों एवं उनके प्राकृतिक उपग्रहों से उत्सर्जित विकिरणों का उपग्रह की सतहों के लिए अवशोषणांक का मान अवरक्त उत्सर्जनांक के समान होता है।

उपर्युक्त समीकरण में सौर स्थिरांक का मान 1370 W/m^2 एवं अन्य स्थिरांकों के मानक मान रखने पर

$$T^4 = \frac{A_\alpha}{A_\varepsilon}\frac{S}{\sigma}\left(\frac{\alpha}{\varepsilon}\right) = \frac{\pi R^2}{4\pi R^2}\frac{S}{\sigma}\left(\frac{\alpha}{\varepsilon}\right)$$

$$T = 278.8\sqrt[4]{\frac{\alpha}{\varepsilon}}$$

उपर्युक्त समीकरण से हम देखते हैं कि हमारे गोलाकार उपग्रह का तापमान उसकी सतह के विकिरण गुणधर्म (α/ε) के मान में परिवर्तन करके नियंत्रित किया जा सकता है। हम यह भी देखते हैं कि हमारे काल्पनिक गोलाकार उपग्रह का साम्य तापमान उसके आकार या द्रव्यमान पर निर्भर नहीं करता है, उसका तापमान सौर स्थिरांक एवं सतह के विकिरण गुणधर्मों पर ही निर्भर करता है। ताप नियंत्रण के लिए उपग्रहों की सतहों पर विभिन्न तरह के पेंट और विलेपन किए जाते हैं, इनमें से श्वेत पेंट, कृष्ण पेंट एवं गोल्ड प्लेटिंग मुख्य होती है। हमारे गोलाकार उपग्रह में इन विलेपनों के कारण होने वाले साम्य तापमान में परिवर्तन निम्न सारणी 5.1 में दिखाए गए हैं—

सारणी 5.1 गोलाकार उपग्रह के तापमान पर विलेपनों का प्रभाव

सतह पर विलेपन	श्वेत विलेपन	कृष्ण पेंट	गोल्ड प्लेटिंग
अवशोषणांक (α)	0.15	0.9	0.25
उत्सर्जनांक (ε)	0.9	0.9	0.04
α/ε	0.167	1.0	6.25
साम्य तापमान	-94.9ºC	5.8ºC	167.8ºC

उपर्युक्त सारणी में हम देखते हैं कि हमारे उपग्रह की सतह पर श्वेत विलेपन करने से उसका तापमान न्यूनतम - 94.9ºC होता है, क्योंकि श्वेत पेंट का α / ε भी न्यूनतम है, इसलिए श्वेत पेंट को ठंडा पेंट कहा जाता है। कृष्ण पेंट के लिए α / ε का मान 1.0 होता है, इसके कारण उपग्रह का तापमान 5.8ºC है।

गोल्ड प्लेटिंग के लिए α / ε का मान सबसे अधिक 6.25 होने का कारण उपग्रह का तापमान अधिकतम 167.8ºC पहुँच गया है, इसलिए गोल्ड प्लेटिंग को गर्म प्लेटिंग कहा जाता है। इस तरह हम देखते हैं कि विभिन्न प्रलेपों या विलेपनों के द्वारा आसानी से उपग्रह के तापमान में परिवर्तन लाया जा सकता है।

वास्तविक उपग्रहों को वांछित तापमान पर बनाए रखने के लिए विभिन्न प्रलेपों एवं विलेपनों वाली सतहों का उचित संयोजन किया जाता है। किस सतह पर कौन सा पेंट या विलेपन करना है, यह उस सतह की उपग्रह में स्थिति, उस पर गिरने वाले ऊष्मा भारों, उसके वांछित तापमान इत्यादि गुणकों पर निर्भर करता है।

वास्तविक उपग्रहों के लिए सौर विकिरण के साथ-साथ भू-दीप्ति एवं अल्बिडो विकिरणों के प्रभाव की भी गणना करनी पड़ती है। बाह्य विकिरणों के अतिरिक्त इलेक्ट्रॉनिक उपकरणों द्वारा अधिक मात्रा में आंतरिक ऊर्जा क्षय उपग्रहों के ताप नियंत्रण को अधिक जटिल बना देता है। वास्तविक उपग्रहों में ये ऊष्मा भार समय के साथ परिवर्तनीय होते हैं। एक समतापीय उपग्रह के लिए विभिन्न ऊष्मा भारों की गणना करते हुए ऊष्मा संतुलन को निम्न समीकरण द्वारा व्यक्त कर सकते हैं।

$$\begin{bmatrix}\text{उपग्रह में निहित ऊष्मा में}\\ \text{परिवर्तन की दर}\end{bmatrix} = \begin{bmatrix}\text{उपग्रह में कुल}\\ \text{ऊष्मा प्रवेश की दर}\end{bmatrix} + \begin{bmatrix}\text{उपग्रह के अंदर}\\ \text{ऊष्मा}\\ \text{उत्पन्न होने की दर}\end{bmatrix} - \begin{bmatrix}\text{उपग्रह से ऊष्मा}\\ \text{निर्गम}\\ \text{होने की दर}\end{bmatrix}$$

$$\left[mC_p \frac{\Delta T}{\Delta t}\right] = \left[Q_{solar} + Q_{albedo} + Q_{planet}\right] + \left[P_{internal}\right] - \left[Q_{radiated}\right]$$

जहाँ पर Q_{solar} उपग्रह द्वारा अवशोषित सौर विकिरण

Q_{albedo} उपग्रह द्वारा अवशोषित अल्बिडो विकिरण

Q_{planet} उपग्रह द्वारा अवशोषित भू-दीप्ति विकिरण

$P_{internal}$ उपग्रह में आंतरिक ऊर्जा क्षय

$Q_{radiated}$ उपग्रह के तापमान के कारण प्रभावी उत्सर्जित विकिरण

तापमान की स्थायी अवस्था में उपर्युक्त समीकरण के पहले पद का मान शून्य हो जाने से समीकरण निम्न रूप में परिवर्तित हो जाएगा

$$\left[Q_{solar} + Q_{albedo} + Q_{planet}\right] + \left[P_{internal}\right] = \left[Q_{radiated}\right]$$

भू-स्थिर कक्षा में Q_{albedo} एवं Q_{planet} को पृथ्वी से अधिक दूरी के कारण नगण्य मान सकते हैं, आंतरिक ऊर्जा क्षय को भी शून्य मानने पर

$$Q_{solar} = Q_{radiated}$$

उपर्युक्त समीकरण से समतापीय उपग्रह के तापमानों की गणना की जा सकती है। समतापीय उपग्रह से हमारा अभिप्राय है कि ऐसा उपग्रह जिसका तापमान उसमें प्रत्येक स्थान पर एक समान हो। हमें यहाँ यह भी जानना चाहिए कि वास्तविक उपग्रह समतापीय नहीं होते हैं, यहाँ पर ऊष्मा प्रबंधन के सिद्धांत को सरलता से समझने के लिए समतापीय उपग्रह की कल्पना की गई है। वास्तविक उपग्रहों के लिए उपर्युक्त समीकरण द्वारा उसके औसत तापमान की गणना की जा सकती है। वास्तविक उपग्रहों को अत्यंत जटिल घटकों द्वारा निर्मित किया जाता है, उपग्रह में एक स्थान से दूसरे स्थान पर तापमान में महत्वपूर्ण उतार-चढ़ाव उपस्थित होते हैं। इसके अतिरिक्त, एक ही स्थान पर समय के साथ भी तापमानों में परिवर्तन होते रहते हैं।

ऊष्मीय प्रबंधन की संकल्पना

हमने पिछले भाग में समतापीय उपग्रह के तापीय मॉडल पर चर्चा करते हुए उसके तापमान को नियंत्रित करने का सरल उपाय भी देखा। लेकिन वास्तविक उपग्रहों में ताप नियंत्रण इतना आसान नहीं होता है, इसका मुख्य कारण यह है कि वास्तविक उपग्रह में तापीय प्रवणताओं की उपस्थिति होती है। उपग्रह के पदार्थों में तापीय प्रवणता कई कारणों से उत्पन्न होती है। एक उपग्रह हजारों घटकों को जोड़ कर बनाया जाता है। इन घटकों के पदार्थों के अपने-अपने तापीय गुणधर्म होते हैं। सभी पदार्थों का ऊष्मा प्रवाह के लिए अपना एक विशिष्ट तापीय प्रतिरोध होता है। किसी पदार्थ का तापीय प्रतिरोध उस पदार्थ की ऊष्मा चालकता पर निर्भर करता है। पदार्थों के तापीय प्रतिरोध के अतिरिक्त विभिन्न पदार्थों के संपर्क वाले अंतरापृष्ठों या जोड़ों पर जोड़ की अपूर्णता के कारण तापीय संपर्क प्रतिरोध उत्पन्न होता है। पदार्थों का तापीय प्रतिरोध, तापीय प्रवणता उत्पन्न करता है। सभी पदार्थों की सतहों के विकिरण गुणधर्म भी पृथक्-पृथक् होते हैं। विकिरण गुणधर्मों के कारण भी तापीय प्रवणता उत्पन्न हो सकती है।

ऊष्मीय प्रबंधन का उद्देश्य यह होता है कि अंतरिक्ष में प्रचालन करते हुए उपग्रह के विभिन्न उपकरणों को भी वही सामान्य तापीय परिवेश उपलब्ध हो सके, जो उन्हें पृथ्वी पर सामान्य रूप से उपलब्ध होता है, क्योंकि अधिकांश उपकरणों को पृथ्वी पर कमरे के सामान्य तापमान में प्रचालन के लिए निर्मित किया जाता है। इसलिए उपग्रह को सामान्यतया अधिक-से-अधिक समतापीय बनाने का प्रयास किया जाता है। कुछ विशेष घटकों एवं उपकरणों जैसे प्रकाशीय घटकों, संसूचकों एवं बैटरियों इत्यादि के लिए विशिष्ट तापमानों की आवश्यकता होती है। जैसे—मौसम संबंधित उपग्रहों में अवरक्त संसूचकों के श्रेष्ठ निष्पादन के लिए उन्हें 90 केल्विन के तापमान पर बनाए रखना आवश्यक होता है। इस तरह की विशेष आवश्यकताओं की पूर्ति के लिए उपग्रहों में निष्क्रिय या सक्रिय शीतलकों का उपयोग किया जाता है। प्रकाशिकी एवं संचार नीतभारों में तापमान के साथ-साथ स्थानिक तापीय प्रवणता भी स्वीकृत सीमाओं के अंदर बनाए रखनी होती है। अधिक तापीय प्रवणताओं के कारण नीतभारों में संरचनात्मक विकृति उत्पन्न हो जाती है, जिससे उनके निष्पादन पर बुरा प्रभाव पड़ता है। प्रकाशिकी नीतभारों में तापमानों का समय के साथ बेहतर स्थायित्व भी अपेक्षित होता है। इन नीतभारों का एक निश्चित तापमान पर अंशांकन किया जाता है, इसलिए इनका प्रचालन भी निश्चित तापमान पर अपेक्षित होता है।

उपग्रहों में विभिन्न इलेक्ट्रॉनिक घटकों द्वारा ऊर्जा क्षय ऊष्मा के रूप में होता है। हम यह भी जान चुके हैं कि उपग्रह से ऊष्मा का निर्गम केवल विकिरण द्वारा ही संभव है। ठंडा अंतरिक्ष, जिसका तापमान तापीय गणनाओं के लिए 4 केल्विन माना जाता है, उपग्रह के लिए ऊष्मा का अनंत सिंक का काम करता है।

उपग्रह के ऊष्मीय प्रबंधन के पीछे मूल धारणा यह होती है कि उपग्रह के भीतर एवं अंतरिक्ष में उसके परिवेश के साथ ऊष्मा स्थानांतरण के मार्गों का इस तरह प्रबंध किया जाता है, जिससे उपग्रह के प्रत्येक घटक पर ऊष्मा संतुलन के कारण उनके तापमान अनुमत सीमाओं के अंदर ही बने रहें। उपग्रहों के भीतर, आंतरिक ऊष्मा भार इलेक्ट्रॉनिक घटकों में ऊष्मा क्षय के द्वारा आता है और बाहरी ऊष्मा भार मुख्यत: सूर्य और पृथ्वी या ग्रहों के विकिरण से आता है। उपग्रह के भीतर ऊष्मा स्थानांतरण, चालन और विकिरण दोनों विधियों के समायोजन से होता है, जबकि अंतरिक्ष के परिवेश के साथ ऊष्मा स्थानांतरण केवल विकिरण द्वारा ही होता है। इसलिए तापीय अभिकल्पना का उद्देश्य उपग्रह के भीतर ऊष्मा चालन एवं विकिरण के लिए प्रभावी मार्ग प्रदान करते हुए अंत में ऊष्मा को अंतरिक्ष में विकिरण के द्वारा निर्गम कराना होता है।

सामान्यत: उपग्रह की मूल संरचना घनाकार होती है। उपग्रह की संरचना के पैनल मधुछत्ताकार संरचना से निर्मित होते हैं। पैनल की मोटाई साधारणतया 25 मिलिमीटर होती है। पैनल दो पतले अग्र फलकों एवं मधुछत्ताकार कोर से निर्मित होता है। मधुछत्ताकार कोर अल्यूमिनियम की काफी पतली पट्टियों को मोड़कर इस तरह जोड़ा जाता है कि मधुमक्खी के छत्ते की तरह षट्भुजों का तल तैयार हो जाता है, जिसे मधुछत्ताकार कोर के नाम से जाना जाता है, उस कोर की मोटाई पतली पट्टियों की चौड़ाई के बराबर होती है। चित्र 5.4 में संरचना पैनलों के मधुछत्ताकार कोर एवं उसके अन्य घटकों को दिखाया गया है। इस कोर के दोनों ओर दो पतले अग्र फलक या फेस शीट, जिनकी मोटाई लगभग 0.3 मि.मी. हो सकती है, उसको मजबूती से चिपका दिया जाता है। पतले अग्र फलक अल्यूमिनियम मिश्र धातु या कार्बन आधारित सम्मिश्र के बने होते हैं। इस तरह उपग्रह का संरचना पैनल तैयार हो जाता है। उपग्रहों में इस तरह के पैनलों का उपयोग महत्वपूर्ण होता है, क्योंकि ये मधुछत्ताकार कोर के कारण वजन में काफी हल्के होने के साथ दुर्नम्य होते हैं। उपग्रहों में इलेक्ट्रॉनिक पैकेजों एवं अन्य उपकरणों को पैनलों पर ही दृढ़ता के साथ जोड़ा जाता है। यद्यपि संरचनात्मक दृष्टिकोण से ये पैनल उपग्रहों के लिए अच्छे होते हैं, किंतु पतली पट्टियों से बने मधुछत्ताकार कोर के कारण ऊष्मा स्थानांतरण में ये काफी कमजोर साबित होते हैं। इलेक्ट्रॉनिक पैकेजों में उत्पन्न ऊष्मा के उचित विसरण के लिए इन पैनलों में ऊष्मा नलिया निविष्ट कर दी जाती है। कई बार ऊष्मा के विसरण के लिए पैनलों पर सुचालक धातु की प्लेटों का भी उपयोग किया जाता है। इस तरह ऊष्मा के विसरण को धातु की प्लेटों एवं ऊष्मा नलियों की मदद से बढ़ाकर, इलेक्ट्रॉनिक पैकेजों में स्थानीय गर्म स्पॉट के बनने को रोका जाता है। उपग्रह के ताप नियंत्रण के लिए पहले उसको अंतरिक्ष के प्रतिकूल तापीय परिवेश से पृथक् किया जाता है। इसके लिए उपग्रहों की बाहरी सतहों को बहुपरत ऊष्मारोधी चादरों से आवरित कर दिया जाता है। बहुपरत ऊष्मारोधी चादरें उपग्रह को अंतरिक्ष के अतिनिम्न ताप के प्रभाव से बचाने के अतिरिक्त बाह्य ऊष्मा विकिरणों को भी उपग्रह की सतहों पर गिरने से रोकती हैं। ऊष्मारोधी चादरें उपग्रह को ठंडे अंतरिक्ष के प्रभाव के कारण अत्यंत कम तापमान पर जाने से रोकती हैं। उपग्रह में उत्पन्न हुई आंतरिक ऊष्मा के उत्सर्जन के लिए

उच्च अवरक्त उत्सर्जनांक वाली सतहों का निर्माण किया जाता है, जिन्हें विकिरक के नाम से जाना जाता है। विकिरक साधारणतया उन सतहों पर लगाए जाते हैं, जहाँ पर बाहरी ऊष्मा भारों का प्रभाव न्यूनतम होता है। उपग्रह की बाहरी सतहों पर ऊष्मारोधी चादरों एवं विकिरकों का एक विवेकपूर्ण संयोजन, उपग्रह में उत्पन्न हुई आंतरिक ऊष्मा को अंतरिक्ष में उत्सर्जन करने के साथ-साथ बाहरी स्रोतों जैसे सूर्य से आनेवाले विकिरणों एवं ठंडे अंतरिक्ष के अतिनिम्न तापमान के प्रभावों से बचाने में मदद करता है। इसके अतिरिक्त कुछ आंतरिक एवं बाहरी सतहों पर विशेष प्रलेपों एवं विलेपों के द्वारा उनके विकिरण गुणधर्मों में बदलाव लाते हुए वांछनीय विकिरण ऊष्मा विनिमय हासिल किया जा सकता है। कुछ घटकों एवं नीतभारों के ताप नियंत्रण के लिए ऊष्मकों का उपयोग भी किया जाता है।

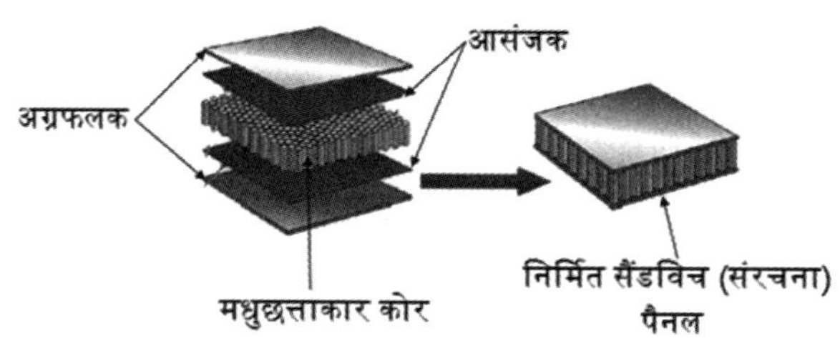

चित्र 5.4 उपकरणों को स्थापित करने के लिए उपग्रहों के संरचना पैनल

तापीय विश्लेषण

पहले हम यह जानने की कोशिश करते हैं कि उपग्रह का तापीय विश्लेषण क्या होता है। तापीय विश्लेषण उपग्रहों में ऊष्मीय प्रबंधन की प्रक्रिया का एक महत्वपूर्ण अंग है। उपग्रहों का तापीय विश्लेषण एक ऐसी गणितीय प्रक्रिया होती है, जिसके द्वारा हम उपग्रह, उसके उपतंत्र, नीतभारों या किसी इकाई हेतु अंतरिक्ष की विशिष्ट परिस्थितियों के लिए उस पर तापमानों की गणना करते हैं। तापीय विश्लेषण द्वारा हमें उस इकाई में ऊष्मा स्थानांतरण के विभिन्न मार्गों द्वारा ऊष्मा विनिमय की दरों की भी जानकारी हो जाती है। उपग्रह के तापीय विश्लेषण से हमें यह ज्ञात हो जाता है कि किसी इलेक्ट्रॉनिक इकाई में ऊष्मा का कितना भाग चालन से पैनल को संचरित हो रहा है और कितना भाग विकिरण से उसके परिवेश को उत्सर्जित हो रहा है। तापीय विश्लेषण से हमें उपग्रह के अंदर एवं उसके परिवेश से ऊष्मा विनिमय की दरों का विस्तृत लेखा-जोखा मिल जाता है। ये जानकारियाँ हमें ऊष्मीय प्रबंधन को और बेहतर करने में मददगार होती हैं।

उपग्रह एवं उसके नीतभारों के निर्माण करने एवं उसको अंतरिक्ष में उसकी कक्षा में स्थापित करने से पहले यह जानना अत्यंत आवश्यक है कि अंतरिक्ष के वातावरण में उसकी विशिष्ट तापीय अभिकल्पना के कारण उसके विभिन्न घटकों के तापमान क्या होंगे। तापीय विश्लेषण के द्वारा हम उपग्रह एवं उसके नीतभारों की तापीय अभिकल्पना को कार्यान्वित करने से पहले ही मूल्यांकन कर सकते हैं। तापीय विश्लेषण के द्वारा हम यह पहले ही जान लेते हैं कि कोई विशेष तापीय अभिकल्पना के कारण उपग्रह के विभिन्न उपकरणों एवं घटकों के तापमान अंतरिक्ष में प्रचालन के दौरान अनुमत सीमाओं में होंगे या नहीं। इससे समय एवं धन दोनों की बचत होती है, क्योंकि किसी तापीय अभिकल्पना को प्रायोगिक तौर पर जाँच करने के लिए बार-

बार समय, धन एवं जटिल ढाँचागत व्यवस्थाओं की आवश्यकता होती है। किसी विशेष तापीय अभिकल्पना को उपयुक्त नहीं पाने पर, वैकल्पिक अभिकल्पना के लिए उपग्रह के तापीय गणितीय प्रतिरूप में परिवर्तन करना और विश्लेषण के द्वारा पुन: जाँच करना, प्रयोगों द्वारा जाँच करने की तुलना में बहुत आसान एवं कम समय में ही हो जाता है।

उपग्रहों के तापीय विश्लेषण के लिए उसके तापीय गणितीय प्रतिरूप का निर्माण किया जाता है। अगर संपूर्ण उपग्रह एक समतापीय पिंड की तरह होता तो जैसा कि हम पहले देख चुके हैं कि उसका तापीय गणितीय प्रतिरूप अत्यंत सरल हो जाता है, उस स्थिति में हमने उपग्रह के तापमान की गणना केवल एक ही गणना बिंदु या नोड पर की है। समतापीय उपग्रह में एक नोड पर तापमान संपूर्ण उपग्रह के तापमान को निरूपित करता है। लेकिन वास्तविक उपग्रहों में एक स्थान से दूसरे स्थान पर तापमानों में उतार-चढ़ाव पाए जाते हैं, तापमानों के ये उतार-चढ़ाव अर्थात् तापीय प्रवणता उपग्रह के घटकों के तापीय गुणधर्मों, उपग्रह में उनकी स्थिति तथा उन स्थानों पर बाह्य एवं आंतरिक ऊष्मा अभिवाहों पर निर्भर करते हैं। उपर्युक्त चर्चा से हम यह भी समझ सकते हैं कि किसी उपग्रह या अन्य तंत्र में एक समतापीय क्षेत्र के तापमान को एक नोड या गणना बिंदु द्वारा निरूपित किया जा सकता है। इसलिए उपग्रह का तापीय गणितीय प्रतिरूप तैयार करने के लिए सबसे पहले संपूर्ण उपग्रह के एक सरल ज्यामितीय प्रतिरूप को अनेक लगभग परिमित समतापीय भागों में विभक्त कर दिया जाता है, इस प्रक्रिया को विविक्तिकरण कहा जाता है। इस कार्य के लिए ताप नियंत्रण अभियंता को कल्पनाशक्ति, अभियांत्रिकी विवेक एवं अनुभव का उपयोग करना पड़ता है। प्रत्येक समतापीय भाग का एक केंद्र बिंदु निर्धारित किया जाता है, जिसे नोड कहते हैं। समतापीय भाग एक-विमीय, द्वि-विमीय या त्रि-विमीय हो सकते हैं, यह इस बात पर निर्भर करता है कि किसी पदार्थ में किन दिशाओं में महत्वपूर्ण तापीय प्रवणताएँ विद्यमान हो सकती हैं। एक समतापीय भाग के तापीय गुणधर्मों का उस भाग के नोड द्वारा प्रतिनिधित्व किया जाता है, जैसे एक नोड का ऊष्मीय द्रव्यमान (mC_p) उसके समतापीय भाग के तापीय द्रव्यमान के बराबर होता है। प्रत्येक नोड के ऊष्मीय प्राचल जैसे नोड का तापमान एवं उसका ऊष्मीय द्रव्यमान नोड के केंद्र पर सकेंद्रित माना जाता है।

किसी उपग्रह के तापीय गणितीय प्रतिरूप में सामान्यतया तीन तरह के नोड मुख्य होते हैं—

1. विसरण नोड (सीमित तापीय द्रव्यमान)
2. अंकगणितीय नोड (शून्य तापीय द्रव्यमान)
3. परिसीमा नोड (अनंत तापीय द्रव्यमान)
4. अज्यामितीय समतापीय नोड

विसरण नोड ऊष्मा स्थानांतरण के साधारण धात्विक एवं अधात्विक अभियांत्रिकी पदार्थों को निरूपित करने के लिए उपयोग किया जाता है। विसरण नोड की सीमित ऊष्मीय धारिता होती है तथा सामान्य पदार्थों को नोड के रूप में निरूपित करने के लिए इनका उपयोग किया जाता है। विसरण नोड तापमान में अंतर के कारण उनके निकटवर्ती नोडों को ऊष्मा की चालन विधि द्वारा ऊष्मा का स्थानांतरण करते हैं। इन नोडों के

लिए एक निश्चित तापीय द्रव्यमान, आयतन एवं तापीय चालकता जैसे गुणधर्म होते हैं। विसरण नोड एक, द्वि या त्रि-विमीय हो सकते हैं। चित्र 5.5 में एक षट्फलक ज्यामिति का 4 नोडों में विविक्तिकरण दिखाया गया है। इनके तापमान एवं तापीय द्रव्यमान क्रमशः T_1, C_1 इत्यादि संकेतों से दर्शाए गए हैं। प्रत्येक नोड उसके घिरे हुए नोडों से ऊष्मा चालन द्वारा ऊष्मा का स्थानांतरण करता है। नोड में ऊष्मा के प्रवेश या निकास के कारण नोड के तापमान में परिवर्तन होता है। गणितीय रूप में एक विसरण नोड को निम्न समीकरण द्वारा परिभाषित किया जा सकता है।

$$mC_p \frac{\Delta T}{\Delta t} = \sum Q$$

[नोड की ऊष्मा में परिवर्तन की दर] = [समीपवर्ती नोडों से निवल ऊष्मा विनिमय की दर]

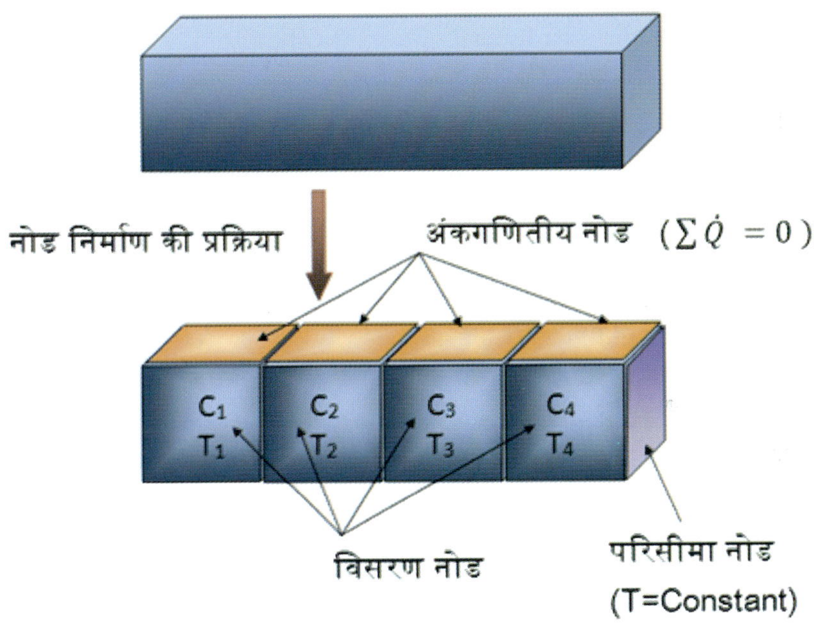

चित्र 5.5 नोड निर्माण की प्रक्रिया (विविक्तिकरण) एवं तापीय प्रतिरूप के लिए विभिन्न नोड

किसी विसरण नोड का तापमान T, उसके केंद्र बिंदु पर माना जाता है। इसका यह अर्थ नहीं लगाना चाहिए कि पूरे नोड का तापमान समान है। चित्र 5.6(अ) में पदार्थ में तापमान के वास्तविक वितरण को दिखाया गया है। नोड उसके ऊष्मीय प्राचलों को एक बिंदु पर निरूपित करता है, इसलिए दो नोडों के मध्य तापमान में परिवर्तन रेखीय रूप में होता है जैसा कि चित्र 5.6 (स) में दिखाया गया है, यह चित्र 5.6 (ब) की तरह सोपान फलन के रूप में नहीं होता है।

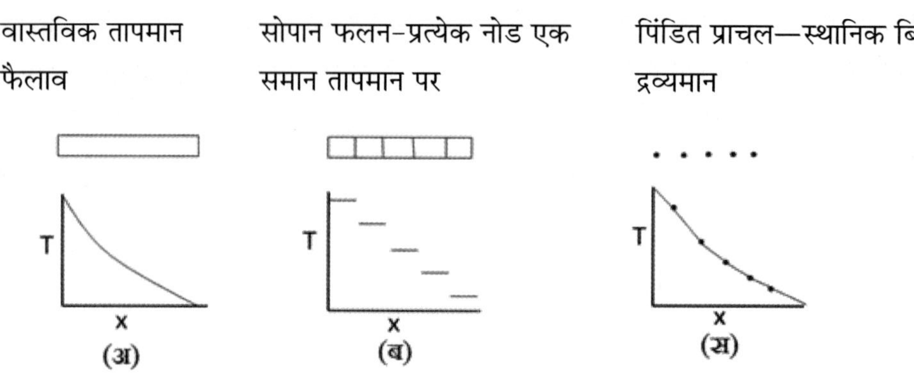

चित्र 5.6 नोडो के बीच तापमान परिवर्तन

अंकगणितीय नोडों का भौतिक रूप में अस्तित्व नहीं होता है। अंकगणितीय नोडों का तापीय द्रव्यमान शून्य होता है, ये ऊष्मा का विसरण करने में समर्थ नहीं होते हैं। अंकगणितीय नोडों को कई उद्‌देश्यों के लिए बनाया जाता है। इनके उपयोग से ऊष्मीय विश्लेषण के परिणामों का अध्ययन आसान हो जाता है। उपग्रह की सतहों से विकिरण द्वारा ऊष्मा स्थानांतरण को निरूपित करने के लिए प्राय: ठोस विसरण नोडों की सीमाओं पर इन नोडों को आरोपित किया जाता है, जैसा कि चित्र 5.5 में (नारंगी रंग में) दिखाया गया है। विसरण नोडों के जोड़ों पर तापमानों की गणना के लिए भी अंकगणितीय नोड बनाए जाते हैं, इन नोडों की मोटाई शून्य होती है। इस तरह इनका उपयोग गणितीय सुविधा के लिए होता है। जिन ऊष्मीय अवयवों की ऊष्मा धारिता बहुत कम होती है ऐसे अवयवों को अंकगणितीय नोडों द्वारा निरूपित किया जा सकता है। ताप नियंत्रण के लिए हल्के अवयव जैसे ऊष्मा रोधी चादरें इत्यादि को अंकगणितीय नोडों द्वारा निरूपित किया जा सकता है। दो सतहों के जोड़ों पर तापीय संपर्क के कारण ऊष्मा स्थानांतरण को भी अंकगणितीय नोड़ों द्वारा निरूपित किया जाता है। त्रि–विमीय विसरण नोड की सतहों से विकिरण द्वरा ऊष्मा विनिमय के अनुकरण के लिए भी अंक गणितीय नोडों का उपयोग किया जाता है। अंकगणितीय नोड शून्य, एक या द्वि–विमीय हो सकते हैं। शून्य तापीय द्रव्यमान के होने के कारण इन पर आने वाली ऊष्मा का प्रभाव ताप के रूप में तुरंत दिखाई देता है। गणितीय रूप में एक अंकगणितीय नोड को निम्न समीकरण द्वारा परिभाषित किया जा सकता है।

$$\sum Q = 0$$

उपर्युक्त समीकरण से स्पष्ट है कि अंकगणितीय नोड में ऊष्मा संचय करने की क्षमता नहीं होती है। इसलिए ऊर्जा संरक्षण के नियम के अनुसार अंकगणितीय नोड में ऊष्मा प्रवेश की दर ऊष्मा निर्गम की दर के समान होती है।

परिसीमा नोड अनंत तापीय द्रव्यमान या ऊष्मा धारिता के होते हैं अर्थात् ये अनंत हीट सिंक का काम करते हैं, क्योंकि इनका तापमान स्थिर कर दिया जाता है, इनसे चाहे जितनी भी मात्रा में ऊष्मा का विनिमय किया जा सकता है। चित्र 5.5 में एक परिसीमा नोड को ठोस की सीमा पर स्थिर तापमान पर दिखाया गया

है। इन नोडों का तापमान तापीय विश्लेषण से पहले निर्धारित कर दिया जाता है। ठंडे अंतरिक्ष को अनंत ऊष्मा धारिता के रूप में परिसीमा नोड के द्वारा निरूपित किया जा सकता है। ये विसरण नोडों की सीमाओं पर सीमांत दशाओं को निर्धारित करने के उपयोग में आते हैं। गणितीय रूप में एक परिसीमा नोड को निम्न तरह से परिभाषित किया जाता है—

$$T = C \text{ (स्थिरांक)}$$

गणितीय तापीय प्रतिरूप में इन नोडों की ज्यामिती निर्धारित करने के अतिरिक्त इनके ताप-भौतिकी एवं ताप विकिरण गुणधर्म निर्धारित किए जाते हैं।

अज्यामितीय नोड वे नोड होते हैं, जिनकी कोई ज्यामिती नहीं होती है। इन नोडों का उपयोग हम तब कर सकते हैं, जब हम किसी पिंड को लगभग समतापीय मानते हैं तथा उस पिंड से चालन द्वारा ही ऊष्मा संचरण हो रहा हो। अज्यामितीय नोड को हम उसके ऊष्मीय द्रव्यमान द्वारा या स्थिर तापमान द्वारा निर्धारित कर सकते हैं। अज्यामितीय नोड के उपयोग से तापीय प्रतिरूप तैयार करना आसान हो जाता है।

शून्य-विमीय नोडों को एक बिंदु के रूप में निरूपित किया जाता है। एक-विमीय नोडों को एक रेखा या बीम के रूप में निरूपित किया जाता है। शून्य-विमीय नोडों का उपयोग एक-विमीय नोड के छोरों पर तापमानों की गणना के लिए किया जा सकता है। द्वि-विमीय नोडों की आकृति त्रिभुजाकार या चतुर्भुजाकार दोनों तरह की हो सकती है। द्वि-विमीय नोडों की सीमाओं पर एक-विमीय नोडों का उपयोग किया जा सकता है। द्वि-विमीय नोडों के किनारों के मध्य ऊष्मीय-युग्मन के लिए भी एक-विमीय नोडों का उपयोग किया जाता है। त्रि-विमीय नोड दो तरह के हो सकते हैं। चतुर्फलक एवं षट्फलक दोनों आकृतियों के द्वारा त्रि-विमीय नोडों को निरूपित किया जा सकता है। किसी घटक का नोडीकरण या नोडों के रूप में निरूपण किस आकार या आकृति के नोडों द्वारा किया जाए, यह कई कारकों पर निर्भर करता है। घटक में तापमान का अनुमानित वितरण कैसा होगा इस पर भी नोडों का आकार निर्भर करता है। अगर तापमान का वितरण बहुत अरैखिक हो तो छोटे आकार के नोड बनाने चाहिए, जिससे तापमान के वास्तविक वितरण की जानकारी अधिक शुद्धता से होती है। किसी गणितीय प्रतिरूप में नोडों की संख्या हमारे पास उपलब्ध संगणकों की सामर्थ्य पर भी निर्भर करती है। संगणकों में आँकड़ों की भंडारण क्षमता एवं गणनाओं के लिए लिया जाने वाला समय का भी हमें घटकों का नोडीकरण करते समय ध्यान रखना पड़ता है।

तापीय गुणधर्म निर्धारित करने के पश्चात् नोडों के मध्य ऊष्मा स्थानांतरण के मार्गों को निर्धारित किया जाता है। किन्हीं दो नोडों के मध्य चालन द्वारा ऊष्मा स्थानांतरण के लिए फोरियर के ऊष्मा चालन के नियमानुसार चालन गुणांकों की गणना की जाती है। इसी तरह किन्हीं दो नोडों के मध्य विकिरण द्वारा ऊष्मा स्थानांतरण के लिए विकिरण चालकत्व गुणांकों की गणना की जाती है, इनकी गणना के लिए दृष्टि गुणकों की आवश्यकता होती है। इसके अतिरिक्त प्रत्येक नोड पर आने वाले बाहरी ऊष्मा भारों की गणना के साथ नोडों पर आंतरिक ऊष्मा भारों का भी निर्धारण किया जाता है।

अंत में प्रत्येक नोड पर तापीय संतुलन के लिए ऊर्जा संरक्षण के नियमानुसार अज्ञात तापमानों के लिए समीकरण लिखे जाते हैं। अगर एक नोड (i), अनेक नोडों (j) जिनकी संख्या (n) हो सकती है, उससे ऊष्मा विनिमय करता है तो नोड (i) के लिए ऊष्मा संतुलन का समीकरण निम्न रूप में लिखा जा सकता है—

$$(mC_p)_i \frac{dT_i}{dt} = -\sum_{j=1}^{n} C_{ij} (T_i - T_j) - \sum_{j=1}^{n} \sigma R_{ij} (T_i^4 - T_j^4)$$

$$+Q_{sun} + Q_{albedo} + Q_{Earth} + Q_{Dissipation} - \sigma \varepsilon_i A_i F_{is} T_i^4$$

जहाँ पर

$$Q_{sun} = \alpha_{si}\, \mu_{si} A_i S$$

$$Q_{albedo} = \alpha_i\, A_i\, J_{ai}$$

$$Q_{Earth} = \varepsilon_i\, A_i\, J_p$$

उपर्युक्त समीकरणों में

T_i एवं T_j क्रमशः नोड i एवं नोड j के तापमान हैं।

C_{ij} एवं R_{ij}, नोड (i) एवं नोड (j) के मध्य क्रमशः चालन एवं विकिरण विनिमय गुणक हैं।

ε_i एवं A_i नोड i की सतह के अवरक्त उत्सर्जनांक एवं क्षेत्रफल हैं।

$Q_{Dissipation,}$ नोड i में आंतरिक ऊर्जा क्षय की दर है।

Q_{sun}, Q_{Albedo} एवं Q_{Earth} नोड i पर क्रमशः अवशोषित सौर, अल्बिडो एवं भू-दीप्ति ऊष्मा भार है।

नोड i का अंतरिक्ष से दृश्य गुणांक F_{is}

नोड i की सतह के सौर अवशोषणांक एवं विकिरण उत्सर्जनांक क्रमशः α_{si} एवं ε_i है।

नोड i का सौर कोण μ_{si} है। S, J_{ai} एवं J_p क्रमशः नोड i पर सौर, अल्बिडो एवं भू-दीप्ति अभिवाह है।

तापीय गणितीय प्रतिरूप के प्रत्येक नोड पर उपर्युक्त समीकरण की तरह ऊष्मा संतुलन के लिए समीकरण लिखे जाते हैं। ये समीकरण अरैखिक, प्रथम कोटि के अवकलन समीकरण हैं। इन समीकरणों को संगणकों की मदद से आंकिक विधियों द्वारा हल करने पर प्रत्येक नोड पर अज्ञात तापमानों के परिणाम प्राप्त हो जाते हैं। किसी समतापीय भाग में नोड के अतिरिक्त अन्य स्थानों पर तापमानों की गणना करने के लिए गणितीय आंतर-गणना की मदद ली जाती है। तापमानों का अध्ययन करने के पश्चात् तापीय अभिकल्पना को स्वीकार या अस्वीकार कर सकते हैं। तापमानों की गणना करने की उपर्युक्त विधि को सीमित आयतन विधि

(फाइनाइट वोल्यूम मैथड) के नाम से जाना जाता है। इस विधि पर आधारित कई सॉफ्टवेयर जैसे एन एक्स थर्मल, सिन्डा, थर्मिका इत्यादि अंतरराष्ट्रीय बाजार में उपलब्ध हैं। सॉफ्टवेयरों की मदद से तापीय विश्लेषण का कार्य अत्यंत आसान हो जाता है। सॉप्टवेयर की मदद से कार्य करने वाले तापीय नियंत्रण अभियंता को उपग्रह में ऊष्मा स्थानांतरण के मार्गों, पदार्थों के तापीय गुणधर्म एवं सतहों के विकिरण गुणधर्मों के बारे में स्पष्ट ज्ञान होना आवश्यक है। थर्मल सॉफ्टवेयरों की उपलब्धता के बावजूद भी उपग्रह ताप नियंत्रण अभियंता के अभियांत्रिकी विवेक, अनुभव एवं संबंधित विषयों के ज्ञान का महत्व कम नहीं हुआ है।

अति उष्ण एवं शीत प्रकरण तापीय अभिकल्पना

अंतरिक्ष में उपग्रह को अपनी कक्षा में प्रचालन के दौरान विभिन्न बाह्य तापीय परिवेशों का सामना करना पड़ता है। सूर्य के दिक्पात् कोण में परिवर्तन एवं अन्य कारणों सें उपग्रह की परिक्रमण कक्षा का बीटा कोण बदलता रहता है। बीटा कोण के परिवर्तित होने से उपग्रह पर गिरने वाले सौर, अल्बिडो एव भू-दीप्ति अभिवाहों में भी परिवर्तन हो जाता है। उपग्रह की कक्षाओं में छाया अथवा ग्रहण की अवधि न्यूनतम या अधिकतम होने के अनुसार उपग्रह का तापमान क्रमशः उष्ण एवं शीत होता है। अंतरिक्ष में आवेशित कणों, विकिरणों, निर्वात एवं वाष्पशील पदार्थों के कारण उपग्रह की सतहों के विकिरण गुणधर्मों का भी समय के साथ निम्नीकरण हो जाता है। प्रकाशिकी सौर परावर्तकों एवं श्वेत विलेपनों जैसी सतहों का सौर अवशोषणांक समय के साथ बढ़ता रहता है। उपग्रह के क्रियाशील जीवन के प्रारंभ में ऐसी सतहों का सौर अवशोषणांक न्यूनतम होने के कारण उपग्रह का तापमान कम होता है। उपग्रह के सक्रिय जीवन के अंत में अर्थात् लगभग 5 से 10 वर्षों बाद इन सतहों द्वारा अधिक सौर विकिरण अवशोषित करने के कारण उपग्रह का तापमान अधिक हो सकता है। सूर्य से विकिरण की तीव्रता में ग्रीष्म अयनांत से शीत अयनांत तक न्यूनतम से अधिकतम मान तक परिवर्तन होते हैं। उपग्रह के उपकरणों द्वारा विद्युत् ऊर्जा क्षय में परिवर्तन के कारण भी उपग्रह के तापमानों में परिवर्तन होता है। उपग्रहों की तापीय अभिकल्पना के दौरान उसकी अति शीत एवं अति उष्ण दोनों परिस्थितियों पर विचार करना आवश्यक होता है। ऊष्मीय प्रबंधन में विभिन्न घटकों के तापमानों को अनुमत सीमाओं के अंदर रखने के लिए सामन्यतया ऊष्मकों एवं विकिरकों का उपयोग भी किया जाता है। ऊष्मक विभिन्न घटकों को अनुमत तापमान की न्यूनतम सीमाओं के नीचे जाने से रोकते हैं, जैसे ही घटकों का तापमान न्यूनतम सीमा के नजदीक पहुँचता है ऊष्मक स्वतः ही घटक को ऊष्मा देना शुरू कर देते हैं। विकिरकों की अभिकल्पना इस तरह की जाती है, जिससे उपग्रह के घटकों के तापमान अनुमत तापमान की अधिकतम सीमाओं के बाहर नहीं पहुँचे। ऊष्मा प्रबंधन के लिए आवश्यक ऊष्मकों हेतु विद्युत् शक्ति की गणना उपग्रह के अति शीत प्रकरण की परिस्थितियों पर आधारित होती है। इसी तरह विकिरकों की अभिकल्पना उपग्रह के अति उष्ण प्रकरण की परिस्थितियों पर आधारित होती है।

निम्नलिखित परिस्थितियाँ उपग्रह के अति शीत प्रकरण के लिए सहायक होती हैं—

➢ उसके सक्रिय जीवनकाल के प्रारंभ में सतहों के विकिरण गुणधर्मों के कारण

- एक परिक्रमा काल के दौरान छाया की अवधि का अंश अधिकतम हो
- ग्रीष्म अयनांत के दौरान
- उपग्रह के उपकरणों द्वारा आंतरिक ऊर्जा क्षय न्यूनतम हो।

निम्नलिखित परिस्थितियाँ उपग्रह के अति उष्ण प्रकरण के लिए सहायक होती है—

- उसके सक्रिय जीवनकाल के अंत में सतहों के विकिरण गुणधर्मों में परिवर्तन के कारण
- एक परिक्रमा काल के दौरान छाया की अवधि का अंश न्यूनतम हो
- शीत अयनांत के दौरान
- उपग्रह के उपकरणों द्वारा आंतरिक ऊर्जा क्षय अधिकतम हो।

उपर्युक्त परिस्थितियों के अतिरिक्त अन्य परिस्थितियाँ भी हो सकती हैं, जो उपग्रह के अति शीत एवं उष्ण प्रकरण में सहायक हो। ऐसी परिस्थितियाँ उपग्रह के कक्षीय प्राचलों, अभिवृत्ति या अन्य कारणों से भी हो सकती हैं। उपग्रहों का ऊष्मीय प्रबंधन इस प्रकार होना चाहिए, जिससे उपर्युक्त दोनों तापीय प्रकरणों में उसके विभिन्न उपकरणों, नीतभार एवं घटकों पर तापमान अनुमत सीमाओं के अंदर होने चाहिए।

□

6. ताप नियंत्रण का कार्यान्वयन

उपग्रह में ऊष्मीय प्रबंधन का उद्देश्य उपग्रह के सभी उपकरणों एवं घटकों के तापमानों को उसके उपयोगी जीवनकाल के दौरान अनुमत सीमाओं में बनाए रखना होता है। हम जानते हैं कि किसी घटक का तापमान उस घटक पर ऊष्मीय संतुलन के द्वारा निर्धारित होता है। किसी उपग्रह या घटक के ताप नियंत्रण के लिए हम मूल रूप से ऊष्मा संचरण के मार्गों में ऊष्मा का पुनर्वितरण करते हैं। दूसरे शब्दों में हम कह सकते हैं कि ऊष्मा के समुचित प्रबंधन द्वारा ही हमें उपग्रह के घटकों पर वांछित तापमान प्राप्त होते हैं। इस कार्य हेतु उपग्रह एवं उसके विभिन्न घटकों से ऊष्मा के चालन एवं विकिरण के मार्गों में वांछित परिवर्तनों के लिए तापीय अभिकल्पना की जाती है। तापीय अभिकल्पना को साकार रूप देने के लिए विभिन्न ताप नियंत्रण तकनीकों का उपयोग किया जाता है। उपग्रह की ताप नियंत्रण तकनीकों को दो भागों में विभक्त किया जा सकता है—1. निष्क्रिय ताप नियंत्रण एवं 2. सक्रिय ताप नियंत्रण। निष्क्रिय ताप नियंत्रण तकनीकों के प्रचालन में कोई बाह्य ऊर्जा खर्च नहीं होती है तथा किसी भी प्रकार के चल-पुर्जों का उपयोग नहीं किया जाता है। सक्रिय ताप नियंत्रण तकनीकों द्वारा अतिरिक्त ऊर्जा खर्च के साथ-साथ चल-पुर्जों का भी उपयोग हो सकता है। निष्क्रिय ताप नियंत्रण तकनीकें किन्हीं चल-पुर्जों की अनुपस्थिति के कारण अधिक विश्वसनीय एवं कार्यान्वयन में सरल होती हैं, इसलिए उपग्रहों में निष्क्रिय ताप नियंत्रण तकनीकों को प्राथमिकता दी जाती है। उपग्रहों में ताप नियंत्रण के लिए तापरोधी चादरों, विभिन्न विलेपों, प्रकाशिकी सौर परावर्तकों, ऊष्मकों, ऊष्मा नलियों इत्यादि का उपयोग किया जाता है। चित्र 6.1 में भू-स्थिर कक्षा के एक उपग्रह में ताप नियंत्रण के मुख्य अवयवों की स्थिति दिखाई गई है।

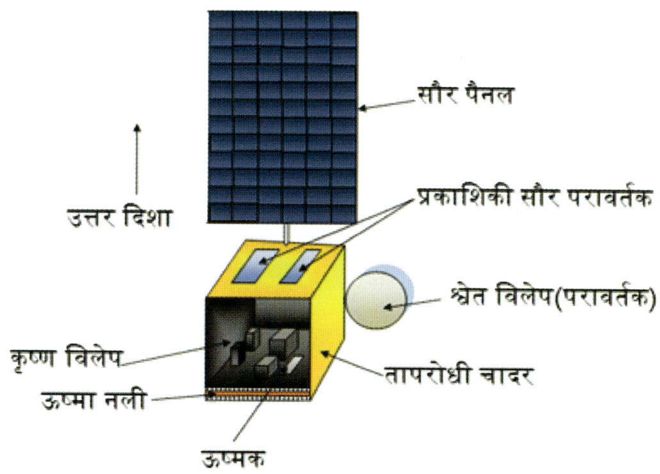

चित्र 6.1 एक भू-स्थिर उपग्रह पर ताप नियंत्रण के मुख्य अवयव
(आंतरिक दृश्य के लिए एक पैनल को हटाया गया है)

हम चित्र 6.1 में देखते हैं कि उपग्रह को अंतरिक्ष के प्रतिकूल परिवेश से पृथक् करने के लिए उसकी बाह्य सतहों को तापरोधी चादरों से आवृत किया गया है। उपग्रह की आंतरिक ऊष्मा क्षय के उत्सर्जन के लिए प्रकाशिकी सौर परावर्तक उन संरचना पैनलों पर चिपकाए गए हैं, जिन पर न्यूनतम सौर विकिरण गिरता है। इलेक्ट्रॉनिक पैकेजों से उत्पन्न ऊष्मा को पैनलों में दक्ष स्थानांतरण के लिए पैनलों में ऊष्मा नलियाँ निविष्ट की गई हैं। उपग्रह की आंतरिक सतहों को समतापीय करने के लिए उन सतहों के बीच विकिरण द्वारा ऊष्मा विनिमय बढ़ाने के लिए कृष्ण विलेप किया गया है। सौर विकिरण की उपस्थिति में तापमान में वृद्धि को रोकने के लिए परावर्तक पर श्वेत विलेप किया गया है। उपकरणों के तापमान को अनुमत सीमाओं से नीचे जाने से रोकने के लिए पन्नी ऊष्मक स्थापित किए जाते हैं। उपग्रह के घटकों की विशिष्ट तापीय आवश्यकताओं या विशेष परिस्थितियों के लिए अन्य प्रयुक्तियों का भी उपयोग किया जाता है। आगे के अनुच्छेदों में उपग्रहों के लिए कुछ मुख्य ताप नियंत्रण अवयवों पर प्रकाश डाला गया है।

निष्क्रिय ताप नियंत्रण

निष्क्रिय ताप नियंत्रण में उपग्रहों के विभिन्न घटकों, उपतंत्रों एवं नीतभारों को तापमान की अनुमत सीमाओं में रखने के लिए ऊष्मा चालन एवं विकिरण के विभिन्न मार्गों द्वारा स्थानांतरण होने वाली ऊष्मा की दरों को नियंत्रित किया जाता है। इसके लिए ऊष्मा चालन एवं विकिरण के मार्गों में उचित परिवर्तन किए जाते हैं। विशेष तापीय गुणधर्मों वाले पदार्थों, ज्यामितीय विन्यासों एवं ताप-प्रकाशिकी गुणधर्मों वाली सतहों के उचित चुनाव के द्वारा चालन एवं विकिरण के मार्गों द्वारा संचरित ऊष्मा की दरों में वांछनीय परिवर्तन लाए जाते हैं। सतहों पर तापीय विलेपन, ऊष्मा रोधी चादरें, ऊष्मा रोधी एवं ऊष्मा के सुचालक पदार्थ, ऊष्मा धारित्र और प्रावस्था परिवर्तनशील पदार्थ कुछ निष्क्रिय ताप नियंत्रण तकनीकें हैं।

सतहों पर तापीय विलेपन

उपग्रह की बाहरी सतह उसे ठंडे अंतरिक्ष के साथ विकिरण के द्वारा जोड़ती है, उपग्रह के लिए एक मात्र उपलब्ध हीट सिंक ठंडा अंतरिक्ष ही है। उपग्रह की बाहरी सतहों पर सूर्य, पृथ्वी या अन्य खगोलीय पिंडों से आने वाले विकिरण भी गिरते हैं, इसलिए उपग्रह की बाहरी सतहों के विकिरण गुणधर्म ऐसे होने चाहिए कि आंतरिक ऊर्जा क्षय, बाह्य ऊष्मा विकिरण एवं सतहों द्वारा उत्सर्जित ऊष्मा विकिरणों में वांछनीय तापमान पर ऊष्मा संतुलन हासिल होना चाहिए। उपग्रह की बाहरी सतहों के लिए दो तापीय-प्रकाशिकी विकिरण गुणधर्म सौर अवशोषणांक (α) एवं अवरक्त उत्सर्जनांक (ε) महत्वपूर्ण होते हैं। मुख्य ताप नियंत्रण सतहों के विकिरण गुणधर्मों, सौर अवशोषणांक (α) एवं अवरक्त उत्सर्जनांक (ε) को तरंगदैर्घ्य के साथ चित्र 6.2 में दर्शाया गया है। चित्र में हम देखते हैं कि कृष्ण विलेप अच्छा सौर विकिरण अवशोषक होने के साथ ही अच्छा अवरक्त उत्सर्जक भी है, इसलिए इसे सपाट अवशोषक भी कहते हैं। चित्र 6.2 में हम यह भी देखते हैं कि प्रकाशिकी सौर परावर्तक एवं श्वेत विलेप अच्छे सौर विकिरण परावर्तक होने के साथ-साथ अच्छे अवरक्त ऊष्मा उत्सर्जक भी हैं, इसलिए इन सतहों को सौर परावर्तक कहा जाता है। सतहों के इन विकिरण गुणधर्मों

का उपयोग ताप नियंत्रण के लिए किया जाता है। कुछ विलेपनों के इन विकिरण गुणधर्मों का समय के साथ निम्नीकरण होता रहता है। सतहों के विकिरण गुणधर्मों का निम्नीकरण अंतरिक्ष के उच्च निर्वात, आवेशित कणों एवं सूर्य की पराबैंगनी किरणों के संयुक्त प्रभाव के कारण होता है। अनुचित रख-रखाव, उपग्रह के पदार्थों द्वारा विगैसन के कारण वाष्पशील पदार्थों का सतहों पर निक्षेपण भी गुणधर्मों में निम्नीकरण के कारण है। इसलिए, उपग्रह के क्रियाशील जीवन अवधि के प्रारंभ (बी.ओ.एल. अर्थात् बिगनिंग ऑफ लाइफ) एवं अंत (इ.ओ.एल. अर्थात् एंड ऑफ लाइफ) में इन विलेपनों के तापीय-प्रकाशिकी गुणधर्म भिन्न हो सकते हैं। एक उपग्रह की क्रियाशील जीवन अवधि प्राय: 5 से 7 वर्ष मान सकते हैं। निम्न सारणी 6.1 में कुछ मुख्य विलेपनों एवं सतहों के तापीय-प्रकाशिकी गुणधर्मों के जीवन अवधि के प्रारंभ एवं अंत के मान दिखाए गए हैं—

सारणी 6.1—सतहों के तापीय-प्रकाशिकी गुणधर्म

सतह का नाम	सौर अवशोषणांक (α)		अवरक्त उत्सर्जनांक (ε)	
	बी.ओ.एल.	इ.ओ.एल.	बी.ओ.एल.	इ.ओ.एल.
कृष्ण पेंट	0.9	0.9	0.9	0.9
श्वेत पेंट	0.2	0.6	0.9	0.9
प्रकाशिकी सौर परावर्तक	0.08	0.21	0.78	0.78
ऐल्युमिनियम केप्टॉन	0.35	0.5	0.6	0.6

उपर्युक्त सारणी में हम देखते हैं कि समय के साथ विभिन्न सतहों के सौर अवशोषणांक में वृद्धि हो जाती है, इसलिए उपग्रह उसके प्रारंभिक काल में अपेक्षाकृत ठंडा होता है। ऊष्मकों एवं उचित तापीय अभिकल्पना के द्वारा विकिरण गुणधर्मों में परिवर्तन का समायोजन किया जाता है।

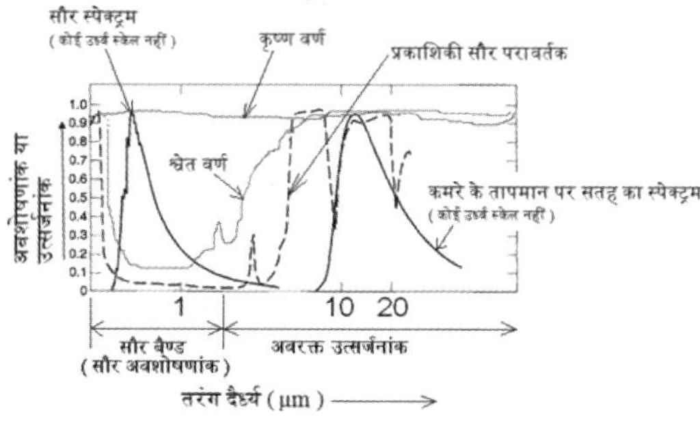

चित्र 6.2 सौर एवं अवरक्त स्पेक्ट्रम तथा तीन ताप नियंत्रण सतहों के विकिरण गुणधर्म चित्रण

उपग्रह के घटकों में आंतरिक ऊष्मा क्षय को अंतरिक्ष में विकिरण के रूप में उत्सर्जित करने वाली सतहों को विकिरक कहते हैं। सौर विकरणों के न्यूनतम अवशोषण तथा अवरक्त विकिरणों के अधिकतम उत्सर्जन के लिए विकिरक की सतहों का सौर अवशोषणांक (α) न्यूनतम एवं अवरक्त उत्सर्जनांक (ε) अधिकतम होना चाहिए। श्वेत पेंट में ये गुणधर्म उपग्रह के क्रियाशील जीवन अवधि के प्रारंभ (बी.ओ.एल.) में तो

होते हैं, लेकिन जीवन अवधि के अंत में सौर अवशोषणांक में अवांछनीय वृद्धि हो जाती है। इस कारण से विकिरक सतहों के लिए सौर प्रकाशिकी परावर्तकों (OSR) का उपयोग किया जाता है। इसके विकिरण गुणधर्मों का समय के साथ परिवर्तन अधिक नहीं होता है। 0.2 मिलिमीटर मोटाई की संलीन सिलिका की परत पर वाष्पीकरण की क्रिया से सिल्वर का निक्षेपण किया जाता है, इस तरह की सतह का प्रकाशिकी सौर परावर्तक के रूप में उपयोग किया जाता है। प्रकाशिकी सौर परावर्तक इसके न्यून सौर अवशोषणांक (α) एवं अधिक अवरक्त उत्सर्जनांक (ε) के कारण सतहों को अपेक्षाकृत कम तापमान पर रखने में सक्षम होता है। प्रकाशिकी सौर परावर्तक की कार्य प्रणाली को चित्र 6.3 में दर्शाया गया है। इस चित्र में हम देखते हैं कि सिलिका सतह पर सिल्वर परत का विलेपन सौर विकिरण को परावर्तित कर देता है, लेकिन सिलिका या ग्लास सतह अवरक्त विकिरणों का दक्षता से उत्सर्जन करती है, इस तरह यह सौर विकिरण की उपस्थिति में भी सतहों के तापमान को बढ़ने से रोकता है।

उपग्रह की आंतरिक सतहें भी परस्पर विकिरण के द्वारा ऊष्मा विनिमय करती हैं। उपग्रह की अधिकतर सतहों का सामान्य कमरे के तापमानों पर होने के कारण इनसे अवरक्त विकिरणों का उत्सर्जन होता है। कमरे के तापमान पर किसी सतह के स्पेक्ट्रम को चित्र 6.2 में दिखाया गया है। चित्र में हम देखते हैं कि 10 से 20 माइक्रॉन की तरंगदैर्ध्य के बीच अधिकतम ऊर्जा का उत्सर्जन होता है। इस तरंगदैर्ध्य के लिए कृष्ण विलेपन का उत्सर्जनांक अच्छा होने के कारण किरचॉफ के नियमानुसार अवशोषणांक भी अच्छा होता है। इसलिए उपग्रह को समतापीय बनाए रखने एवं ऊर्जा क्षय करने वाले उपकरणों का तापमान कम करने के उद्देश्य से उपग्रहों की आंतरिक सतहों पर कृष्ण पेंट का विलेपन किया जाता है। कुछ नीतभारों में ऐसे संसूचक होते हैं, जिन्हें अति निम्न ताप पर रखना आवश्यक होता है। ऐसे नीतभारों की सतहों पर निम्न उत्सर्जनांक वाली सतह जैसे स्वर्ण प्लेटिंग आवश्यक होती है, ऐसा इन नीतभारों को इनके परिवेश से तापीय पृथक्करण के लिए किया जाता है। इस तरह विलेपनों एवं विशेष सतहों का उपयोग तापीय विकिरण द्वारा ऊष्मा विनिमय में वृद्धि एवं कमी, दोनों के लिए किया जा सकता है।

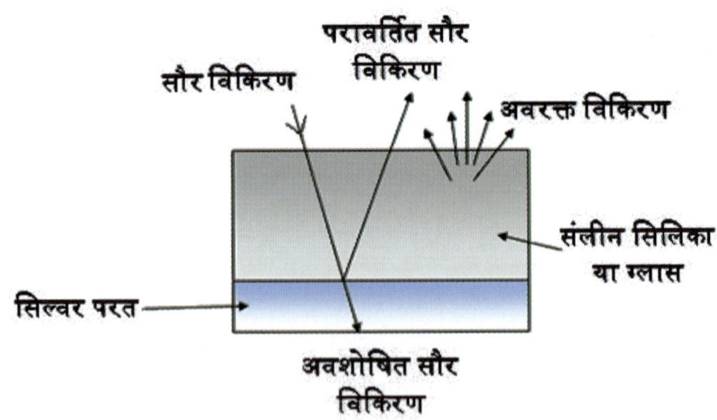

चित्र 6.3 प्रकाशिकी सौर परावर्तक की कार्य प्रणाली

ऊष्मा रोधी चादरें (MLI)

बहुपरत ऊष्मारोधी चादरें किसी भी उपग्रह में निष्क्रिय ऊष्मा नियंत्रण तकनीक का एक महत्वपूर्ण अंग होती है। ये उपग्रह को अत्यधिक ठंडे अंतरिक्ष के प्रभाव से बचाने के साथ-साथ उनको बाहरी ऊष्मा विकिरण, रॉकेट प्लूम एवं परिवेश के अन्य विकिरणों से भी रक्षा करती है। सामान्यतया किसी उपग्रह के ऊष्मा प्रबंधन में यह योजना बनाई जाती है कि उपग्रह के अधिकांश भाग को अंतरिक्ष के प्रतिकूल तापीय परिवेश से पृथक्करण के लिए बहुपरत ऊष्मारोधी चादरों द्वारा आवृत कर दिया जाए तथा अवांछित ऊष्मा को प्रकाशिकी सौर परावर्तक (OSR) खिड़की के द्वारा उत्सर्जित कर दिया जाए। इस प्रकार संपूर्ण उपग्रह को एक ऊष्मीय संतुलन में रखकर वांछित तापमान पर रखा जाता है। बहुपरत ऊष्मा रोधी चादरें उपग्रह को उसके बाहरी प्रतिकूल परिवर्नशील ऊष्मीय वातावरण से पृथक् करके तापमान में स्थिरता प्रदान करती हैं। इससे उपग्रह के आंतरिक भागों में तापीय प्रवणता भी काफी कम हो जाती है। बहुपरत ऊष्मारोधी चादरें उपग्रह पर आने वाले बाहरी ऊष्मा भार जैसे—सूर्य, पृथ्वी तथा अन्य अंतरिक्ष पिंडों से आने वाले ऊष्मीय विकिरण को उपग्रह पर गिरने से रोकती है, साथ ही उपग्रह की ऊष्मा का ऊष्मीय विकिरण द्वारा उत्सर्जन को भी रोक कर असामान्य अति निम्न ताप पर पहुँचने से रोकती है, इससे उपग्रह को सामान्य ताप पर बनाए रखने के लिए कम ऊष्मक शक्ति की आवश्यकता होती है।

बहुपरत ऊष्मारोधी चादर बनाने के लिए माइलार की कई (लगभग 10 से 20) पतली तहों को एक के ऊपर दूसरी तह रखकर एक समूह में रखा जाता है। चित्र 6.4 में एक बहुपरत ऊष्मारोधी चादर का चित्र दिखाया गया है। माइलार की कई परतों को सिल्वर के रंग में तथा सुनहरे रंग में केप्टॉन की परत को देखा जा सकता है।

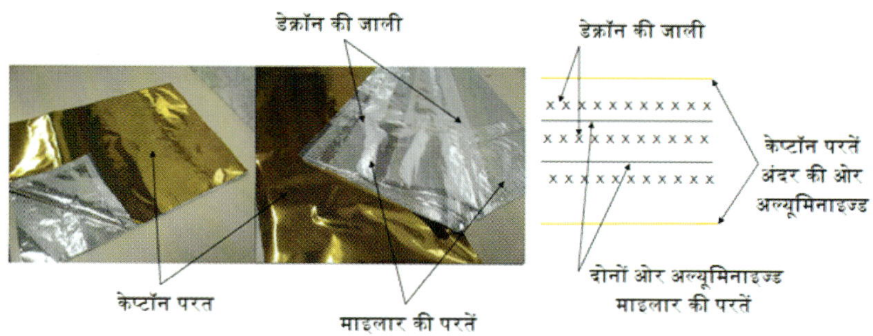

चित्र 6.4 बहुपरत ऊष्मारोधी चादर का निर्माण

इस चित्र में श्वेत रंग की डेक्रॉन की जाली भी देखी जा सकती है, जो माइलार की परतों के बीच रखी गई है। माइलार लगभग 6.5 माइक्रॉन पोलीमाइड फिल्म होती है, जिसके दोनों तरफ अल्यूमिनियम का विलेप होता है, जिसका अवरक्त उत्सर्जनांक बहुत कम होने के कारण परस्पर तहों के बीच विकिरण द्वारा ऊष्मा विनिमय अत्यंत कम हो जाता है। ये माइलार की पतली परतें विकिरण कवच का काम करती है। एक परत

से दूसरी परत के बीच चालन द्वारा ऊष्मीय स्थानांतरण को कम करने के लिए डेक्रॉन पोलिमर की जाली रखी जाती है। माइलार की परतों पर सलवटें भी डाली जाती है, जिससे इन परतों के बीच कम-से-कम संपर्क रहे। ऊष्मारोधी चादरों का द्रव्यमान न्यूनतम रखने के लिए माइलार की परतों को काफी पतला बनाया जाता है। इन माइलार की सभी तहों के समूह को ऊपर नीचे दोनों ओर से 25/50 माइक्रॉन मोटी केप्टॉन की परत से आवृत किया जाता है। यह केप्टॉन परत, ऊष्मारोधी चादर को आवश्यक यांत्रिक मजबूती प्रदान करती है। बाहरी केप्टॉन परत ऊष्मारोधी चादरों को बाहरी अंतरिक्ष के प्रतिकूल वातावरण से लगभग 7 से 10 वर्ष तक बचाए रखने में सक्षम होती है। सुनहरे रंग की केप्टॉन परत अवरक्त विकिरणों को भी परावर्तित करने में समर्थ होती है। ऊष्मारोधी चादरें उपग्रह की अपोजी मोटर से निकलने वाली गर्म गैसों से भी रक्षा करती है।

केप्टॉन परत की आंतरिक सतह पर भी अवरक्त उत्सर्जनांक कम करने के लिए अल्यूमिनियम विलेपन किया जाता है, जिससे इसकी बाहरी सतह सुनहरे पीले रंग की दिखाई देती है। राकेट प्रक्षेपण के समय माइलार परतों में हवा विद्यमान रहती है। जब रॉकेट अंतरिक्ष में ऊपर जाता है, तब इस हवा के निकास के लिए इनमें छोटे-छोटे छिद्र रखे जाते हैं। बहुपरत ऊष्मारोधी चादरों की सभी परतों की ढेरी को किनारों से सिल दिया जाता है तथा उपग्रह एवं उसके नीतभारों पर इसको वेल्क्रो द्वारा स्थापित किया जाता है।

ऊष्मारोधी चादरों की कार्य क्षमता को ऊष्मीय चालकत्व गुणांक से मापा जाता है, जिसकी इकाई $W/m^2/^oC$ होती है। यह ऊष्मा स्थानांतरण की वह दर है, जो ऊष्मारोधी चादर के प्रति वर्ग मीटर के क्षेत्रफल से अंतरतम एवं सबसे बाहरी सतहों के तापमानों में 1 ^oC के अंतर पर उपस्थित होती है। सामान्य ऊष्मारोधी चादरों के लिए इस गुणांक का मान 0.01 से 0.1 $W/m^2/^oC$ की सीमा में होता है। बहुपरत ऊष्मारोधी चादरों की कार्य प्रणाली ऊष्मीय विकिरण संतुलन पर आधारित है। यह देखने के लिए कि ये चादरें कैसे काम करती हैं हम बाहरी अंतरिक्ष में 1 वर्ग मीटर क्षेत्रफल की सतह की कल्पना करते हैं एवं उस सतह का तापमान 300 K तथा उत्सर्जनांक 1 अर्थात् आदर्श कृष्ण वर्ण मानते हैं। चित्र 6.5 में ऊष्मारोधी चादरों की कार्य प्रणाली को समझाया गया है। हम यह भी मानते हैं कि इस सतह पर किसी तरह का ऊष्मीय विकिरण नहीं गिर रहा है। अब हम स्टीफन बोल्जमान के नियम से गणना करके ज्ञात करते हैं कि यह सतह 460 वाट की ऊष्मा का उत्सर्जन करेंगी। अब हम कल्पना करते हैं कि एक पतली अपारदर्शी परत जिसका उत्सर्जनांक दोनों तरफ से 1 है, को 1 cm की दूरी पर रखा गया है। दोनों परतों में चालन द्वारा ऊष्मा का स्थानांतरण नहीं है। अब इस नई परत पर पहली परत से 460 वाट ऊष्मा आपतित होती है। ऊष्मा संरक्षण के नियम से यह नई परत दोनों तरफ से 230 वाट ऊष्मा उत्सर्जित करेगी। पहली परत को 230 वाट ऊष्मा नई परत से वापस मिल जाती है तथा ऊष्मा की कुल हानि केवल 230 वाट ही होती है, जिसे चित्र 6.5 में दर्शाया गया है। पुरानी परत अभी भी 460 वाट उत्सर्जित करती है, लेकिन इसे 230 वाट नई परत से वापस मिल जाती है, जिसे यह अवशोषित कर लेती है। इस तरह हम देखते हैं कि केवल एक परत जोड़ने से विकिरण द्वारा ऊष्मा की हानि को आधा कर दिया गया है। इस तरह हम एक से अधिक परतें भी जोड़ सकते हैं। आदर्श रूप में N परतें जोड़ने पर मूल विकिरण के मान को उसके $1/N+1$ मान तक घटाया जा सकता है। ऊष्मारोधी चादरों में परस्पर आंतरिक

सतहों पर अल्यूमिनियम का विलेपन कर दिया जाता है। इन सतहों का अवरक्त अवशोषणांक एवं उत्सर्जनांक के मान बहुत कम होने के कारण सतहों के मध्य विकिरण द्वारा ऊष्मा संचरण की दर बहुत कम हो जाती है। ये उन पर गिरने वाले अधिकांश विकिरण को परावर्तित कर देती है, साथ ही विकिरण का उत्सर्जन भी बहुत कम करती है। इस गुणधर्म के कारण उनकी कार्य क्षमता आदर्श कृष्ण वर्ण सतहों की तुलना में कई गुना अधिक होती है। दो समानांतर अनंत सतहों, जिनके तापमान T_1 एवं T_2 हैं तथा उत्सर्जनांक ε है, तो उन सतहों के बीच विकिरण के कारण ऊष्मा अभिवाह के विनिमय की दर को निम्न समीकरण द्वारा व्यक्त किया जा सकता है—

$$q_{net}^{withoutshield} = \frac{\sigma\,\varepsilon\left(T_1^4 - T_2^4\right)}{(2-\varepsilon)}$$

अगर इन दो सतहों के बीच N सतहों, जिनकी दोनों ओर का उत्सर्जनांक ε है, उसको तापीय कवच के रूप में रख दिया जाए तो मूल दो सतहों के बीच ऊष्मा अभिवाह विनिमय की दर निम्न प्रकार से परिवर्तित हो जाती है—

$$q_{net}^{With\ shield} = \frac{\sigma\,\varepsilon\left(T_1^4 - T_2^4\right)}{(N+1))(2-\varepsilon)} = \frac{q_{net}^{Without\ Shield}}{(N-1)}$$

उपर्युक्त समीकरण में हम देखते हैं कि तापीय कवच की सतहों का उत्सर्जनांक जितना कम होगा, ऊष्मा विनिमय की दर भी उतनी ही कम हो जाएगी। इसी तरह तापीय कवचों की संख्या बढ़ाने से भी ऊष्मा विनिमय की दर को घटाया जा सकता है। यह समीकरण ही बहुपरत ऊष्मारोधी चादरों की कार्य प्रणाली के सिद्धांत को व्यक्त करता है।

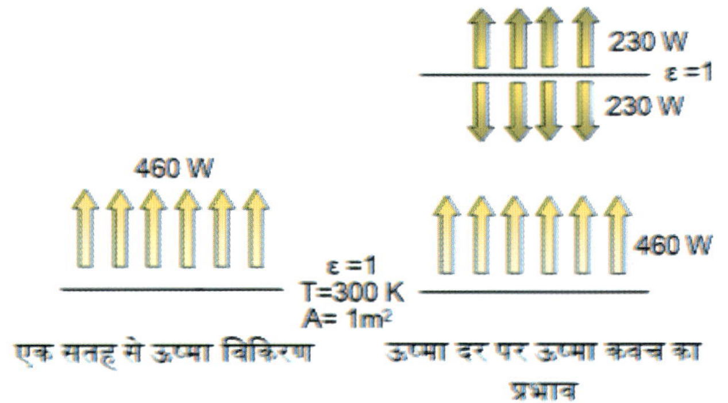

चित्र 6.5 ऊष्मा अभिवाह को कम करने के लिए ऊष्मा कवच की कार्य प्रणाली

ऊष्मा अभिगम

ऊष्मा अभिगम अधिक ऊष्मा धारिता वाले पदार्थों से बनाए जाते हैं, इन्हें उन घटकों के तापीय संपर्क में रखा जाता है, जिनके तापमान को नियंत्रण करना होता है। प्राय: ऊष्मा अभिगम धातु की प्लेट के आकार के

होते हैं, जिनकी मोटाई 5 से 10 मिलीमिटर तक हो सकती है। जब किसी घटक में ऊर्जा क्षय के कारण ऊष्मा की उत्पत्ति होती है, तब उस ऊष्मा का स्थानांतरण ऊष्मा चालन के द्वारा ऊष्मा अभिगम में हो जाने के कारण घटक के तापमान में वृद्धि पर रोक लग जाती है। ऊष्मा अभिगम उस ऊष्मा को निकटवर्ती स्थानों पर चालन या विकिरण के द्वारा संचरित कर देता है। ऊष्मा अभिगम विपरीत दिशा में भी कार्य कर सकता है अर्थात् घटक में ऊष्मा उत्पत्ति की अनुपस्थिति में ऊष्मा अभिगम उसमें निहित ऊष्मा के द्वारा घटक को अत्यधिक निम्न ताप पर जाने से रोकता है। जिन घटकों में ऊष्मा उत्पादन आवर्ती होता है, उन घटकों के तापामान को लगभग स्थायी रखने के लिए ऊष्मा अभिगम का उपयोग किया जा सकता है। ऐसी परिस्थितियों में ऊष्मा अभिगम ऊष्माधारिता के कारण ऊष्मा संचित कर घटक के तापमान को बढ़ने से रोकता है, इसी संचित ऊष्मा का उपयोग घटक के तापमान को नीचे गिरने से भी रोकता है। ऊष्मा अभिगमों का उपयोग ऊष्मा को बड़े क्षेत्र में विसरित करने के लिए भी किया जाता है, जिससे ऊष्मा उत्पादन करने वाले उपकरणों में स्थानीय गरम धब्बे (हॉट स्पाट्स) को बनने से रोका जा सकता है। द्रव्यमान कम करने के लिए इनके आकार का इष्टतमीकरण किया जाता है, क्योंकि ऊष्मा अभिगम की मोटाई बढ़ने पर उसके तापीय प्रतिरोध की भूमिका बढ़ने लगती है। ऊष्मा अभिगम अच्छी तापीय चालकता वाले पदार्थ जैसे अल्यूमिनियम या ताँबे के बनाए जा सकते हैं। चित्र 6.6 में एक ऊष्मा अभिगम पर स्थापित इलेक्ट्रॉनिक पैकेज को दिखाया गया है। ऊष्मा अभिगम के संपर्क में उपग्रह का पैनल है, जिसकी बाह्य सतह ऊष्मा का विकिरण के रूप में अंतरिक्ष में उत्सर्जन कर रही है।

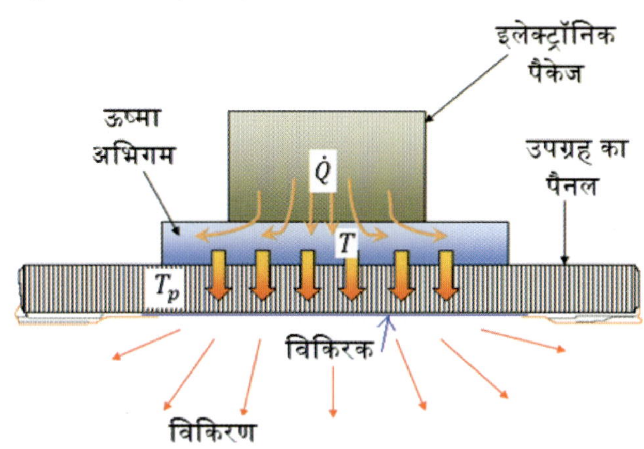

चित्र 6.6 उपग्रह के ऊष्मा अभिगम पर स्थापित एक इलेक्ट्रॉनिक पैकेज

अगर Q इलेक्ट्रॉनिक पैकेज में ऊष्मा उत्पन्न होने की दर है। सरलता के लिए हम मानते हैं कि ऊष्मा अभिगम T तापमान पर समतापीय है एवं पैनल का तापमान T_p है, जो समय के साथ स्थिर है। ऊष्मा अभिगम का तापीय द्रव्यमान mC_p है। ऊष्मा अभिगम एव उपग्रह के पैनल के परस्पर संपर्क वाली सतह पर तापीय संपर्क चालकत्व का मान h_c एवं संपर्क क्षेत्र A_c है। अगर हम इलेक्ट्रॉनिक पैकेज की संपूर्ण ऊष्मा को ऊष्मा

अभिगम की सतह पर ही मान लें तो ऊष्मा अभिगम और इलेक्ट्रॉनिक पैकेज की बाह्य सतहों से विकिरण द्वारा ऊष्मा उत्सर्जन नगण्य मानते हुए ऊष्मा अभिगम के तापमान की गणना के लिए उस पर ऊष्मा संतुलन के समीकरण को निम्न रूप में लिखा जा सकता है—

$$mC_p \frac{dT}{dt} + h_c A_c \left(T - T_p\right) = Q$$

उपर्युक्त समीकरण को ऊष्मा अभिगम के प्रारंभिक (t = 0) पर तापमान को $T = T_p$ मानते हुए समाकलन करने पर हमें निम्न समीकरण प्राप्त होता है—

$$T - T_p = \frac{Q}{h_c A_c}\left(1 - e^{-t/\tau}\right)$$

जहाँ पर τ को समय ऊष्मा अभिगम का समय स्थिरांक कहा जाता है, जिसका मान $\left({mC_p}/{h_c A_c} \right)$ के तुल्य होता है।

T_p का मान ज्ञात होने पर उपर्युक्त समीकरण से ऊष्मा अभिगम के तापमान का समय के साथ परिवर्तन का अनुमान लगाया जा सकता है।

प्रावस्था परिवर्तनशील पदार्थ

प्रावस्था परिवर्तनशील पदार्थ एक निश्चित तापमान पर ठोस से द्रव अवस्था में बदलने के साथ गुप्त ऊष्मा के रूप में ऊष्मा को शोषित कर लेते हैं तथा तापमान कम होने पर पुनः द्रव से ठोस अवस्था में आ जाते हैं। प्रावस्था परिवर्तनशील पदार्थों का उपयोग उपग्रहों में इलेक्ट्रॉनिक घटकों या संसूचकों के ताप नियंत्रण के लिए किया जाता है। ये विशेषकर उन घटकों के लिए अधिक उपयोगी हैं, जिनमें अल्पकाल के लिए उच्च दर से ऊष्मा उत्पन्न होती है अथवा जिनमें ऊष्मा उत्पादन समय के साथ चक्रीय होती है। एक सामान्य प्रावस्था परिवर्तनशील प्रयुक्ति बनाने के लिए एक प्रकार के वेक्स जो कि एक हाइड्रोकार्बन होता है, उसको अल्यूमिनियम के पात्र में भर दिया जाता है तथा पात्र को पूरी तरह से क्षरणरोधी बनाया जाता है। जिस घटक का तापमान नियंत्रित करना होता है, उसे पात्र की बाहरी सतह के संपर्क में रखा जाता है। जब घटक क्रियाशील होता है तो पात्र में उपस्थित पदार्थ ऊष्मा शोषित कर पिघल जाता है तथा घटक के निष्क्रिय होने पर पदार्थ पुनः ठोस अवस्था में लौट जाता है।

प्रावस्था परिवर्तनशील पदार्थों के महत्वपूर्ण प्राचल उनके गलनांक तापमान एवं प्रावस्था बदलने के लिए गुप्त ऊष्मा की मात्रा है। पदार्थ के गलनांक का मान, घटक के परिचालन तापमान की सीमाओं में होना चाहिए। गुप्त ऊष्मा की मात्रा जितनी अधिक होगी, उतनी ही कम मात्रा में प्रावस्था परिवर्तनशील पदार्थ की आवश्यकता होगी। इन पदार्थों के दूसरे महत्वपूर्ण गुणधर्म इनकी भिन्न अवस्थाओं में ऊष्मा चालकता तथा घनत्व हैं। इन पदार्थों की अवस्था परिवर्तन होने के साथ इनके आयतन में भी परिवर्तन होता है तथा जिस पात्र

में यह रखा गया है, उसकी संरचना में, आयतन परिवर्तन होने के कारण बढ़ने वाले दाब को सहन करने की क्षमता होनी चाहिए। प्रावस्था परिवर्तनशील पदार्थ वाले तंत्र में किसी भी तरह के कल पुर्जे की अनुपस्थिति के कारण इनका टिकाऊपन एवं विश्वसनीयता अधिक होती है। इनकी मुख्य कमी यह है कि ठोस से द्रव में बदलने के पश्चात् ये पदार्थ ऊष्मा ग्रहण करके घटक के तापमान में वृद्धि करते हैं।

अंतराली पदार्थ

अंतराली पदार्थों को दो ठोस सतहों के जोड़ या अंतरापृष्ठ में तापीय संपर्क चालकत्व को प्रभावित करने के लिए निविष्ट किया जाता है। तापीय संपर्क चालकत्व दो ठोस सतहों के जोड़ के पार ऊष्मा संचरण की दर को दर्शाने के लिए एक प्राचल है। उपग्रहों में ऊष्मा स्रोत जैसे इलेक्ट्रॉनिक इकाई एवं ऊष्मा अभिगम या विकिरक के मध्य अच्छा तापीय युग्मन अपेक्षित होता है। किसी इलेक्ट्रॉनिक घटक या ऊष्मा स्रोत से उत्पन्न ऊष्मा को विकिरक तक पहुँचने के मार्ग में विभिन्न सतहों के जोड़ों में से होकर गुजरना पड़ता है। हमने देखा है कि ठोस अवयवों के जोड़ों पर संपर्क में आने वाली सतहों पर ज्यामितीय अनियमितताओं के कारण जोड़ अपूर्ण होता है, जोड़ की इसी अपूर्णता के कारण वह ऊष्मा संचरण के मार्ग में तापीय प्रतिरोध उत्पन्न करता है। सतहों के जोड़ों पर तापीय संपर्क चालकत्व का मान अधिक होने पर तापीय प्रतिरोध उतना ही कम होता है। एक इलेक्ट्रॉनिक घटक का तापमान उसमें उत्पन्न ऊष्मा के मार्ग में आने वाले तापीय प्रतिरोधों के मान पर निर्भर करता है। इलेक्ट्रॉनिक घटकों के तापमानों को उनकी अनुमत सीमाओं से बाहर बढ़ने से रोकने के लिए यह आवश्यक है कि घटकों द्वारा उत्पन्न ऊष्मा के मार्ग में तापीय प्रतिरोध का मान न्यूनतम हो। सतहों के जोड़ों में अंतराली पदार्थों की उपस्थिति सतहों की अनियमितताओं के प्रभाव को कम करते हुए तापीय संपर्क चालकत्व के मान में वृद्धि कर देती है। अंतराली पदार्थों की उपस्थिति सतहों के जोड़ों पर ऊष्मा संचरण के लिए अतिरिक्त माध्यम प्रदान करती है। चित्र 6.7 में सतहों के जोड़ो पर सतहों की अनियमितताओं को दिखाया गया है। चित्र में हम देखते हैं कि सतहों की अनियमितताओं के कारण ऊष्मा संचरण केवल सतहों के संपर्क बिंदुओं से होकर होता है। चित्र 6.7 में यह भी दिखाया गया है कि अंतराली पदार्थ की उपस्थिति में ऊष्मा संचरण संपर्क बिंदुओं के अतिरिक्त अंतराली पदार्थ से होकर भी होता है।

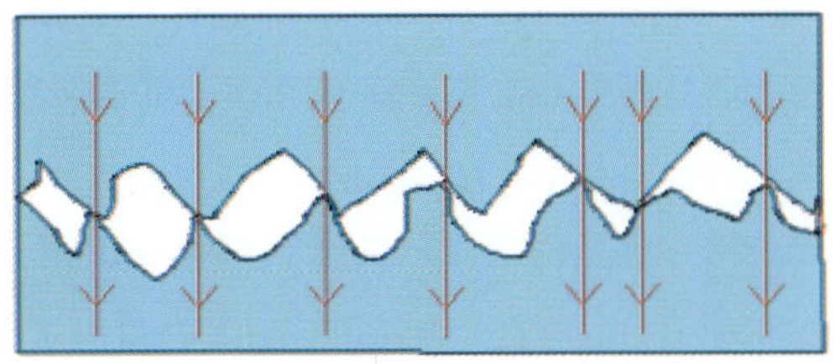

दो सतहों के मध्य अंतराली पदार्थों की अनुपस्थिति में ऊष्मा संचरण केवल संपर्क बिंदुओं के माध्यम से

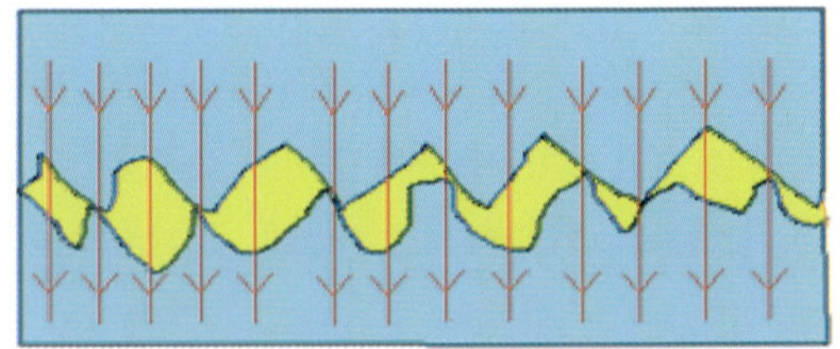

दो सतहों के मध्य अंतराली पदार्थों की उपस्थिति में ऊष्मा संचरण अंतराली पदार्थ तथा संपर्क बिंदुओं के माध्यम से

चित्र 6.7 सतहों के जोड़ों में से ऊष्मा संचरण पर अंतराली पदार्थों का प्रभाव

पन्नियाँ—नरम धातुओं जैसे ताँबा, सीसा, टिन, अल्यूमिनियम इत्यादि से बनी हुई पन्नियों को अंतराली पदार्थ के रूप में उपयोग किया जाता है। इन पतली एवं नम्य पन्नियों को सतहों के जोड़ों के बीच निविष्ट किया जाता है। धातु की ये पन्नियाँ संपर्क में आने वाली सतहों की तुलना में अधिक नरम होने के कारण सतहों के जोड़ों पर संपर्क बिंदुओं के घनत्व तथा संपर्क बिंदुओं की त्रिज्या को महत्वपूर्ण रूप से बढ़ा देती है, जिससे संपर्क में आने वाली सतहों के जोड़ों पर तापीय प्रतिरोध कम हो जाता है। धातु की पन्नियाँ सतहों के जोड़ों के बीच खाली स्थान को आंशिक रूप से भर देती है, जिसके परिणामस्वरूप सतहों का प्रभावी संपर्क क्षेत्र बढ़ जाता है। किसी अंतराली पदार्थ का तापीय निष्पादन अंतराली पदार्थ के तापीय एवं यांत्रिक गुणधर्म, सतहों के जोड़ में अंतराली पदार्थ की मोटाई के साथ-साथ सतहों के दाब पर भी निर्भर करता है।

सुदूर संवेदी उपग्रहों में संसूचकों के शीतलन के लिए उन्हें धातु की पट्टियों के संपर्क में रखा जाता है, जिन्हें कोल्ड फिंगर कहा जाता है। कोल्ड फिंगर को विकिरक द्वारा ठंडा किया जाता है। संसूचकों के ताप नियंत्रण के लिए यह आवश्यक होता है कि संसूचक एवं कोल्ड फिंगर की संपर्क में आने वाली सतहों के जोड़ पर तापीय प्रतिरोध न्यूनतम होना चाहिए। इन जोड़ों पर तापीय संपर्क चालकत्व को बढ़ाने के लिए ताँबे की पतली नम्य पन्नियों को जोड़ों में निविष्ट किया जा सकता है। संसूचकों के लिए अंतराली पदार्थों का उपयोग करते हुए इस बात का ध्यान रखना आवश्यक होता है कि अंतराली पदार्थों द्वारा अंतरिक्ष के वातावरण में किसी वाष्पशील पदार्थ का उत्सर्जन नहीं हो, क्योंकि वाष्पशील पदार्थ अंतरिक्ष में संसूचकों एवं अन्य प्रकाशिकी सतहों को दूषित करते हुए उनकी निष्पादन को बुरी तरह से प्रभावित कर सकते हैं।

तापीय संपर्क चालकत्व को बढ़ाने के लिए उपयुक्त भराव पदार्थ जैसे—तापीय ग्रीस एवं गैस्केटों का उपयोग भी किया जाता है। ये पदार्थ सतहों के जोड़ों पर सतहों के खुरदरेपन के कारण निर्मित सूक्ष्म रिक्त स्थानों को भर देते हैं। कई पदार्थ सतहों की समतलता में दोष के कारण निर्मित रिक्त स्थानों को भी भर देते हैं।

तापीय गैस्केट—तापीय गैस्केट को दो सतहों के बीच जोड़ के कारण उपस्थित तापीय प्रतिरोध को कम करने के लिए निविष्ट किया जाता है। तापीय गैस्केट नम्य पतली तह के रूप में होता है, जिससे वह संपर्क में आने वाली ठोस सतह की ज्यामितीय विषमताओं के साथ समायोजित हो जाता है। कई बार तापीय गैस्केट का उपयोग ऊष्मा स्रोत से ऊष्मा के दक्ष विसरण के लिए अतिरिक्त तापीय मार्ग प्रदान करने के लिए भी किया जाता है। गैस्केट ऊष्मीय चालक होने के साथ-साथ वैद्युतीय वियोजन प्रदान करती है। गैस्केट के प्रत्यास्थक योजक पदार्थ (सिलिकॉन, यूरेथेन इत्यादि) ऊष्मा के चालक कणों जैसे अल्यूमिनियम ऑक्साइड, बोरोन नाइट्राइड इत्यादि से भारित होते हैं। चोथर्म—व्यापारिक नाम से उपलब्ध तापीय गैस्केट अंतरिक्ष उद्योग में काफी प्रचलित है। उपग्रहों में विभिन्न इलेक्ट्रॉनिक घटकों जैसे समाकलित परिपथ, मोस्फैट इत्यादि को स्थापित करने वाली सतहों के जोड़ों में तापीय गैस्केटों को निविष्ट किया जाता है। शुष्क जोड़ (तापीय गैस्केट रहित जोड़) की तुलना में तापीय गैस्केट वाले जोड़ का तापीय प्रतिरोध लगभग आधा या और भी कम हो जाता है। यांत्रिक सज्जीकरण में बोल्ट की हुई प्लेटों की सतहों के जोड़ों पर तापीय प्रतिरोध को कम करने के लिए भी तापीय गैस्केटों का उपयोग किया जाता है। चित्र 6.8 में बोल्ट की हुई दो प्लेटों की सतहों के जोड़ पर

निवेश की हुई चोथर्म की परत दिखाई गई है। चित्र 6.9 में एक इलेक्ट्रॉनिक घटक एवं मुद्रित परिपथ बोर्ड के मध्य तापीय प्रतिरोध को कम करने के लिए सतहों के जोड़ों पर अंतराली पदार्थों का उपयोग दिखाया गया है।

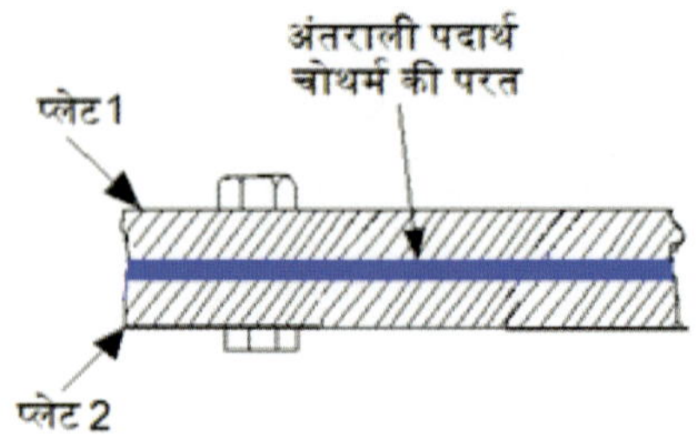

चित्र 6.8 दो प्लेटों की सतहों के जोड़ में चोथर्म की परत

तापीय ग्रीज—तापीय ग्रीज सिलिकॉन कणों से भारित पेस्ट के रूप में श्यान तरल होती है। यह संपर्क में आने वाली सतहों की ज्यामितीय अनियमितताओं को सरलता से भर देती है। इस प्रकार यह दो सतहों के जोड़ पर ऊष्मा प्रवाह के लिए अतिरिक्त मार्ग प्रदान करती है। यह जोड़ की दोनों सतहों पर सरलता से चिपक जाती है। यह सतहों की सूक्ष्म ज्यामितीय विषमताओं को भरने के साथ-साथ उनके सतहों की समतलता में विचलन के प्रभाव को भी कम कर देती है। तापीय ग्रीज किसी जोड़ की सतहों के मध्य पतली परत के रूप में जम जाती है, जिसका तापीय प्रतिरोध शुष्क जोड़ की तुलना में काफी कम होता है। शुष्क जोड़ उस जोड़ को कहते हैं, जिसमें किसी भी अंतराली पदार्थ की उपस्थिति न हो। अगर अल्यूमिनियम की दो सतहों के जोड़ पर तापीय संपर्क चालकत्व का मान 200 $W/m^2/K$ हो तो उन्हीं परिस्थितियों में जोड़ पर तापीय ग्रीज की उपस्थिति में तापीय संपर्क चालकत्व का मान लगभग 1000 $W/m^2/K$ तक हो सकता है। अर्थात् हम कह सकते हैं कि तापीय प्रतिरोध मूल मान का 1/5वाँ भाग हो गया है। इलेक्ट्रॉनिक सज्जीकरण पैकेजों को सामान्यतया उपग्रहों के संरचना पैनलों पर स्थापित किया जाता है। इन पैकेजों एवं संरचना पैनलों की संपर्क वाली सतहों के जोड़ पर तापीय प्रतिरोध का मान न्यूनतम होना चाहिए, जिससे इलेक्ट्रॉनिक पैकेजों में उत्पन्न ऊष्मा दक्षता से पैनल की ओर स्थानांतरित हो सकें। इलेक्ट्रॉनिक पैकेजों में उपस्थित इलेक्ट्रॉनिक घटकों के तापमान में अवांछित वृद्धि को रोकने के लिए यह अपेक्षित होता है कि उनमें उत्पन्न ऊष्मा का स्थानांतरण न्यूनतम प्रतिरोध के साथ दक्षता के साथ हो। तापीय ग्रीज के उपयोग से इन जोड़ों पर तापीय प्रतिरोध में महत्वपूर्ण रूप से कमी आने के कारण ऊष्मा का स्थानांतरण दक्षता से हो जाता है। चित्र 6.9 में इलेक्ट्रॉनिक सज्जीकरण बॉक्स एवं उपग्रह की संरचना पैनल की सतहों के जोड़ पर तापीय ग्रीज का उपयोग दिखाया गया है। चित्र में हम देखते हैं कि इलेक्ट्रॉनिक घटक में उत्पन्न ऊष्मा अंतराली पदार्थ चोथर्म एवं घटक के पिनों में से होते हुए मुद्रित परिपथ बोर्ड में संचरित होती है। यहाँ पर अंतराली पदार्थ चोथर्म इलेक्ट्रॉनिक घटक से उत्पन्न ऊष्मा को एक अतिरिक्त मार्ग प्रदान करता है। यांत्रिक सज्जीकरण की आंतरिक सतहों पर तापीय ग्रीज का उपयोग नहीं किया जाता है, क्योंकि ग्रीज में वाष्पशील पदार्थों की उपस्थिति के कारण अंतरिक्ष के वातावरण में उनके उत्सर्जन के कारण अन्य घटकों के निष्पादन पर बुरा प्रभाव पड़ने की संभावना हो जाती है।

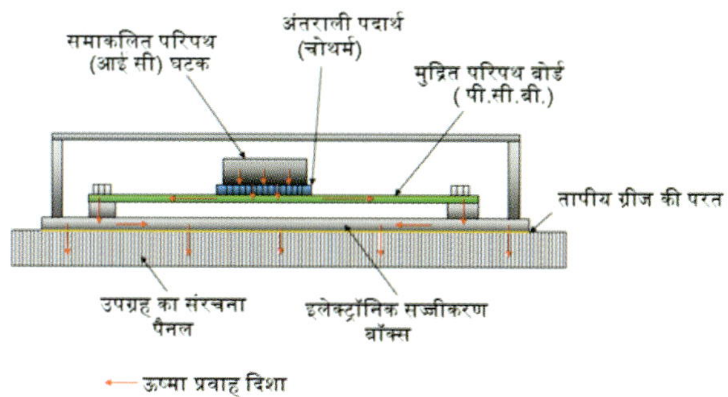

चित्र 6.9 इलेक्ट्रॉनिक घटक के ताप नियंत्रण के लिए चोथर्म एवं तापीय ग्रीज का उपयोग

सक्रिय ताप नियंत्रण

सक्रिय ताप नियंत्रण तकनीकों में अतिरिक्त ऊर्जा, कल पुर्जों एवं तरल प्रवाह का उपयोग होता है। कई परिस्थितियों में निष्क्रिय ताप नियंत्रण तकनीकों द्वारा ताप नियंत्रण संभव नहीं हो पाता है, जैसे ऊष्मा अभिगम के द्रव्यमान में बढ़ोतरी के अनुरूप दक्षता में वृद्धि नहीं होती है। कुछ घटकों को चक्रीय ऊर्जा क्षय के साथ-साथ तापमान की तंग सीमाओं में बनाए रखना होता है एवं बाह्य ऊष्मा विकिरणों के परिवर्तनशील होने के कारण घटकों जैसे संसूचकों को स्थिर तापमान पर रखना संभव नहीं हो पाता है। ऐसी परिस्थितियों में उपग्रहों के नीतभारों या उपकरणों के संवेदनशील स्थानों पर तापीय संवेदक रख दिए जाते हैं। तापीय संवेदकों द्वारा सीमांत तापमानों पर पहुँचने पर ताप नियंत्रण करने वाली प्रयुक्ति जैसे ऊष्मक एवं विकिरक खिड़की (लूवर्स) को क्रमश: ऑन या ऑफ एवं बंद या खुलने के निर्देश दिए जाते हैं। ये प्रयुक्तियाँ सीमांत तापमानों के उच्चतम या न्यूनतम मान के अनुसार उन पर पहुँचने वाले निर्देशों के अनुसार प्रतिक्रिया करती हैं। कुछ उच्च ऊर्जा क्षय करने वाले उपकरणों की ऊष्मा के उचित विसरण के लिए ऊष्मा अभिगम की तुलना में ऊष्मा नलियों का उपयोग अतिरिक्त द्रव्यमान जोड़ने के संदर्भ में बहुत अधिक दक्षतापूर्ण होता है। आगे कुछ मुख्य सक्रिय ताप नियंत्रण प्रयुक्तियों का संक्षिप्त परिचय प्रस्तुत किया जा रहा है।

ऊष्मा नलियाँ

उपग्रहों में ताप नियंत्रण के लिए ऊष्मा नलियों का उपयोग व्यापक रूप से किया जा रहा है। ऊष्मा नली एक अति उच्च तापीय चालकता वाली प्रयुक्ति होती है, जो हजारों वाट ऊष्मा को भी लंबी दूरियों तक बहुत कम तापमान के अंतर के साथ स्थानांतरित कर देती है। यह सामान्य बंद नली जैसी दिखती है, जिसमें थोड़ी मात्रा में द्रव भरा जाता है। यह द्रव-वाष्प की गुप्त ऊष्मा, वाष्प प्रवाह एवं केशिका बलों के आधार पर कार्य करती है। इसकी आंतरिक दीवारों पर केशिका बत्ती संरचना होती है जो द्रव से संतृप्त होती है। उच्च ताप के संपर्क में ऊष्मा के कारण द्रव का वाष्पीकरण हो जाता है, वाष्प प्रवाहित होकर संघनित्र की ओर पहुँचता है, वहाँ वाष्प अपेक्षाकृत निम्न ताप पर संघनन के कारण द्रव में परिवर्तित हो जाता है। केशिका बत्ती में केशिका

बलों के कारण द्रव पुनः वाष्पक की ओर लौट आता है। इस प्रकार वाष्पीकरण और संघनन की प्रक्रिया के द्वारा ऊष्मा का स्थानांतरण वाष्पक से संघनित्र की ओर होता रहता है। एक सरल ऊष्मा नली का तापीय चालकता गुणांक 100000 (W/m/K) की कोटि का हो सकता है, जबकि ताँबे का तापीय चालकता गुणांक लगभग 400 होता है। आगे के अध्याय में ऊष्मा नली के बारे में विस्तार से चर्चा की गई है।

विकिरक खिड़की (लूवर्स)

जब उपग्रहों में आंतरिक ऊर्जा क्षय एवं बाह्य ऊष्मा भारों में इतना उतार–चढ़ाव होता है कि उपकरणों को साधारण विकिरक, जिसका सौर अवशोषणांक (α) एवं अवरक्त उत्सर्जनांक (ε) स्थिर होता है, उसके द्वारा उपकरणों को तापमान की अनुमत सीमाओं में रखना संभव नहीं होता है। इन परिस्थितियों में ऐसे विकिरकों की आवश्यकता होती है, जिनके सतहों के (α/ε) के मान परिवर्तनशील हो सकें। हमने अध्याय–4 में देखा है कि (α/ε) के मान में परिवर्तन से हम सतहों के तापमानों को नियंत्रित कर सकते हैं। तापीय लूवर्स ऐसी प्रयुक्ति है, जो हमें परिवर्तनशील (α/ε) मान वाली विकिरक सतह प्रदान करती है। विश्वसनीय निष्पादन होने के कारण तापीय लूवर्स का उपयोग विश्व के कई अंतरिक्ष अभियानों में व्यापक रूप से हुआ है। लूवर्स में एक न्यून (α/ε) या(उच्च ε) मान वाली विकिरक की सतह, जिसे बेस प्लेट कहते हैं, दूसरी अधिक (α/ε) या (निम्न ε) मान वाली पत्तियों से निर्मित सतह से आवृत होती है। अधिक (α/ε) मान वाली सतह कई पतली पत्तियों के तलों से मिलकर बनती है, ये पत्तियाँ अपने अक्ष पर घूर्णन के परिणामस्वरूप न्यून (α/ε) मान वाली सतह के समानांतर से लेकर अभिलंब तक किसी भी कोणीय अवस्था में खिड़की की तरह बंद एवं खुल सकती है। इसे चित्र 6.10 में दिखाया गया है। न्यून (α/ε) मान वाली सतह का α न्यून, लेकिन ε का मान अधिक होता है। अधिक (α/ε) मान वाली सतह का α न्यून, लेकिन ε का मान भी न्यून होता है।

ऊष्मा उत्सर्जित करने वाले उपकरण की सतह, न्यून (α/ε) मान वाली विकिरक की सतह अर्थात् बेस प्लेट के तापीय संपर्क में रखी जाती है। उपग्रह के उपकरणों के तापमान कम हो जाने पर प्रवर्तकों द्वारा लूवर्स बंद हो जाती है अर्थात् बेस प्लेट के समानांतर होती है तो इस स्थिति में पत्तियों की सतह ही बाह्य अंतरिक्ष को देखती है, जिनका अवरक्त उत्सर्जनांक का मान न्यून होता है, इसलिए इस स्थिति में उपग्रह की आंतरिक ऊष्मा बहुत कम मात्रा में बाहर उत्सर्जित हो पाती है। इस तरह लूवर्स के उपयोग से ऊष्मक के द्वारा व्यय की जाने वाली ऊर्जा की बचत होती है।

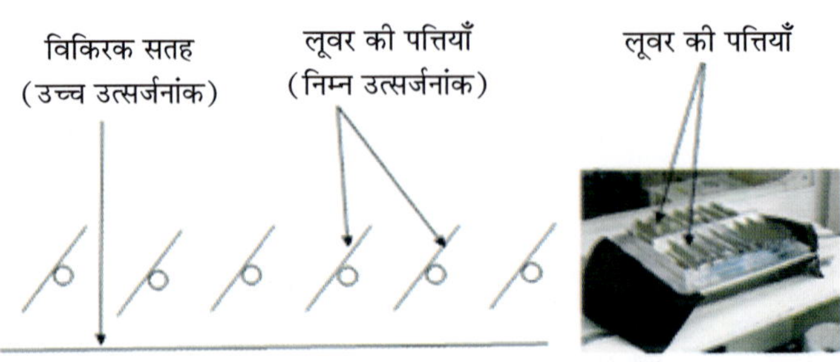

चित्र 6.10 लूवर का आरेखण एवं छायाचित्र

उपग्रह के उपकरणों के तापमान अधिक होने पर प्रवर्तकों के द्वारा लूवर्स खुलने लगती है अर्थात् उनकी सतह बेस प्लेट के अभिलंब की दिशा में होने लगती है। इस स्थिति में बेस प्लेट की सतह, जिसका अवरक्त उत्सर्जनांक अधिक, इसलिए न्यून (α/ε), होता है, बाह्य अंतरिक्ष की ओर अनावृत होने के कारण विकिरणों का उत्सर्जन बढ़ने लगता है तथा अधिक मात्रा में ऊष्मा उत्सर्जन करने में सक्षम होने के कारण उपकरणों का तापमान कम होने लगता है।

इस तरह लूवर्स के खुलने या बंद होने के अंश को नियंत्रित करने से प्रभावी (α/ε) के मान में परिवर्तन होने से ऊष्मा उत्सर्जन की दरों में परिवर्तन आ जाता है और हम उपकरण का तापमान अनुमत सीमाओं में रखने में सफल हो जाते हैं। इस प्रयुक्ति में बेस प्लेट पर तापीय संवेदक रखा होता है। संवेदक के तापमान में परिवर्तन होने पर प्रवर्तक क्रियाशील हो जाते हैं, जो लूवर्स के खुलने एवं बंद होने के अंश को नियंत्रित करते हैं।

विद्युत् ऊष्मक

उपग्रहों में विद्युत् प्रतिरोध के कारण गर्म होने वाले ऊष्मकों का उपयोग उपकरणों के तापमानों को उनके न्यूनतम अनुमत स्तर से अधिक बनाए रखने के लिए उपयोग करते हैं। ऊष्मक एक बंद लूप तंत्र का अंग होता है, जिसमें एक तापीय संवेदक तथा इलेक्ट्रॉनिक ताप नियंत्रक होता है। विद्युत् ऊष्मक स्वचालित एवं भू केंद्र से दूरादेश द्वारा नियंत्रित, दोनों प्रकार के होते हैं। उपकरणों के तापमानों का स्तर अनुमत सीमाओं के न्यूनतम स्तर से नीचे आने पर ऊष्मक चालू हो जाते हैं एवं अनुमत सीमाओं के उच्चतम स्तर से अधिक होने पर ऊष्मक बंद हो जाते हैं। विद्युत् ऊष्मकों की शक्ति की गणना उपग्रह एवं उसके उपकरणों द्वारा अंतरिक्ष की कक्षा में अपेक्षित कठोरतम ठंडे तापमानों के आधार पर की जाती है। उपग्रहों का ऊष्मीय प्रबंधन इस प्रकार का होना चाहिए जिससे कि ऊष्मकों का उपयोग न्यूनतम हो। क्योंकि ऊष्मकों के द्वारा खर्च की जाने वाली विद्युत् शक्ति का भार उपग्रह के विद्युत् शक्ति तंत्र अर्थात् बैटरी, सौर पैनल इत्यादि के ऊपर आता है। चित्र 6.11 में उपग्रहों में उपयोग में किए जाने वाले एक पन्नी ऊष्मक को दिखाया गया है।

चित्र 6.11 उपग्रहों में उपयोग किया जाने वाल एक पन्नी ऊष्मक

क्रायोकूलर्स

वैज्ञानिक, मौसम संबंधी एवं खनिज मानचित्रण संबंधी नीतभारों में कुछ संसूचकों को क्रायोजेनिक तापमान पर बनाए रखना आवश्यक होता है। -50ºC से निम्नतर तापमान को क्रायोजेनिक तापमान माना

जाता है। मौसम अध्ययन संबंधी नीतभारों में अवरक्त संसूचकों को उत्तम निष्पादन के लिए 100 केल्विन पर रखना आवश्यक होता है। उच्च तापमान पर अवांछित विकिरणों के कारण इनकी निष्पादन बुरी तरह से प्रभावित हो जाती है। जब निष्क्रिय ताप नियंत्रण तकनीक से क्रायोजेनिक तापमान बनाए रखना संभव नहीं होता है, तब सक्रिय क्रायोकूलर के उपयोग से क्रायोजेनिक तापमान उत्पन्न किया जा सकता है। क्रायोकूलर्स तापगतिकी चक्र पर आधारित होते हैं। संसूचकों को क्रायोजेनिक तापमान पर रखने के लिए स्टर्लिंग चक्र पर आधारित क्रायोकूलर्स का व्यापक उपयोग किया जाता है। स्टर्लिंग क्रायोकूलर्स द्वारा 10 केल्विन से 100 केल्विन के बीच का तापमान उत्पन्न किया जा सकता है। स्टर्लिंग क्रायोकूलर्स बंद तापगतिकी चक्र पर आधारित होते हैं। स्टर्लिंग चक्र में दो समतापीय एवं दो समआयतनीय प्रक्रम होते हैं। चित्र 6.12 में स्टर्लिंग क्रायोकूलर्स का तापगतिकी चक्र दिखाया गया है। स्टर्लिंग कूलर का मुख्य अवयव एक पुनर्योजित्र होता है, जो ठंडे एवं गर्म ऊष्मा विनिमयकों को एक–दूसरे से पृथक् रखता है। पुनर्योजित्र में गैस का प्रवाह दोलायमान होता है। पुनर्योजित्र के एक ओर कंप्रेसर और दूसरी ओर विस्तारक (एक्सपेंडर) पिस्टन होते हैं। कंप्रेसर और पुनर्योजित्र के बीच गर्म ऊष्मा विनिमयक होता है, जबकि विस्तारक और पुनर्योजित्र के बीच ठंडा ऊष्मा विनिमयक होता है। स्टर्लिंग कूलर की कार्य प्रणाली को निम्न चार चरणों में स्पष्ट किया जा सकता है। चित्र 6.12 में इन चरणों को आरेखण द्वारा दिखाया गया है।

1. कंप्रेसर पिस्टन की पुनर्योजित्र की ओर प्रारंभिक विस्थापन से गैस का समतापीय रूप से दबाव बढ़ता है। साथ ही, गर्म ऊष्मा विनिमयक द्वारा गैस की ऊष्मा उत्सर्जित की जाती है।
2. कंप्रेसर और एक्सपेंडर पिस्टन साथ–साथ गति करते हुए गैस को पुनर्योजित्र से होकर विस्थापित करते हैं। पुनर्योजित्र में से विस्थापित होते समय गैस की ऊष्मा पुनर्योजित्र को स्थानांतरित हो जाती है। गैस पुनर्योजित्र में अधिक तापमान पर प्रवेश करती है और अपेक्षाकृत कम तापमान पर गैस का पुनर्योजित्र में से निर्गम होता है, इस कारण से पुनर्योजित्र का एक सिरा दूसरे सिरे से अधिक तापमान पर होता है। इस तरह पुनर्योजित्र में तापीय प्रवणता स्थापित हो जाती है। पुनर्योजित्र उसके परिवेश से पूरी तरह से तापीय पृथक्करण में होता है। पुनर्योजित्र में से गुजरने पर स्थिर आयतन पर गैस के दाब एवं ताप में कमी आ जाती है।
3. विस्तारक (एक्सपेंडर) पिस्टन अंतिम छोर तक गति करते हुए गैस को फैलाता है, जिससे उसके दाब एवं ताप में कमी आ जाती है। इसलिए ठंडा ऊष्मा विनिमयक परिवेश से ऊष्मा का अवशोषण करते हुए ठंडा प्रभाव उत्पन्न करता है।
4. इस प्रक्रम में दोनों पिस्टन गैस को पुनर्योजित्र में से गुजारते हुए अपनी मूल स्थिति में लौट जाते हैं। इस प्रक्रम में पुनर्योजित्र पहले अवशोषित की हुई ऊष्मा को वापस गैस को लौटा देता है। इस प्रक्रम में गैस के ताप और दाब बढ़कर मूल मान तक पहुँच जाते हैं।

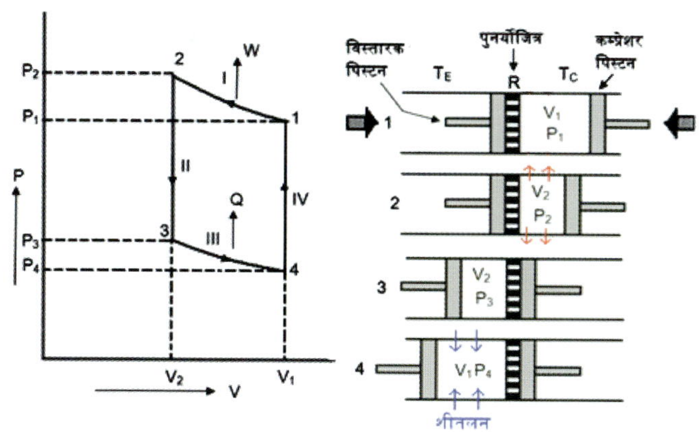

चित्र 6.12 स्टर्लिंग क्रायोकूलर्स का तापगतिकी चक्र एवं कार्य प्रणाली का आरेखण

इन कूलर्स को अधिक प्रभावी बनाने के लिए बहु–चरण कूलर्स का निर्माण किया जाता है। पल्स ट्यूब क्रायोकूलर भी स्टर्लिंग चक्र पर आधारित होते हैं, लेकिन इनमें एक्सपेंडर पिस्टन के स्थान पर गैस पिस्टन एवं गैस भंडार का उपयोग किया जाता है। गैस भंडार पल्स ट्यूब से एक सूक्ष्म छिद्र वाली नली से जुड़ा होता है। पल्स ट्यूब कूलर में विस्तारक पिस्टन के अनुपस्थित होने के कारण कंपनों से मुक्त होता है, जो कि संसूचकों के लिए अवांछनीय होते हैं।

अंतरिक्ष में उपयोग के लिए क्रायोकूलर कंपन मुक्त होने के अतिरिक्त विश्वसनीय होने चाहिए। इन्हें लंबे अंतरिक्ष अभियानों के लिए अनुरक्षण रहित निष्पादन प्रदर्शित करने में सक्षम होना चाहिए।

□

7. उपग्रहों में ऊष्मा नलियाँ

ऊष्मा, ऊर्जा का एक रूप है जो अधिक तापमान से कम तापमान की ओर स्वतः स्थानांतरित हो जाती है। जब हम सामान्य लंबाई के लकड़ी के डंडे के एक सिरे को हाथ में पकड़कर, दूसरे सिरे को आग में रखते हैं, तो हम महसूस करते हैं कि हाथ में पकड़ा हुआ सिरा सामान्य तापमान पर ही रहता है। लेकिन ऐसा ही प्रयोग हम उसी आकार की इस्पात की बनी छड़ से करते हैं तो हम पाते हैं कि इस्पात की छड़ का हाथ में पकड़े हुए सिरे का तापमान सामान्य से थोड़ा अधिक होता है। अब हम इस्पात के बजाय समान आकार के ताँबे की छड़ लेते हैं, ताँबे की छड़ का हाथ में पकड़ा हुआ सिरा इतना अधिक गर्म हो जाता है कि उसे थोड़े समय बाद हाथ से पकड़ना ही संभव नहीं होता है। हमने देखा कि हमें लकड़ी, इस्पात और ताँबे के साथ तापमान के भिन्न अनुभव होते हैं। ऐसा इसलिए होता है कि तीनों पदार्थों के ऊष्मीय गुणधर्म भिन्न हैं। लकड़ी ऊष्मा की कुचालक है, जबकि इस्पात ऊष्मा का चालक है और ताँबा ऊष्मा के श्रेष्ठ चालकों में से एक है। लकड़ी, उसके दोनों सिरों के तापमानों में काफी अंतर के बावजूद भी ऊष्मा को एक सिरे से दूसरे सिरे तक स्थानांतरित करने में सक्षम नहीं है, जबकि इस्पात और ताँबे की छड़ ऊष्मा को एक सिरे से दूसरे सिरे तक अपने-अपने गुणधर्मों के अनुसार भिन्न दरों से ऊष्मा को स्थानांतरित कर देते हैं। ताँबे की ऊष्मा चालकता लकड़ी की ऊष्मा चालकता से कई गुना अधिक होती है, इसलिए ताँबे का तापीय व्यवहार लकड़ी से बिल्कुल भिन्न है। ऊष्मा स्थानांतरण के लिए हमें श्रेष्ठ ऊष्मीय चालकता वाले पदार्थों की आवश्यकता होती है। कई प्रयुक्तियों एवं उपकरणों के ऊष्मीय प्रबंधन के लिए हमें ताँबे से भी कई गुना बेहतर ऊष्मीय चालकों की आवश्यकता होती है, ताँबे जैसे सामान्य धातु हमारी आवश्यकताओं के लिए पर्याप्त नहीं होते हैं। ऐसी परिस्थितियों में ऊष्मा नली का एक दक्ष विकल्प के रूप में उपयोग कर सकते हैं। ऊष्मा नली एक ऐसी प्रयुक्ति है, जो ऊष्मा को लंबी दूरियों पर भी बहुत अधिक दक्षता के साथ ऊष्मा के स्रोत एवं सिंक के तापमानों में बहुत कम अंतर रखते हुए तेजी से स्थानांतरित कर देती है। दूसरे शब्दों में हम कह सकते हैं कि ऊष्मा नली एक बहुत अधिक ऊष्मीय चालकता वाली प्रयुक्ति है, जो लगभग समतापीय परिस्थितियों के साथ दक्षता से ऊष्मा का स्थानांतरण कर देती है। ऊष्मा नली की ऊष्मीय चालकता ताँबे जैसे श्रेष्ठ सुचालक से भी कई गुना अधिक होती है। ऊष्मा नली की संरचना सरल होने के साथ-साथ इसके प्रचालन के लिए कोई बाह्य शक्ति की आवश्यकता नहीं होती है। उपग्रहों में ताप नियंत्रण के लिए ऊष्मा नली एक महत्वपूर्ण प्रयुक्ति होती है, इसलिए ताप नियंत्रण के लिए उपग्रहों में ऊष्मा नलियों का उपयोग अपरिहार्य हो गया है।

ऊष्मा नली का इतिहास

ऊष्मा नली का पूर्ववर्ती उपकरण ऊष्मीय साइफन है, जिसे जेकब पर्किंस ने 1836 में पर्किंस नली के नाम से पेटेंट करवाया था। ऊष्मीय साइफन एक तरह से गुरुत्व आधारित ऊष्मा नली है। धातु की एक नली में निर्वात उत्पन्न करने के बाद थोड़ी मात्रा में द्रव की मात्रा भर के उसे सील बंद कर दिया जाता है। ऊष्मीय

साइफन के प्रचालन के लिए साइफन को गुरुत्व की दिशा में इस प्रकार रखना होता है कि उसका गर्म सिरा नीचे रहे। नली के नीचे के सिरे को जब ऊष्मा के स्रोत के संपर्क में रखा जाता है तो उसमें उपस्थित द्रव प्रावस्था परिवर्तन की गुप्त ऊष्मा अवशोषित करके वाष्प में बदल कर वाष्प के रूप में नली के ऊपरी सिरे पर चली जाती है। वहाँ कम दाब और तापमान के कारण वाष्प संघनन की प्रक्रिया द्वारा द्रव में परिवर्तित हो जाती है। यह द्रव गुरुत्व के प्रभाव के कारण वापस नीचे के सिरे पर आ जाता है, जो ऊष्मा के स्रोत के संपर्क में है। इस तरह साइफन द्वारा नली के नीचे के सिरे से ऊपरी सिरे पर ऊष्मा का स्थानांतरण होता रहता है। ऊष्मीय साइफन में ऊष्मा स्थानांतरण की प्रक्रिया उसमें उपस्थित द्रव के प्रावस्था परिवर्तन के कारण संभव होती है। ऊष्मा नली की कल्पना सर्वप्रथम जनरल मोटर्स के गॉगलर ने 1944 में की थी। गॉगलर उस समय प्रशीतन की समस्या पर काम कर रहे थे। उन्होंने एक ऐसी प्रयुक्ति की कल्पना की थी जिसमें द्रव के वाष्पीकरण का स्थान संघनन वाले स्थान से ऊँचाई पर स्थित होगा। उनकी प्रयुक्ति एक धातु की नली की बनी हुई थी, जिसके दोनों सिरे बंद थे। इस नली में द्रव एक स्थान पर ऊष्मा अवशोषित करके वाष्प में परिवर्तित हो जाता था। वाष्प नीचे की ओर प्रवाहित होकर वापस द्रव में संघनित हो जाता था। द्रव को वापस ऊँचाई के स्थान पर लाने के लिए गॉगलर ने सिंटरित लोहे की बत्ती वाली केशिकत्व संरचना के उपयोग का सुझाव दिया। 1962 में ग्रोवर ने इस प्रयुक्ति के विचार को अंतरिक्ष अभियानों में उपयोग के लिए पुनर्जीवित किया। ग्रोवर ने इस तरह की प्रयुक्ति के कई प्रोटोटाइप निर्माण किए और उन्होंने 1966 में अमरीकी परमाणु शक्ति आयोग की ओर से पेटेंट के लिए आवेदन किया। ग्रोवर ने इस प्रयुक्ति का नाम ऊष्मा नली रखा, जो लगभग उसी तरह की थी जैसी कि गॉगलर ने अभिकल्पना की थी। ग्रोवर ने ऊष्मा नली में सोडियम, लीथियम एवं सिल्वर को कार्यकारी या प्रचालन द्रव तथा जाली की बत्ती का केशिकत्व संरचना के रूप में उपयोग किया। 1965 में कोटर ने ऊष्मा नली के प्रारंभिक सिद्धांतों को प्रकाशित करके इसे एक विश्वसनीय ऊष्मीय प्रयुक्ति के रूप में स्थापित किया। उसके बाद विभिन्न तरह की ऊष्मा नलियों पर अनुसंधान का काम तेजी से शुरू हुआ। ऊष्मा नली सूक्ष्म गुरुत्व के क्षेत्र में भी केशिकत्व बलों की प्रक्रिया के द्वारा बिना कोई बाहरी शक्ति के भी आसानी से काम कर सकती है, इसलिए प्रारंभ में इसका अंतरिक्ष अभियानों के लिए विकास किया गया। लेकिन शीघ्र ही विकसित देशों ने ऊर्जा संरक्षण एवं अभिकल्पनाओं की दक्षता बढ़ाने के लिए ऊष्मा नली के महत्व को पहचान लिया। आज सभी विकसित देशों एवं कई विकासशील देशों जैसे भारत में इसके अनुसंधान, विकास एवं व्यवसायीकरण पर तेजी से काम हो रहा है।

ऊष्मा नली की कार्य प्रणाली

ऊष्मा नली सामान्यत: अल्यूमिनियम अलॉय या अन्य धातु की बनी हुई एक नली होती है, जिसके दोनों सिरे सील बंद होते हैं तथा इसकी आंतरिक सतह केशिकत्व बत्ती से भरी होती है। ऊष्मा नली की आंतरिक सतह पर बहुत बारीक अक्षीय खाँचों वाली केशिकत्व संरचना बहिर्वेधन विधि द्वारा बनाई जाती है। चित्र 7.1 में एक ऊष्मा नली का अनुप्रस्थ–काट दिखाया गया है, जिसमें केशिकत्व बत्ती अक्षीय खाचों के रूप में दिखाई

गई है। केशिका बत्ती के रूप में धातु की चलनी, सिंटर्ड धातु इत्यादि का उपयोग भी किया जाता है। इस नली में थोड़ी मात्रा में उपयुक्त प्रचालन द्रव जैसे—अमोनिया, पानी इत्यादि भरा होता है, तथा यह द्रव अपनी वाष्प के साथ साम्य अवस्था में होता है।

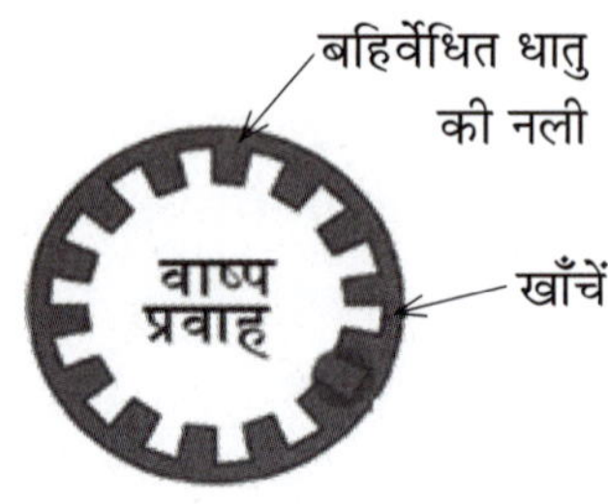

चित्र 7.1 अक्षीय खाँचों वाली ऊष्मा नली

ऊष्मा नली की लंबाई को निम्नलिखित तीन भागों में बाँटा जा सकता है, चित्र 7.2 में तीनों भागों को दर्शाया गया है।

1. वाष्पक भाग 2. स्थिरोष्म भाग 3. संघनित्र भाग

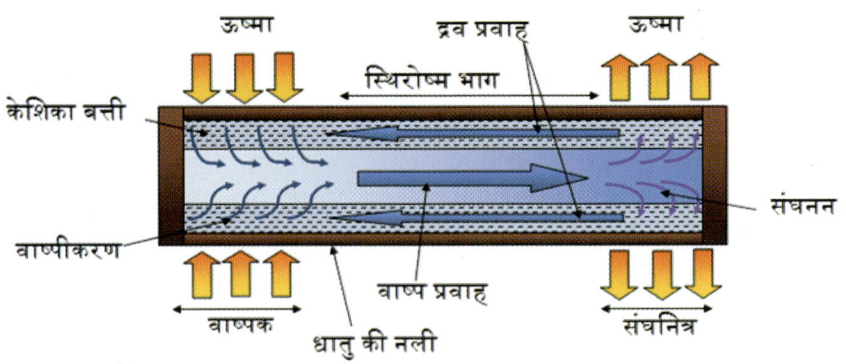

चित्र 7.2 ऊष्मा नली की कार्य प्रणाली का आरेखन

जब किसी इलेक्ट्रॉनिक घटक के ताप नियंत्रण के लिए ऊष्मा नली का उपयोग किया जाता है, तो ऊष्मा उत्पन्न करने वाले घटकों की सतह का वाष्पक भाग की बाहरी सतह से ऊष्मीय सम्पर्क कराया जाता है। ऊष्मा स्रोत से उत्पन्न ऊष्मा, वाष्पक भाग की दीवारों तथा केशिकत्व बत्ती संरचना से संचरित होती हुई प्रचालन द्रव तक पहुँचकर उसे वाष्पित करती है। वाष्प बनने के कारण वाष्पक में वाष्प का दबाब बढ़ता है, इस दबाव के कारण वाष्प स्थिरोष्म भाग से गुजरती हुई संघनित्र भाग में पहुँच जाती है। संघनित्र भाग की सतह निम्नतर दाब एवं तापमान पर होती है, इस कारण से वाष्प अपनी गुप्त ऊष्मा मुक्त करते हुए द्रव में संघनित हो जाती है। वाष्पक भाग में वाष्पीकरण के कारण एक द्रव-वाष्प अंतरापृष्ठ बन जाता है, तथा द्रव-वाष्प अंतरापृष्ठ पर केशिका क्रिया तथा सतह-तनाव प्रभाव के कारण नवचंद्रक बन जाता है। वाष्पक भाग में द्रव का तापमान,

ऊष्मा के आगमन के कारण संघनित्र के द्रव के तापमान से अधिक होता है। वाष्पक में स्थानीय वाष्पीय दाब भी अधिक हो जाता है, क्योंकि इसे अधिक तापमान वाले द्रव के साथ संतृप्त अवस्था में रहना पड़ता है। वाष्पक में वाष्पीकरण के कारण द्रव की मात्रा कम हो जाती है और वाष्प का दबाव बढ़ जाता है, जिससे द्रव वाष्प अंतरापृष्ठ केशिका बत्ती के अंदर की ओर चला जाता है। द्रव वाष्प अंतरापृष्ठ पर नवचंद्रक द्वारा उत्पन्न केशिकीय दबाव के कारण कार्यकारी द्रव को पुनः संघनित्र क्षेत्र से वाष्पक क्षेत्र की ओर पंप कर दिया जाता है। इस तरह ऊष्मा नली प्रचालन द्रव के वाष्पीकरण की गुप्त ऊष्मा को निरंतर वाष्पक क्षेत्र से संघनित क्षेत्र की ओर स्थानांतरित करती रहती है। यह प्रक्रम तब तक चलता रहता है, जब तक कि संघनित द्रव को वाष्पक की ओर पंप करने के लिए पर्याप्त केशिकीय दाब बना रहता है।

वाष्पक में वाष्पीकरण के कारण द्रव-वाष्प अंतरापृष्ठ पर नवचंद्रक की वक्रता, संघनित्र खंड के नवचंद्रक की वक्रता से अधिक होती है। वाष्पक खंड में वाष्पीकरण के कारण नवचंद्रक बहुत अधिक वक्र होता है, जबकि संघनित्र खंड में द्रव के संघनन के कारण द्रव-वाष्प अंतरापृष्ठ सपाट हो जाता है। द्रव-वाष्प अंतरापृष्ठ पर नवचंद्रक की वक्रता एवं द्रव के सतह तनाव के कारण केशिका दाब का निर्माण हो जाता है। वाष्पक एवं संघनित्र खंडों के द्रव-वाष्प अंतरापृष्ठों पर नवचंद्रकों की वक्रता में अंतर के कारण केशिका बत्ती में संचित द्रव के द्रव-वाष्प अंतरापृष्ठ पर ऊष्मा नली की लंबाई के समानांतर दिशा में केशिका दाब में परिवर्तन होता है। परिणामस्वरूप केशिका बत्ती में उपस्थित द्रव के अंतरापृष्ठ पर उत्पन्न केशिका दाब में प्रवणता स्थापित हो जाती है। केशिका दाब की यह प्रवणता केशिका बत्ती में प्रचालन द्रव को संघनित्र खंड से वाष्पक की ओर खींचने के लिए काफी होती है। इस प्रकार वाष्पक खंड में द्रव की आपूर्ति होती रहती है, जिससे ऊष्मा नली का प्रचालन चलता रहता है। ऊष्मा नली के प्रचालन की प्रक्रिया का प्रेरक बल वाष्पक और संघनित्र की बाहरी सतहों पर तापमानों में अंतर होता है, जो कि बहुत कम होता है। इसलिए ऊष्मा नली का प्रचालन लगभग समतापीय होता है। ऊष्मा नली के प्रचालन के लिए यह आवश्यक है कि केशिका बत्ती में उत्पन्न अधिकतम केशिका दबाव $(\Delta P_c)_{max}$, द्रव एवं वाष्प के प्रवाह के दौरान विभिन्न दाब पतनों के योग से अधिक होना चाहिए। अर्थात्

$$(\Delta P_c)_{\max} = \Delta P_\iota + \Delta P_\upsilon + \Delta P_g$$

जहाँ पर

ΔP_ι, द्रव को संघनित्र से वाष्पक तक लौटाने के लिए दाब पतन

ΔP_v, वाष्प का वाष्पक से संघनित्र तक प्रवाह के दौरान दाब पतन

ΔP_g, गुरुत्व के कारण दबाव जो कि शून्य, धनात्मक या ऋणात्मक हो सकता है

ऊष्मा नली में केशिका बत्ती तीन उद्देश्यों की पूर्ति करती है—(1) द्रव के परिसंचरण के लिए आवश्यक केशिका बलों के निर्माण के लिए केशिका सतह प्रदान करती है, (2) द्रव को संघनित्र से वाष्पक की ओर वापस जाने का मार्ग प्रदान करती है और (3) ऊष्मा नली की आंतरिक सतह और द्रव वाष्प अंतरापृष्ठ के मध्य ऊष्मा अभिवाह के लिए मार्ग प्रदान करती है। ऊष्मा नली में वाष्प प्रवाह के मार्ग को वाष्प कोर कहते हैं,

उपग्रहों में एक वाष्प कोर एवं द्वि–वाष्प कोर, दोनों तरह की ऊष्मा नलियों का उपयोग होता है। चित्र 7.3 में एक वाष्प कोर एवं द्वि–वाष्प कोर ऊष्मा नलियों के अनुप्रस्थ काटों को दिखाया गया है। द्वि–वाष्प कोर ऊष्मा नलियाँ अधिक ऊष्मा स्थानांतरण की दरें प्रदान करने में सक्षम होती हैं।

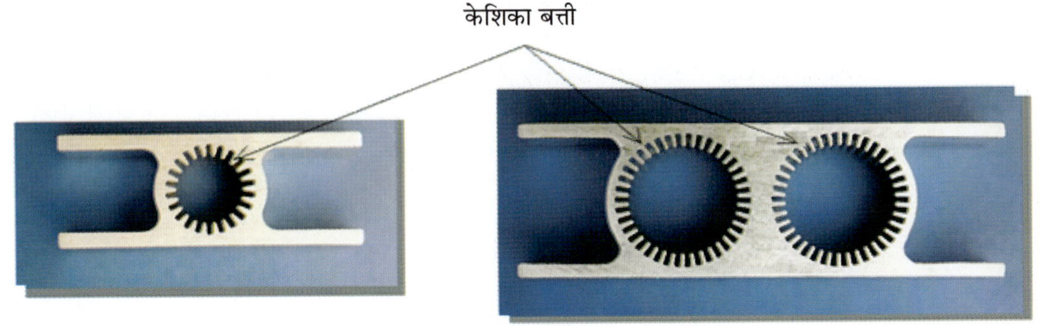

चित्र 7.3 एक वाष्प कोर एवं द्वि–वाष्प कोर ऊष्मा नलियों का अनुप्रस्थ काट

ऊष्मा नली में वाष्प के प्रवाह के दौरान वाष्प के दाब में परिवर्तन मुख्य रूप से घर्षण, जड़त्व, वाष्पीकरण एवं संघनन प्रभावों के कारण होता है, जबकि द्रव के दाब में परिवर्तन मुख्यतया केशिकीय खाँचों से घर्षण के परिणामस्वरूप ही होता है। शून्य दाबीय प्रवणता के कारण संघनित्र क्षेत्र में निम्न वाष्प प्रवाह दर पर द्रव वाष्प अंतरापृष्ठ समतल होता है। चित्र 7.4 एवं 7.5 में क्रमानुसार एक प्रतिनिधिक द्रव वाष्प अंतरापृष्ठ की आकृति में तथा द्रव एवं वाष्पीय दबावों के अक्षीय परिवर्तन को निम्न वाष्पीय प्रवाह दरों पर दिखाया गया है। हम चित्र 7.5 में देख सकते हैं कि स्थानीय दाब में अधिकतम अंतर वाष्पक के अंतिम छोर पर होता है। अधिकतम स्थानीय केशिकीय दाब, द्रव तथा वाष्प के दाब पतनों के योग के तुल्य होना चाहिए। गुरुत्व की उपस्थिति में द्रव के दाब का पतन और अधिक हो जाता है, ऐसी दशा में और अधिक केशिकीय दाब अपेक्षित होता है। उच्च वाष्प प्रवाह दरों पर वाष्पीय दाब पतन, द्रवीय दाब पतन से अधिक हो सकता है। वाष्पीकरण और संघनन प्रक्रियाओं के कारण ऊष्मा नली में ऊष्मा स्थानांतरण गुणांक अत्यंत उच्च होता है, इसलिए ऊष्मा नली स्वाभाविक रूप से ऊष्मा स्थानांतरण के लिए एक प्रभावी प्रयुक्ति बन जाती है।

अगर संघनित्र की ओर ऊष्मा अभिगम का तापमान स्थिर रखा जाए तो पारंपरिक ऊष्मा नली में निवेश ऊष्मा में वृद्धि होने के परिणामस्वरूप प्रचालन तापमान में भी वृद्धि हो जाती है। इस तरह ऊष्मा नली एक स्थिर तापीय चालकत्व वाली प्रयुक्ति की तरह कार्य करती है। ऊष्मा नली द्वारा ऊष्मा प्रवाह की दर को निम्न समीकरण द्वारा व्यक्त किया जा सकता है—

$$Q = C_{HP}\,\Delta T_{HP}$$

जहाँ पर Q ऊष्मा प्रवाह की दर वाट (W) में है, C_{HP} ऊष्मा नली की तापीय चालकता W/K में है और ΔT_{HP} वाष्पक और संघनित्र की सतहों के तापमान में अंतर है।

अगर ऊष्मा नली के ऊष्मा स्रोत एवं ऊष्मा अभिगम के स्थानों का अंतर्बदल कर दिया जाए तो ऊष्मा

प्रवाह की दिशा भी विपरीत हो जाएगी। ऊष्मा नली द्वारा ऊष्मा को पंप करने की क्षमता को एक महत्वपूर्ण प्राचल द्वारा व्यक्त किया जाता है, जिसे उसकी अभिगमन क्षमता कहते हैं। अगर L ऊष्मा नली की प्रभावी लंबाई हो तो ऊष्मा नली की अभिगमन क्षमता को निम्न समीकरण द्वारा व्यक्त किया जाता है—

$$\text{अभिगमन क्षमता} = Q\,L$$

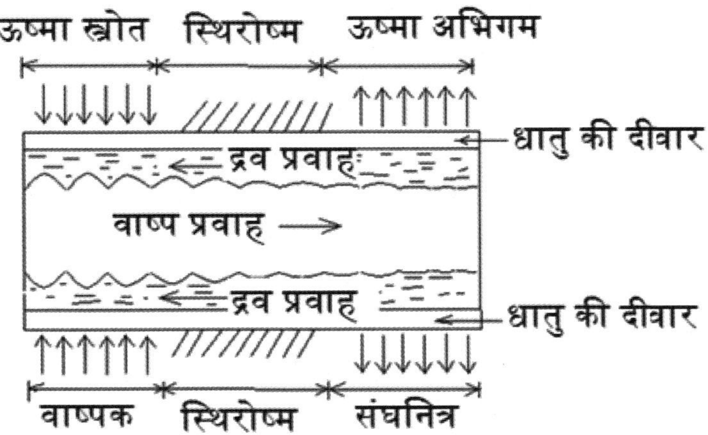

चित्र 7.4 ऊष्मा नली में द्रव–वाष्प अंतरापृष्ठ पर बने नवचंद्रकों की वक्रता में अक्षीय परिवर्तन

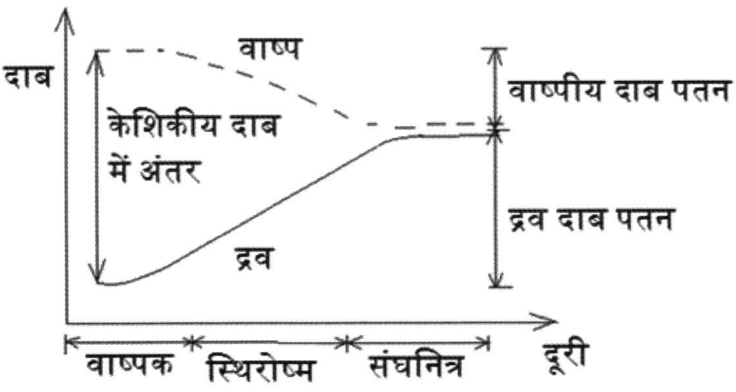

चित्र 7.5 ऊष्मा नली में द्रव एवं वाष्प दाब में अक्षीय परिवर्तन

पृष्ठ तनाव

ऊष्मा नलियों में पृष्ठ तनाव एक महत्वपूर्ण परिघटना है। हम जानते हैं कि एक द्रव के अणुओं के मध्य संसंजन बल विद्यमान होते हैं, ये बल एक ही पदार्थ के समान अणुओं के मध्य विद्यमान होते हैं। इसी तरह भिन्न पदार्थों के अणुओं के मध्य अंतराणुक बलों को आसंजन बल कहते हैं। किसी द्रव की खुली सतह पर द्रव के अणुओं के मध्य संसंजन बलों, द्रव एवं गैस के अणुओं के मध्य आसंजन बलों के अंतर के कारण पृष्ठ तनाव उत्पन्न होता है। किसी द्रव के आंतरिक अणु सभी दिशाओं में समान आकर्षण बलों या संसंजन

बलों का अनुभव करते हैं, इसलिए वे एक–दूसरे के प्रभाव को समाप्त कर देते हैं, लेकिन द्रव की सतह पर विद्यमान अणुओं पर बाहर की ओर आसंजन बल, अंदर की ओर संसंजन बलों की तुलना में नगण्य होते हैं, इसलिए वे अंदर की ओर एक खिंचाव महसूस करते हैं। सतह के अणुओं पर इसी खिंचाव बल को सतह तनाव या पृष्ठ तनाव कहा जाता है। किसी द्रव की सतह पर पृष्ठ तनाव, सतह पर एक तरह का खिंचाव बल है, जो बाहरी बलों को संतुलन में रखता है। द्रव में वाष्प के बुलबुले की सतह पर पृष्ठ तनाव बल, बुलबुले के अंदर और बाहर के दाब में अंतर के कारण लगने वाले बल को संतुलित करता है। आंशिक रूप से द्रव में डूबी हुई केशिका नली में द्रव की सतह पर पृष्ठ तनाव बल, सतह के दोनों ओर दाब में अंतर के कारण लगने वाले बलों के संतुलन में होता है। ऊष्मा नली की केशिका बत्ती में संसंजन बलों एवं पृष्ठ तनाव के संयुक्त प्रभाव के कारण ही केशिका बलों की उत्पत्ति होती है जिससे ऊष्मा नली में द्रव का सतत् परिसंचरण होता रहता है। हम स्थिर द्रव में एक वाष्प के बुलबुले की कल्पना करते हैं। बुलबुले की सतह पर पृष्ठ तनाव बलों के कारण बुलबुले के भीतर एवं बाहर दाब में अंतर होता है, जिसकी गणना हम बलों के संतुलन द्वारा कर सकते हैं। अगर r बुलबले की त्रिज्या है, σ_s पृष्ठ तनाव बल प्रति इकाई लंबाई है, σ_s को द्रव का प्रष्ठ तनाव गुणांक कहते हैं, तथा ΔP सतह के बाहर और भीतर दाब में अंतर है तो बलों के संतुलन द्वारा हम निम्न समीकरण लिख सकते हैं—

$$\Delta P\, \pi r^2 = \sigma_s\ (2\pi r)$$

$$\Delta P = \frac{2\sigma_s}{r}$$

उपर्युक्त समीकरण में हम देखते हैं कि बुलबुले के अंदर दाब का मान बाहर के दाब की तुलना में ΔP अधिक होता है तथा यह σ_s एवं r के मानों पर निर्भर करता है।

चित्र 7.6 में एक केशिका नली जिसकी त्रिज्या r है, आंशिक रूप से जल में डूबी हुई है। हम देखते हैं कि नली और द्रव के अणुओं के बीच परस्पर आसंजन बलों के कारण नली में जल h ऊँचाई तक चढ़ जाता है। साथ ही, द्रव–गैस अंतरापृष्ठ पर अंतराणुक बलों के कारण नवचंद्रक अवनत हो जाता है। द्रव की सतह एवं नली की ठोस सतह के बीच कोण θ को संपर्क कोण कहा जाता है। चित्र में I, II, एवं III संकेतों से तीन स्थान दिखाए गए हैं। हमें यह ध्यान रखना चाहिए कि दाब I एवं दाब III समान है अर्थात्

$$P_I = P_{III}$$

F, पृष्ठ तनाव बल है, इस बल के लंब घटक को हम निम्न समीकरण द्वारा लिख सकते हैं—

$$F_y = \sigma_s \cos\theta\ 2\pi r$$

अगर द्रव का घनत्व p है तो जितना भाग द्रव नली में चढ़ गया है उस भाग का भार निम्न होगा—

$$W = mg = \rho V g = \rho(\pi r^2 h)g$$

जहाँ पर g गुरुत्व त्वरण, V आयतन, ρ द्रव का घनत्व है।

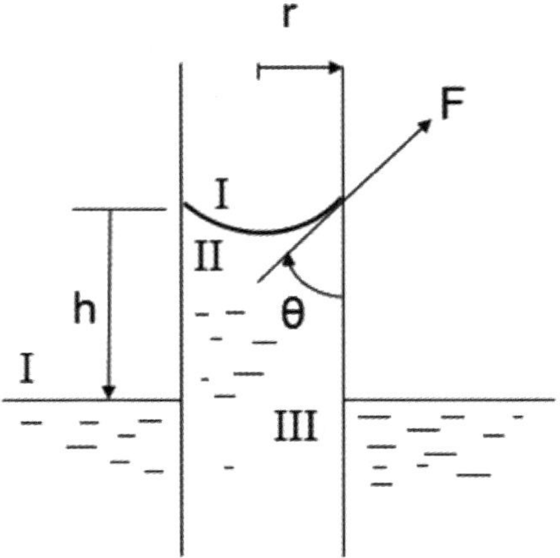

चित्र 7.6 जल में आंशिक रूप से डूबी हुई केशिका नली में द्रव की सतह पर नवचंद्रक

पृष्ठ तनाव बल और नली में चढ़े हुए द्रव के भार परस्पर संतुलन में होते हैं, इसलिए

$$W = F_y$$

या $$\rho(\pi r^2 h)g = \sigma_s \cos\theta\, 2\pi r$$

या $$\rho g h = \frac{2\sigma_s \cos\theta}{r}$$

केशिका नली में स्थान II एवं III पर दाब में अंतर स्थैतिक है और द्रव के ऊपर वायु का घनत्व द्रव के घनत्व की तुलना में बहुत कम है, इसलिए

$$P_{III} - P_{II} = \rho g h,\ \text{लेकिन}\ P_I = P_{III}$$

इसलिए, $$P_I - P_{II} = \frac{2\sigma_s \cos\theta}{r}$$

उपर्युक्त समीकरण में हम देखते हैं कि सतहों पर अंतराणुक बलों के कारण द्रव एवं ठोस के संपर्क वाली सतह पर एक संपर्क कोण, θ का निर्माण हो जाता है, जिसके कारण द्रव की सतह पर नवचंद्रक बन जाता है। पृष्ठ तनाव, द्रव की सतह के दोनों ओर के दाबों में अंतर $(P_I = P_{II})$ को बनाए रखने में सक्षम होता है। हम यह भी देखते हैं कि केशिका नली की त्रिज्या कम होने पर दाब में अंतर $(P_I = P_{II})$ अधिक होगा। द्रव एवं केशिका नली के इसी गुणधर्म के कारण ऊष्मा नली में द्रव का सतत् परिसंचरण संभव होता है।

ऊष्मा नली के सफल प्रचालन के लिए यह आवश्यक हैं कि वाष्पक और संघनित्र भागों में केशिकीय दाबों में अंतर द्रव एवं वाष्प प्रवाह के मार्गों में होने वाले कुल दाबों के पतन से अधिक होना चाहिए। चित्र 7.7 में ऊष्मा नली के वाष्पक और संघनित्र भाग में द्रव-वाष्प अंतरापृष्ठ पर बनने वाले नवचंद्रकों को दिखाया गया है। जैसे-जैसे हम वाष्पक से संघनित्र क्षेत्र की ओर जाते हैं नवचंद्रक की वक्रता कम होती जाती है, संघनित्र क्षेत्र में नवचंद्रक लगभग सपाट होने लगता है। उपर्युक्त समीकरण का उपयोग करते हुए चित्र 7.7 में दिखाई

गई ऊष्मा नली के वाष्पक एवं संघनित्र भागों पर बने नवचंद्रकों की सतहों के दोनों ओर दाबों में अंतर निम्न समीकरण द्वारा व्यक्त किया जा सकता है

$$P_I - P_{II} = \frac{2\sigma_s \cos\theta_e}{r_e} \qquad \ldots(a)$$

$$P_{IV} - P_{III} = \frac{2\sigma_s \cos\theta_c}{r_c} \qquad \ldots(b)$$

जहाँ पर r_e एवं r_c क्रमशः वाष्पक एवं संघनित्र भाग में केशिकीय त्रिज्याएँ हैं, θ_e एवं θ_c क्रमशः वाष्पक एवं संघनित्र भाग में नवचंद्रकों पर संपर्क कोण हैं।

अधिकतम केशिकीय दाब उत्पन्न होने के लिए यह आवश्यक है कि $\theta_e = 0$ तथा $\theta_c = 90$ और अगर हम मान यह मानते हैं कि $P_I = P_{IV}$ तो उपर्युक्त समीकरणों *(a)* एवं *(b)* से हम लिख सकते हैं कि

$$P_{III} - P_{II} = \frac{2\sigma_s}{r_e}$$

हम उपयुक्त समीकरण से इस निष्कर्ष पर पहुँचते हैं कि ऊष्मा नली में अधिकतम केशिकीय दबाव

$$(\Delta P_c)_{\max} = \frac{2\sigma_s}{r_e}$$

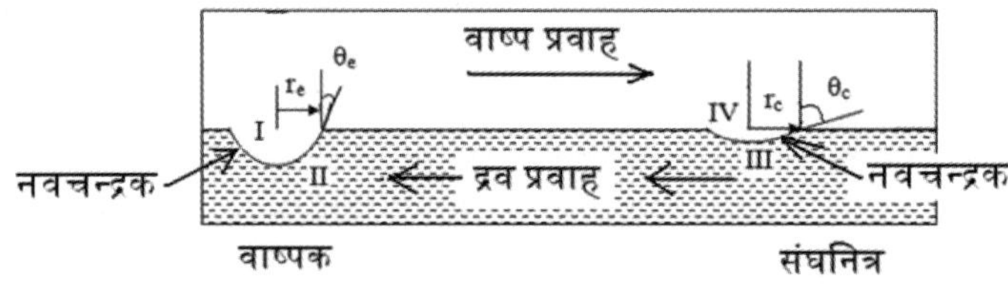

चित्र 7.7 ऊष्मा नली के वाष्पक और संघनित्र भागों के नवचंद्रकों में अंतर

ऊष्मा नलियों के लिए प्रचालन द्रव

ऊष्मा नली के प्रचालन के लिए एक उचित द्रव की आवश्यकता होती है, जिसके वाष्पीकरण एवं संघनन की प्रक्रिया द्वारा ऊष्मा का स्थानांतरण होता है। ऊष्मा नली के निर्माण की प्रक्रिया के दौरान उसे वायुरहित करने के बाद द्रव की निश्चित मात्रा विशेष उपकरणों से उसके अंदर प्रविष्ट कराई जाती है। ऊष्मा नली में द्रव भरने के दौरान यह ध्यान रखना आवश्यक होता है कि ऊष्मा नली में द्रव के साथ वायु की मात्रा उपस्थित नहीं होनी चाहिए। जैसे–जैसे ऊष्मा नली में द्रव प्रविष्ट कराया जाता है, द्रव, वाष्प में परिवर्तित होकर वाष्प दबाव का निर्माण करता है। ऊष्मा नली में द्रव की इतनी मात्रा प्रविष्ट कराई जाती है, ताकि केशिका बत्ती में द्रव संतृप्त अवस्था में रहे। ऊष्मा नली में प्रचालन के लिए उपयुक्त द्रव का चुनाव उसके प्रचालन के अपेक्षित तापमानों की परास पर निर्भर करता है। ऊष्मा नली के प्रचालन तापमानों की परास उसमें उपस्थित द्रव के क्रांतिक

तापमान तथा त्रिक बिंदु तापमानों के बीच हो सकती है। ऊष्मा नलियों के लिए कुछ मुख्य प्रचालन द्रवों को सारणी 7.1 में दिखाया गया है। ऊष्मा नली के प्रचालन द्रवों से कई अपेक्षाएँ होती है जिनमें से निम्न मुख्य हैं—

1. केशिका बत्ती एवं ऊष्मा नली की दीवार के पदार्थ से अनुकूलता तथा प्रचालन द्रव केशिका बत्ती की सतह पर चिपकने वाला होना चाहिए। 2. अच्छी तापीय स्थिरता; 3. उच्च गुप्त ऊष्मा; 4. उच्च तापीय चालकता; 5. द्रव एवं वाष्प की निम्न श्यानता; 6.उच्च सतह तनाव; 7. प्रचालन तापमान की परास में बहुत कम या अधिक वाष्प दाब न हो

सारणी-7.1 ऊष्मा नली के लिए विभिन्न प्रचालन द्रवों के तापीय प्राचल

प्रचालन द्रव	गलन बिंदु* (°C)	क्वथनांक बिंदु* (°C)	क्रांतिक तापमान (°C)	तापमान की उपयोगी परास (°C)
मेथेनॉल	−98	64	240.2	10 से 130
एसीटॉन	−95	57	235.2	0 से 120
अमोनिया	−78	−33	132.6	−60 से 100
पानी	0	100	374.3	30 से 200
सोडियम	98	892	2227	600 से1200
लिथियम	179	1340	3527	1000 से 1800

*वायुमंडलीय दाब पर

योग्यता अंक : ऊष्मा नली में कार्यकारी द्रव के प्रभाव के मूल्यांकन के लिए एक संख्या का उपयोग किया जाता है, जिसे उस द्रव का योग्यता अंक कहा जाता है। किसी द्रव के लिए योग्यता अंक को निम्न तरह से परिभाषित किया जाता है—

$$N_1 = \frac{\rho_1 \, \sigma_s h_{fg}}{\mu_1}$$

जहाँ पर ρ_1 द्रव का घनत्व है, σ_s द्रव का पृष्ठ तनाव गुणांक है, h_{fg} द्रव की तरल से गैस प्रावस्था में परिवर्तन होने की गुप्त ऊष्मा है एवं μ_1 द्रव की श्यानता है।

350 से 500 केल्विन के तापमान की परास के लिए पानी ऊष्मा नली के लिए अच्छा कार्यकारी द्रव है। थोड़े कम तापमान 270 से 350 केल्विन के लिए अमोनिया अच्छा कार्यकारी द्रव होता है, लेकिन इसके उपयोग में इसकी शुद्धता को बनाए रखने के लिए सावधानी की आवश्यकता होती है। इसलिए अंतरिक्ष में उपयोग की जाने वाली ऊष्मा नलियों में अमोनिया का उपयोग किया जाता है।

विशेष प्रकार की ऊष्मा नलियाँ

1. परिवर्तनीय चालकत्व ऊष्मा नली : इस तरह की ऊष्मा नली की आवश्यकता तब होती है, जब ऊष्मा भारों में परिवर्तन की स्थिति में भी हमें प्रचालन तापमान लगभग स्थिर ही रखना होता है। इस तरह की ऊष्मा नलियों में संघनित्र के सिरे पर एक आशय जुड़ा रहता है तथा ऊष्मा नली के अंदर कुछ मात्रा में

असंघनीय गैस प्रवेश करा दी जाती है। ऊष्मा नली के परिचालन के दौरान कार्यकारी द्रव की वाष्प के द्वारा यह गैस संघनित्र सिरे की ओर धकेल दी जाती है। असंघनीय गैस संघनित्र के एक भाग को संघनन प्रक्रिया के लिए अवरूद्ध कर देती है, जैसा कि चित्र 7.8 (अ) में दिखाया गया है। इस तरह संघनित्र का वह भाग ऊष्मा स्थानांतरण के लिए उपलब्ध नहीं रहता है। वाष्पक भाग में ऊष्मा निवेश बढ़ने की स्थिति में वाष्प के ताप एवं दाब दोनों बढ़ जाते हैं, जिसके परिणामस्वरूप असंघनीय गैस पर दबाव बढ़ जाता है। असंघनीय गैस पर दबाव बढ़ने के कारण उसका आयतन कम हो जाता है, जैसा कि चित्र 7.8 (ब) में दिखाया गया है, फलस्वरूप संघनित्र क्षेत्र में ऊष्मा स्थानांतरण के लिए उपलब्ध क्षेत्र में वृद्धि हो जाती है। इस प्रक्रिया के कारण ऊष्मा नली ऊष्मा निवेश की मात्रा में बदलाव के बावजूद वाष्पक क्षेत्र में लगभग स्थिर तापमान कायम रखने में समर्थ होती है।

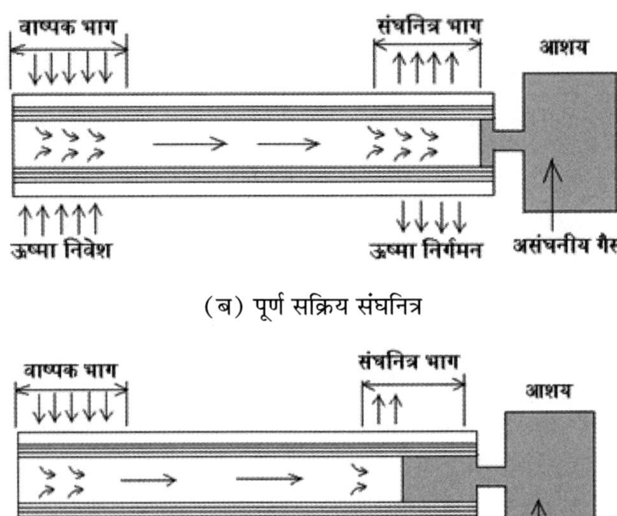

(ब) पूर्ण सक्रिय संघनित्र

(अ) आंशिक रूप से सक्रिय संघनित्र

चित्र 7.8 परिवर्तनीय चालकत्व ऊष्मा नली का परिचालन

2. केशिकीय पंप ऊष्मा नली : भविष्य के उपग्रहों एवं इलेक्ट्रॉनिक तंत्रों के ऊष्मीय प्रबंधन के लिए पारंपरिक ऊष्मा नलियाँ पर्याप्त नहीं होगी। केशिकीय पंप ऊष्मा नलियाँ ऊष्मीय प्रबंधन में नम्यता प्रदान करने के साथ ऊष्मा संचरण की क्षमता भी बढ़ाती है। ऐसी आवश्यकताओं के लिए केशिकीय पंप लूप ऊष्मा नलियों का विकास किया गया है। इस प्रकार की ऊष्मा नली की कार्य प्रणाली को चित्र 7.9 में दिखाया गया है। वाष्पक की बाहरी सतहों से ऊष्मा का प्रवेश कराया जाता है, जिसमें खोखली नली के आकार की बत्ती संरचना होती है। बत्ती संरचना का एक सिरा बंद होता है, जबकि दूसरे सिरे से एक खाँचेदार नली निवेशित होती है। वाष्पक की सतह पर ऊष्मा के निवेश से कार्यकारी द्रव वाष्प में बदल जाता है। यह वाष्प, वाष्प

निकास से गुजरती हुई संघनित्र में पहुँच कर आंशिक रूप से द्रव स्लग में परिवर्तित हो जाती है, इसे पूर्ण द्रव में बदलने तथा तापमान कम करने के लिए अवशीतलक में से गुजारा जाता है। वाष्पक की बत्ती संरचना में उत्पन्न केशिकीय दबाव से द्रव का इस चक्र में निरंतर प्रवाह होता रहता है। इस चक्र में वाष्पक से पहले एक द्विप्रावस्था आशय, द्रव प्रवाह तथा तापमान के नियंत्रण के लिए लगा होता है। बहु वाष्पक तंत्रों में एक विलगक होता है, जो इस तंत्र को डीप्राइमिंग होने से रोकता है। केशिकीय पंप ऊष्मा नली की यह विशेषता है कि वाष्प एवं द्रव नलियों में दाब पतन पारंपरिक ऊष्मा नली से बहुत कम होता है, क्योंकि वाष्प एवं द्रव का प्रवाह एक ही धारा में होता है, जबकि पारंपरिक ऊष्मा नली में वाष्प एवं द्रव का प्रवाह विपरीत दिशा में होता है। इस कारण से केशिकीय पंप ऊष्मा नली की दक्षता बहुत अधिक होती है।

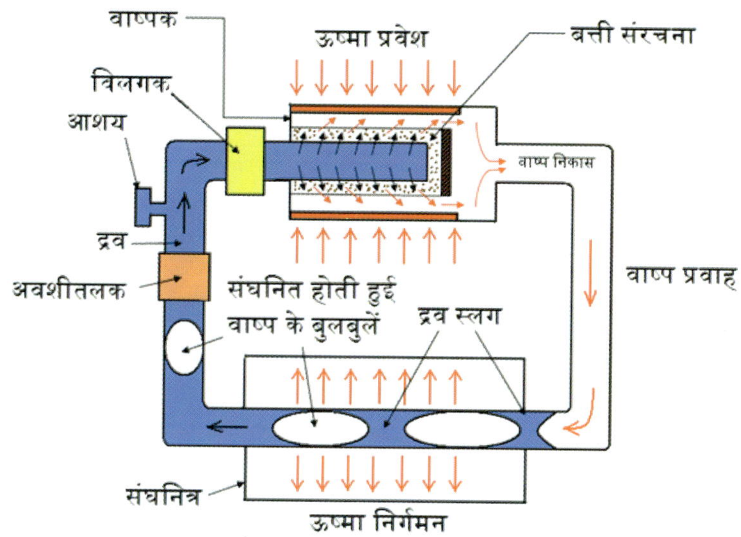

चित्र 7.9 केशिकीय पंप लूप ऊष्मा नली

ऊष्मा नलियों में ऊष्मा स्थानांतरण की सीमाएँ

ऊष्मा नली के प्रचालन के दौरान ऐसी परिस्थितियाँ बन सकती हैं, जिससे ऊष्मा नली का सामान्य प्रचालन बुरी तरह प्रभावित हो सकता है। उन परिस्थितियों को ऊष्मा नली की सीमाओं द्वारा स्पष्ट किया जाता है। ऊष्मा नली की अभिकल्पना एवं उसका प्रचालन इस तरह से होना चाहिए, जिससे ऊष्मा नली की इन सीमाओं से बचा जा सके। ऊष्मा नली की कुछ मुख्य सीमाओं को आगे स्पष्ट किया गया है—

- **केशिकीय सीमा :** ऊष्मा नली की कार्य प्रणाली को नियंत्रित करने वाली मूलभूत परिघटना उसके वाष्पक एवं संघनित्र भागों में द्रव-वाष्प अंतरापृष्ठों पर केशिकीय दाबों में अंतर है। वाष्पक भाग में वाष्पीकरण के कारण केशिका बत्ती में नवचंद्रक पीछे की ओर जाता है और संघनित्र भाग वाष्प के संघनन के कारण द्रव से प्लावित हो जाता है। वाष्पीकरण और संघनन के कारण नवचंद्रक की वक्रता ऊष्मा नली की अक्षीय दिशा में परिवर्तनीय होती है। इस परिवर्तनीय वक्रता के कारण

केशिका बत्ती में उपस्थित द्रव का दाब भी परिवर्तनीय होता है। केशिका बत्ती में उपस्थित द्रव पर परिवर्तनीय दाब के कारण द्रव पर निवल केशिका बल लगता है, जो केशिका नली के सफलतापूर्वक प्रचालन के लिए जिम्मेदार होता है। यह केशिका बल द्रव के प्रवाह के लिए पर्याप्त होना चाहिए। अपर्याप्त केशिका बल की स्थिति में केशिका बत्ती में द्रव का प्रवाह रुक सकता है और ऊष्मा नली का प्रचालन अवरूद्ध हो सकता है।

- **ध्वनिक सीमा :** ऊष्मा नली की केशिका सीमा द्वारा अनुमत ऊष्मा भारों से कम ऊष्मा भारों पर जब ऊष्मा नली में वाष्प का वेग ध्वनिक वेग की सीमा पर पहुँच जाता है तो ऊष्मा नली में प्रघात तरंगों का निर्माण हो सकता है, जिससे वाष्प प्रवाह के दौरान तापमान में महत्वपूर्ण पतन हो जाता है। इसे ध्वनिक सीमा कहते हैं। इस परिघटना के कारण ऊष्मा नली केशिका सीमा द्वारा अनुमत ऊष्मा भारों का संचरण नहीं कर पाती है।
- **संरोहण सीमा :** ऊष्मा नली की केशिका बत्ती में द्रव का प्रवाह संघनित्र से वाष्पक की ओर होता है, लेकिन वाष्प का प्रवाह विपरीत दिशा में अर्थात् वाष्पक से संघनित्र की ओर होता है। वाष्प के तेज वेग के कारण वह अपने साथ द्रव की सूक्ष्म बूँदों को भी संघनित्र की ओर ले जाती है, इससे वाष्पक में द्रव की कमी के कारण वह सूख सकता है और ऊष्मा नली का प्रचालन अवरुद्ध हो सकता है। इस परिघटना के होने की परिस्थितियों को संरोहण सीमा कहते हैं।
- **उबाल सीमा :** इस सीमा पर ऊष्मा नली में निवेश ऊष्मा की मात्रा इतनी अधिक होती है कि वाष्पक भाग की केशिका बत्ती, द्रव के उबाल के कारण बुलबुलों से अवरुद्ध हो जाती है। इसलिए केशिका बत्ती की ऊष्मा स्थानांतरण करने की क्षमता बुरी तरह से प्रभावित हो जाती है।
- **श्यान सीमा :** श्यान सीमा उस दशा को कहते हैं, जब वाष्प प्रवाह के मार्ग में श्यान बल इतने अधिक होते हैं कि वाष्पक भाग में वाष्प का दाब श्यान बलों के विरुद्ध प्रवाह के लिए पर्याप्त नहीं होता है अर्थात् वाष्पक एवं संघनित्र सिरों पर दाबों में अंतर बहुत कम होता है।

ऊष्मा नलियों के विभिन्न उपयोग

1964 में ऊष्मा नलियों के प्रारंभिक विकास से लेकर आज तक इनके उपयोग कई क्षेत्रों में किए गए हैं। ऊष्मा नलियाँ 4 से 3000 केल्विन के तापमान की परास में कार्य कर सकती है। उपग्रहों में ताप नियंत्रण के लिए ऊष्मा नलियों के कुछ मुख्य उपयोगों के बारे में आगे चर्चा की जा रही है।

1. अंतरिक्ष अभियानों के लिए ऊष्मा नली : अंतरिक्ष में भेजे जाने वाले कृत्रिम उपग्रहों में तापमान समानीकरण, नियंत्रण और शीतलन के लिए ऊष्मा नलियाँ उनके अपेक्षाकृत कम वजन, शून्य अनुरक्षण और उच्च विश्वसनीयता के कारण एक महत्वपूर्ण घटक होती है। उपग्रहों की संरचना का समतापीकरण एक महत्वपूर्ण समस्या होती है। उपग्रह के मधुछत्ताकार संरचना पैनल ऊष्मा के अच्छे चालक नहीं होते हैं एवं उन पर ऊष्मा उत्पन्न करने वाली कई इलेक्ट्रॉनिक इकाइयों को स्थापित किया जाता है। ऊष्मा को दक्षता से विसरित करने में अक्षम होने के कारण पैनलों पर गर्म स्पॉट्स बनने की संभावना हो जाती है, जिससे स्थानीय इलेक्ट्रॉनिक घटकों का तापमान बढ़ सकता है। इसलिए इलेक्ट्रॉनिक इकाइयों के घटकों के तापमान को बढ़ने

से रोकने के लिए उन्हें सुचालक धातु की मोटी प्लेटों पर रखा जाता है, लेकिन इन धातु की प्लेटों की दक्षता अपर्याप्त होने के साथ-साथ ये उपग्रह पर भारी द्रव्यमान का दंड भी जोड़ देती है, जो प्रमोचक यान के लिए अत्यंत महँगा पड़ता है। ऊष्मा नलियाँ इस समस्या के लिए किफायती, विश्वसनीय एवं उच्च दक्षता युक्त समाधान प्रदान करती हैं। ऊष्मा नलियाँ, ऊष्मा को उपग्रह की गर्म सतहों से ठंडी सतहों पर तेजी से स्थानांतरित करके संरचना को समतापीय बनाने में मदद करती हैं। ऊष्मा नलियों को उपग्रह के उन संरचना पैनलों में समाहित किया जाता है, जिन पर ऊष्मा उत्पन्न करने वाले इलेक्ट्रॉनिक पैकेजों को स्थापित किया जाता है। चित्र 7.10 में एक संरचना पैनल में समाहित ऊष्मा नलियों का रेखाचित्र दिखाया गया है। चित्र 7.11 में हम देख सकते हैं कि उपग्रह के इलेक्ट्रॉनिक पैकेजों से उत्पन्न ऊष्मा को ऊष्मा नलियों द्वारा पैनल में संचरित करते हुए अंतरिक्ष में निस्तारण कर दिया जाता है। अंतरराष्ट्रीय स्पेस स्टेशन में उत्पन्न ऊष्मा का अंतरिक्ष में निस्तारण करने के लिए ऊष्मा नली विकिरकों का विकास किया गया, जिनमें 50 फीट तक की लंबाई की ऊष्मा नलियों का उपयोग किया गया है

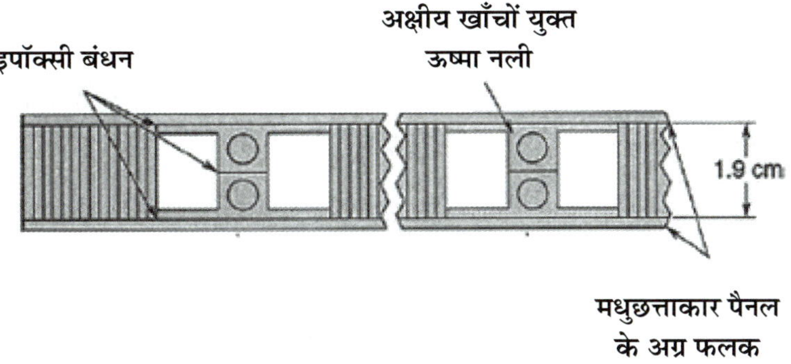

चित्र 7.10 उपग्रह के मधुछत्ताकार संरचना पैनलों में समाहित ऊष्मा नली

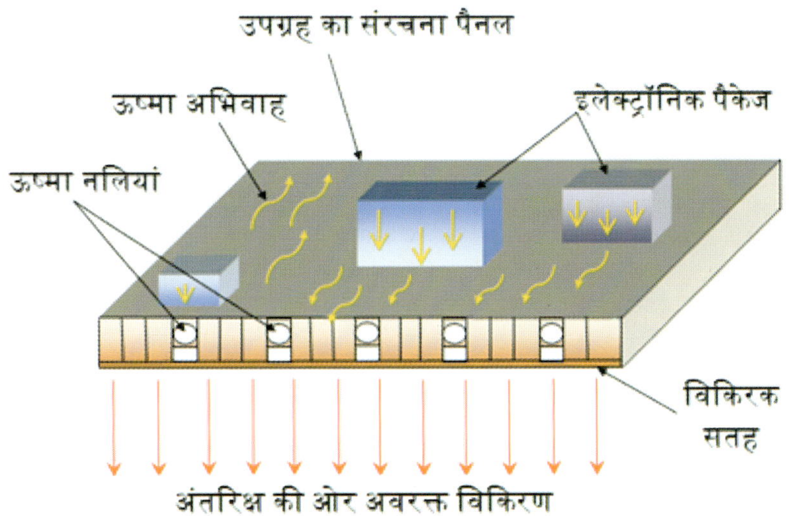

चित्र 7.11 उपग्रह के संरचना पैनल में समाहित ऊष्मा नलियों द्वारा ऊष्मा स्थानांतरण

2. इलेक्ट्रॉनिक एवं वैद्युत उपकरणों का शीतलन : इलेक्ट्रॉनिक घटकों के लघुकरण के साथ ही इन घटकों द्वारा ऊष्मा अभिवाह घनत्व में वृद्धि के कारण इनका ऊष्मीय प्रबंधन चुनौतीपूर्ण हो जाता है। उदाहरण के तौर पर डिजिटल कंप्यूटर एक कमरे के आकार के तंत्र से एक ऐसी इकाई के रूप में विकसित हो गया है, जिसे एक छोटे सूटकेस में आराम से रखा जा सकता है। लेकिन ऊष्मा उत्पन्न करने वाले इलेक्ट्रॉनिक घटकों की घनी पैकिंग के कारण होने वाले घटकों के तापमान में अत्यधिक वृद्धि की समस्या भी गंभीर हो गई है। इलेक्ट्रॉनिक घटकों की विश्वसनीयता एवं टिकाऊपन जैसे गुण उनके प्रचालन के तापमान के प्रति संवेदनशील होते हैं। इस समस्या के समाधान के लिए ऊष्मा नलियों का उपयोग बहुत ही कारगर सिद्ध हुआ है। लैपटॉप कंप्यूटर तथा अन्य छोटे आकार की इलेक्ट्रॉनिक प्रयुक्तियों में इलेक्ट्रॉनिक घटकों के तापमान की समस्याओं के समाधान के लिए सूक्ष्म ऊष्मा नलियों का उपयोग व्यापक स्तर पर हो रहा है। ऐसे इलेक्ट्रिक मोटरों का निर्माण किया गया है, जिनके रोटर की परिधि पर ऊष्मा नलियों का निवेश उनके प्रचालन के दौरान शीतलन के लिए किया गया है। मोटरों में बेयरिंगों के शीतलन के लिए घूर्णनशील ऊष्मा नलियों का उपयोग किया गया है।

माइक्रो इलेक्ट्रॉनिकी घटकों के निष्पादन और क्षमता में वृद्धि के साथ उनके आकार का भी लघुकरण हो रहा है। इसलिए इनमें ऊष्मा अभिवाह घनत्व में सतत् वृद्धि के कारण इनके ताप नियंत्रण के लिए उन्नत प्रौद्योगिकियों का विकास किया जा रहा है। ऐसे घटकों के ऊष्मीय प्रबंधन के लिए सूक्ष्म ऊष्मा नलियों से युक्त अवस्तर (सबस्ट्रेट) का विकास किया जा रहा है। इस तरह के अवस्तर 40 वाट प्रति वर्ग से.मी. तक का ऊष्मा अभिवाह घनत्व दक्षता से विसरित कर सकते हैं। इनमें सूक्ष्म ऊष्मा नलियाँ वृत्ताकार के स्थान पर त्रिभुजाकार होती हैं, जिनमें त्रिभुज की भुजाओं के बीच का कोना केशिका बल उत्पन्न करने में समर्थ होता है। इसमें सिलिकॉन वेफर के अवस्तर में ही ऊष्मा नलियों के व्यूह की रचना की जाती है। घटकों द्वारा क्षय की गई ऊष्मा से ही यह प्रणाली संचालित हो जाती है। इस प्रणाली से माइक्रो इलेक्ट्रॉनिकी घटकों के अवस्तर का तापीय चालकता गुणांक कई गुना बढ़ जाता है।

□

8. तापीय परीक्षण

तापीय परीक्षण उपग्रहों के ऊष्मीय प्रबंधन का एक महत्वपूर्ण अंग है। उपग्रह का अंतरिक्ष में प्रक्षेपण करने से पहले उपग्रह, नीतभार एवं उसके उपतंत्रों की तापीय जाँच करना अनिवार्य होता है। तापीय परीक्षण मुख्य रूप से दो प्रकार के होते हैं—1. ऊष्मा संतुलन परीक्षण एवं 2. ताप निर्वात परीक्षण। उपग्रहों की तापीय अभिकल्पना की जाँच के लिए ऊष्मा संतुलन परीक्षण किए जाते हैं। उपग्रहों में ताप नियंत्रण के लिए उनकी तापीय अभिकल्पना की जाती है, यह तापीय अभिकल्पना तापीय गणितीय प्रतिरूप के तापीय विश्लेषण द्वारा मूल्यांकन एवं पूर्व में प्रक्षेपित किए गए उपग्रहों के अनुभवों पर आधारित होती है। तापीय गणितीय प्रतिरूप के द्वारा आकलन किए गए तापमानों में कई कारणों से अनिश्चितता पाई जाती है। तापीय गणितीय प्रतिरूप में कई प्राचलों, जैसे तापीय संपर्क चालकत्व के परिशुद्ध मानों की जानकारी का अभाव होता है, जिससे उनके मानों में अनिश्चितता भी होती है। तापीय गणितीय प्रतिरूप को तैयार करने में पदार्थों के ताप-भौतिकी एवं ताप-प्रकाशिकी गुणधर्मों के लिए कई सन्निकटनों एवं सरलीकरणों का उपयोग किया जाता है। इसके अतिरिक्त तापीय विश्लेषण में गणितीय त्रुटियाँ भी निहित होती हैं। इन सब कारणों से मात्र तापीय गणितीय प्रतिरूप के तापीय विश्लेषण के द्वारा बताए गए उपग्रह के कक्षीय तापमानों पर निर्भर नहीं रहा जा सकता है। इसलिए उपग्रह की तापीय अभिकल्पना द्वारा अंतरिक्ष में प्रचालन के दौरान तापमानों को उनकी अनुमत सीमाओं में रखने की योग्यता की जाँच के लिए प्रायोगिक रूप से ऊष्मा संतुलन परीक्षण किया जाता है। ऊष्मा संतुलन परीक्षण द्वारा तापीय गणितीय प्रतिरूप की वैधता की जाँच के साथ-साथ परिशुद्ध कक्षीय तापमानों की गणना के लिए परीक्षण के परिणामों के आधार पर तापीय गणितीय प्रतिरूप का संशोधन किया जाता है।

विभिन्न घटकों, उपतंत्रों एवं उपग्रह के प्रोटोटाइप प्रतिरूपों के अंतरिक्ष में प्रचालन के दौरान अपेक्षित तापीय परिवेश में निष्पादन की जाँच के लिए ताप निर्वात योग्यता परीक्षण किया जाता है। योग्यता परीक्षण में उपग्रह के उपकरणों की इस बात का भी परीक्षण हो जाता है कि उपग्रह की तापीय अभिकल्पना एवं विश्लेषण में अनिश्चितता के कारण उपकरणों के तापमान, एक सीमा के अंदर अपेक्षित तापमानों की सीमाओं से भी बाहर चले जाते हैं, तब भी उपग्रह के उपकरण श्रेष्ठ निष्पादन प्रस्तुत करेंगे।

उड़ान के लिए निर्मित घटकों, उपतंत्रों एवं उपग्रह पर ताप निर्वात स्वीकृति परीक्षण किए जाते हैं। आगे के अनुच्छेदों में विभिन्न तापीय परीक्षणों के बारे में संक्षिप्त जानकारी दी गई है।

ऊष्मा संतुलन परीक्षण

उपग्रह की तापीय अभिकल्पना के मूल्यांकन और तापीय गणितीय प्रतिरूप के सत्यापन एवं संशोधन के लिए ऊष्मा संतुलन परीक्षण किया जाता है। ऊष्मा संतुलन परीक्षण के द्वारा ताप निर्वात योग्यता एवं स्वीकृति परीक्षणों के लिए तापमानों के स्तर भी तय किए जाते हैं, क्योंकि ऊष्मा संतुलन परीक्षण के द्वारा हमें उपग्रह के अंतरिक्ष में प्रचालन के दौरान तापमानों के बारे में अधिक यथार्थता से जानकारी मिल जाती है। समाकलित उपग्रह स्तर के अतिरिक्त विभिन्न उपतंत्रों के स्तर पर भी ऊष्मा संतुलन परीक्षण किए जाते हैं। उपतंत्र के स्तर

पर परीक्षण करने से उस उपतंत्र के किसी विशेष घटक की तापीय अभिकल्पना की विस्तृत जानकारी मिल सकती है, जो कि एकीकृत उपग्रह के स्तर पर संभव नहीं हो पाती है। इस परीक्षण के द्वारा ऐसे उपकरणों के तापीय लक्षणों के बारे में भी जानकारी मिलती है, जिनका तापीय गणितीय प्रतिरूप द्वारा विश्लेषण संभव नहीं हो पाता है।

ऊष्मा संतुलन परीक्षण के लिए परीक्षण प्रकोष्ठ में अंतरिक्ष के निर्वात और ऊष्मा भारों का अनुकरण किया जाता है। उपग्रह की कक्षाओं में निर्वात का मान लगभग 10^{-9} वायुमंडलीय दाब के निकट होता है, इसलिए वहाँ पर गैसों द्वारा संवहन या चालन की अनुपस्थिति होती है। परीक्षण प्रकोष्ठ में निर्वात का स्तर इतना होना चाहिए कि गैसों के संवहन या चालन द्वारा ऊष्मा विनिमय अनुपस्थित हों, इसलिए 10^{-8} वायुमंडलीय दाब के बराबर निर्वात पर्याप्त होता है। उपग्रह अंतरिक्ष में 4 केल्विन के तापीय परिवेश में प्रचालन करता है। लेकिन अच्छी बात यह है कि परीक्षण प्रकोष्ठ को हमें 4 केल्विन पर बनाए रखने की आवश्यकता नहीं होती है। परीक्षण प्रकोष्ठ में कवच का तापमान 100 केल्विन पर रखने पर भी परीक्षण परिणाम लगभग अप्रभावित रहते हैं। 100 केल्विन का तापमान बनाए रखना कम खर्चीला होता है। तरल नाइट्रोजन के द्वारा परीक्षण प्रकोष्ठ में कवच का तापमान 100 केल्विन पर बनाए रखा जाता है। परीक्षण प्रकोष्ठ में उपग्रह या उसके उपकरण के लिए कवच पर तापमान नियंत्रित किया जाता है, क्योंकि कवच की आंतरिक सतह ही परीक्षण किए जाने वाले उपकरण को आवृत करते हुए उसके लिए परिवेश का काम करती है। परीक्षण के दौरान कवच अंतरिक्ष की तरह अनंत ऊष्मा अभिगम की तरह कार्य करता है। अंतरिक्ष की तरह कवच को भी उपग्रह से आने वाले विकिरणों को लगभग पूरी तरह से अवशोषित करना चाहिए अर्थात् इसे एक कृष्ण पिंड ऊष्मा अभिगम की तरह व्यवहार करना चाहिए। कवच से भी उत्सर्जित होने वाले विकिरण की मात्रा नगण्य होनी चाहिए।

ऊष्मा संतुलन परीक्षण के लिए उपग्रह की सबसे निर्णायक तापीय परिस्थितियों का अनुकरण किया जाता है एवं इन परिस्थितियों में उपग्रह के प्रोटोटाइप या ताप संरचना प्रतिरूप पर परीक्षण किया जाता है। उपग्रह की तापीय अभिकल्पना अति उष्ण एवं शीत प्रकरणों की तापीय परिस्थितियों को ध्यान में रखकर की जाती है। इसलिए ऊष्मा संतुलन परीक्षण के लिए भी अति उष्ण एवं शीत तापीय प्रकरण निर्णायक परिस्थितियाँ हो जाती हैं। उपग्रह पर आने वाले बाह्य ऊष्मा विकिरणों का सौर लैंप के द्वारा अनुकरण किया जाता है। अनुमानित अवशोषित विकिरणों का अवरक्त लैंपों या उपग्रह की बाहरी सतहों पर ऊष्मकों के द्वारा भी अनुकरण किया जाता है। यह परीक्षण प्रायः तापमान की स्थायी अवस्थाओं के लिए किया जाता है। परीक्षण के दौरान प्रेक्षित तापमानों द्वारा यह जाँच की जाती है कि क्या तापीय अभिकल्पना के कारण उपग्रह के सभी तापमान अनुमत सीमाओं में ही है। परीक्षण प्रकोष्ठ की तरह ही तापीय परिस्थितियों का गणितीय प्रतिरूप में भी अनुकरण करते हुए विश्लेषण द्वारा तापमानों की गणना की जाती है। परीक्षण के तापमानों एव गणितीय प्रतिरूप के विश्लेषण के तापमानों में सहसंबंध स्थापित करने के पश्चात् आवश्यकतानुसार गणितीय प्रतिरूप में संशोधन किए जाते हैं। संशोधित तापीय गणितीय प्रतिरूप के विश्लेषण के द्वारा विभिन्न अवस्थाओं के लिए कक्षीय तापमानों की गणना की जाती है। स्थायी तापीय परीक्षण के द्वारा गणितीय प्रतिरूप के ऊष्मा चालन एवं विकिरण संबंधित गुणधर्मों की पुष्टि हो जाती है। गणितीय प्रतिरूप में तापीय धारिताओं के प्रभाव की जाँच के लिए अस्थायी

तापीय परीक्षण किया जाता है। इस परीक्षण में उपग्रह पर बाह्य ऊष्मा विकिरण भार में समय के साथ परिवर्तन होता रहता है, इसलिए तापमान भी समय के साथ परिवर्तित हो जाते हैं। अंतरिक्ष में चक्कर लगाते हुए उपग्रह पर बाह्य ऊष्मा विकिरण भार समय के साथ चक्रीय रूप में बदलते हैं। परीक्षण कोष्ठ में इन बदलते हुए ऊष्मा विकिरण भारों का अनुकरण करने के लिए सौर या अवरक्त लैंप की बीम को स्थायी रखते हुए उपग्रह को उसके अक्ष पर घूर्णन कराया जाता है।

ताप निर्वात परीक्षण

हमने उपर्युक्त अनुच्छेद में देखा है कि ऊष्मा संतुलन परीक्षण में संपूर्ण उपग्रह की तापीय अभिकल्पना एवं उसके लिए गणितीय प्रतिरूप का सत्यापन करने के पश्चात् विश्लेषण के द्वारा अपेक्षित तापमानों की गणना की जाती है। अंतरिक्ष में निर्णायक तापीय परिस्थितियों के लिए उपग्रह की संरचना पर अपेक्षित न्यूनतम शीत एवं अधिकतम उष्ण तापमानों की गणना की जाती है। इन अपेक्षित न्यूनतम शीत एवं अधिकतम उष्ण तापमानों से भी अधिक कठोर तापीय परिवेश में उपग्रह के विभिन्न नीतभारों एवं उपकरणों की निष्पादन, अभिकल्पना एवं निर्माण से संबंधित कमी की जाँच के लिए ताप निर्वात परीक्षण किए जाते हैं। इन परिक्षणों को अपेक्षित तापीय परिवेश से भी अधिक कठोर तापीय परिवेश में करने का उद्देश्य उपकरणों की अभिकल्पना में सुरक्षा के लिए पर्याप्त गुंजाइश का प्रदर्शन करना होता है तथा जिन अभिकल्पनाओं में सुरक्षा के लिए पर्याप्त गुंजाइश नहीं छोड़ी गई है, परीक्षण के दौरान उनकी असफलता को त्वरित करना भी होता है, जिससे परीक्षण के दौरान ही उपकरण के निर्माण में किसी भी प्रकार की कमी का पता चल जाता है। ताप निर्वात परीक्षण दो तरह के होते हैं—1. योग्यता परीक्षण एवं 2. स्वीकृति परीक्षण। इन दोनों तरह के परीक्षणों में उपकरणों के निष्पादन संबंधी आँकड़ों को एकत्रित कर उनका विश्लेषण करना आवश्यक होता है। ताप नियंत्रण अभियंता को यह सुनिश्चित करना होता है कि उपकरणों का वांछनीय तापीय परिवेश में परीक्षण हो। चित्र 8.1 में एक ताप निर्वात परीक्षण कक्ष का बाह्य दृश्य दिखाया गया है। इस कक्ष में पंप द्वारा निर्वात का निर्माण करने के अतिरिक्त निम्न तापमान पर बनाए रखने के लिए तरल नाइट्रोजन का उपयोग किया जाता है। तापमान को नियंत्रित करने के लिए तापमान नियंत्रण इकाई के द्वारा तरल नाइट्रोजन के प्रवाह को नियंत्रित किया जाता है। ताप नियंत्रण कक्ष में कई भरण मार्ग प्रदान किए जाते हैं, ये परीक्षण के दौरान कक्ष में उपस्थित उपकरणों को नियंत्रित करने के लिए उचित मार्ग प्रदान करते हैं। चित्र 8.2 में ताप नियंत्रण कक्ष का खुला दृश्य दिखाया गया है, जिसमें हम परीक्षण हेतु उपकरणों को स्थापित करने के लिए एक बेस प्लेट को देख सकते हैं। किसी उपकरण की जाँच के लिए बेस प्लेट एवं कवच के तापमान नियंत्रित किए जाते हैं। बेस प्लेट पर उपग्रह के उपकरणों या नीतभारों को परीक्षण के लिए स्थापित किया जाता है।

उड़ान के लिए निर्धारित वास्तविक नीतभारों, उपकरणों एवं उपग्रहों पर तापीय योग्यता परीक्षण नहीं किया जाता है। यह परीक्षण नीतभारों एवं उपकरणों के ऐसे योग्यता प्रतिरूपों के लिए ही किया जाता है, जिनको केवल परीक्षण के लिए ही निर्धारित किया गया हो एवं प्रोटोटाइप उपग्रह पर किया जाता है। उड़ान के लिए निर्धारित उपकरणों पर योग्यता परीक्षण करने से उनके क्रियाशील जीवनकाल पर प्रतिकूल प्रभाव पड़ता

है, क्योंकि इस परीक्षण को अपेक्षित तापमानों की सीमाओं से भी अधिक सख्त तापीय परिवेश में किया जाता है। इस परीक्षण में उपग्रह के उपकरणों की अंतरिक्ष में अपेक्षित कठोरतम शीत एवं उष्ण तापमानों की सीमाओं से भी 10ºC बाहर के तापमानों पर उनके निष्पादन एवं अभिकल्पना की जाँच की जाती है। अगर उपकरणों पर अपेक्षित तापमान 0 से 40ºC है तो योग्यता परीक्षण -10 एवं 50ºC पर किया जाता है। उपग्रह की ऊष्मीय अभिकल्पना में किसी कमी के कारण उसके घटकों की निष्पादन प्रभावित होती है तो योग्यता परीक्षण में इस बात का पता चल जाता है। प्रोटोटाइप उपग्रह पर योग्यता परीक्षण के लिए उपकरणों के स्थापित होने के स्थानों पर उचित तरीकों, जैसे ऊष्मकों की सहायता से प्रतिकूल तापमान आरोपित किए जाते हैं तथा निर्वात कक्ष में इन प्रतिकूल तापीय परिस्थितियों में उपग्रह के निष्पादन का परीक्षण किया जाता है। इस परीक्षण से उपग्रह के ताप नियंत्रण प्रणाली के मुख्य अवयव, जैसे ऊष्मा नलियों का भी प्रचालन संबंधी परीक्षण हो जाता है।

चित्र 8.1 उपग्रह के उपकरणों के लिए ताप निर्वात परीक्षण कक्ष

स्वीकृति परीक्षण उपग्रह के वास्तविक उड़ान के लिए निर्धारित उपकरणों पर किया जाता है। यह परीक्षण उपग्रह के उपकरणों को अंतरिक्ष में अपेक्षित कठोरतम शीत एवं उष्ण तापमानों की सीमाओं से 5ºC बाहर के तापमानों एवं अपेक्षित निर्वात के परिवेश में किया जाता है। अगर उपकरणों पर अपेक्षित तापमान 0 से 40ºC है तो स्वीकृति परीक्षण -5 एवं 45ºC पर किया जाता है। ताप निर्वात स्वीकृति परीक्षण करने का उद्देश्य उपकरणों के पदार्थों, कारीगरी या निर्माण प्रक्रियाओं में त्रुटियों के कारण उनके निष्पादन पर किसी भी प्रतिकूल

प्रभाव का पता लगाना होता है। उपग्रह के उड़ान प्रतिरूप पर स्वीकृति परीक्षण का उद्देश्य उपग्रह के विभिन्न उपतंत्रों के बीच पारस्परिक क्रियाओं एवं सभी उपकरणों के उचित प्रचालन की जाँच करना होता है। ताप निर्वात स्वीकृति परीक्षण के मापदंड, योग्यता परीक्षण से कम कठोर होते हैं, क्योंकि स्वीकृति परीक्षण उड़ान के लिए निर्धारित उपकरणों पर किए जाते हैं, इसलिए यह ध्यान रखना अत्यंत आवश्यक होता है कि परीक्षण के दौरान उपकरणों की दीर्घकालीन निष्पादन क्षमता पर किसी भी तरह का बुरा प्रभाव नहीं पड़ना चाहिए। उपग्रह के स्तर पर ताप निर्वात स्वीकृति परीक्षण अनिवार्य होता है।

उपग्रह के किसी उपतंत्र पर परीक्षण करते समय उन उपतंत्रों पर विशेष ध्यान देना चाहिए, जो प्रतिकूल तापीय परिस्थितियों के प्रति अधिक संवेदनशील होते हैं अथवा जिनकी ताप नियंत्रण में निर्णायक भूमिका होती है। ताप नियंत्रण अभियंता को यह सुनिश्चित करना चाहिए कि ताप निर्वात परीक्षण के दौरान ताप निर्वात कक्ष में अपेक्षित तापीय परिस्थितियों का ठीक तरह से अनुरूपण हो। किसी उपकरण से ऊष्मा चालन एवं विकिरण दोनों तरह के ऊष्मा स्थानांतरण पर परिवेश की तापीय दशाओं का महत्वपूर्ण प्रभाव पड़ता है। उपकरण को स्थापित करने के स्थान का तापमान, चालन द्वारा ऊष्मा स्थानांतरण के लिए महत्वपूर्ण होता है, जबकि ताप निर्वात कक्ष में कवच का तापमान, विकिरण द्वारा ऊष्मा स्थानांतरण के लिए महत्वपूर्ण होता है।

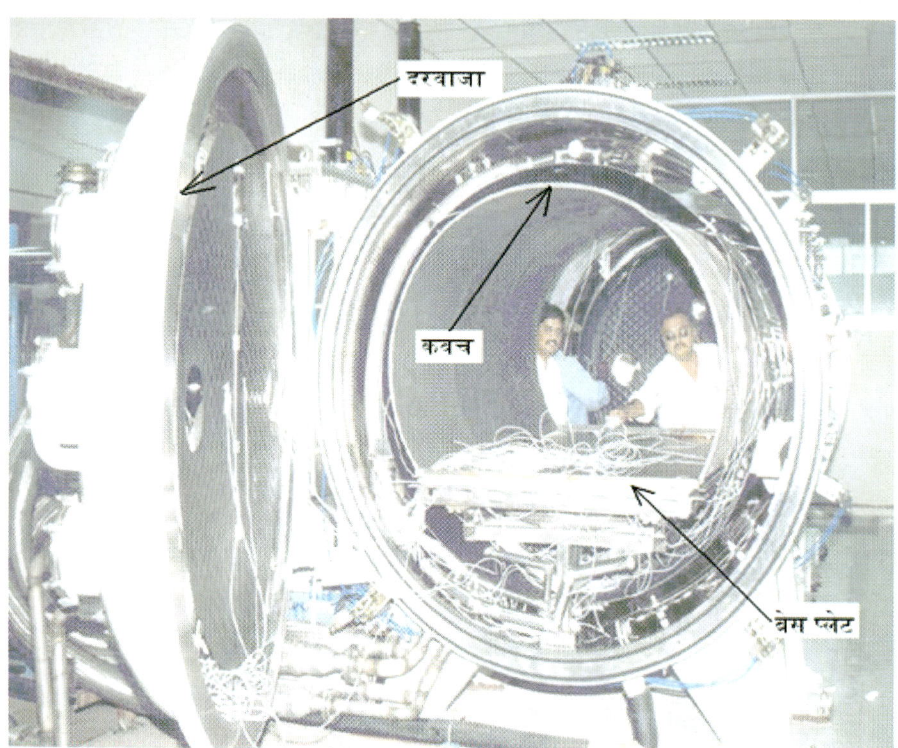

चित्र 8.2 ताप निर्वात कक्ष का खुला दृश्य

□

9. उपग्रह के ताप नियंत्रण की चुनौतियाँ एवं नवीन तकनीकें

तकनीकी विकास के साथ-साथ अधिक क्षमता एवं उच्च निष्पादन प्रदर्शित करने वाले उपग्रहों की माँग दिनों-दिन बढ़ती जा रही है। ऐसे उपग्रह प्रायः विद्युत् ऊर्जा भी अधिक व्यय करते हैं तथा इनकी क्रियाशील जीवन अवधि की अपेक्षा भी अधिक की जाती है, इसलिए ऐसे उपग्रहों का ऊष्मा प्रबंधन भी अधिक चुनौतीपूर्ण कार्य हो जाता है। इस प्रवृत्ति के साथ उपग्रहों के आकार एवं द्रव्यमान में कमी की भी अपूर्व आवश्यकता महसूस की जा रही है। प्रमोचन व्यय को घटाना इस आवश्यकता का महत्वपूर्ण कारण है। आकार एवं द्रव्यमान में कमी के कारण इलेक्ट्रॉनिक घटकों से ऊष्मा अभिवाह घनत्व भी बढ़ता जा रहा है, ऐसी परिस्थितियों में पारंपरिक तकनीकों से उपग्रहों के घटकों एवं उपकरणों का ऊष्मीय प्रबंधन संभव नहीं हो पाता है। आगे के अनुच्छेदों में ताप नियंत्रण की नई चुनौतियों एवं उनके समाधान के लिए कुछ नवीन तकनीकों का संक्षिप्त विवरण दिया गया है।

लघु एवं सूक्ष्म उपग्रहों में ताप नियंत्रण

पिछले कुछ वर्षों में लघु एवं सूक्ष्म उपग्रहों के प्रति विश्वभर में रुचि बढ़ी है, क्योंकि इन्हें कम खर्च में शीघ्रता से निर्मित किया जा सकता है तथा इनका प्रमोचन भी किफायती होता है। अंतरिक्ष में नई तकनीकों की जाँच के लिए भी यह एक कम जोखिम भरा तरीका है। 500 किलोग्राम से कम वजन के उपग्रहों को लघु उपग्रह एवं 100 किलोग्राम से भी कम वजन के उपग्रहों को सूक्ष्म उपग्रह की श्रेणी में माना जाता है। सूक्ष्म विद्युत् यांत्रिकी तंत्र, जिन्हें मेम्स के नाम से जाना जाता है, तथा नैनो प्रौद्योगिकियों के क्षेत्र में तीव्र विकास के कारण उपग्रह अभिकल्पनाओं की नई संकल्पना का विकास हुआ है। यह संकल्पना उपग्रह के आकार को कई गुना छोटा करने के साथ-साथ वर्तमान एवं नए वैज्ञानिक उद्देश्यों की पूर्ति को भी सुनिश्चित करने पर केंद्रित है। इस संकल्पना के अंतर्गत कई संगठनों एव विश्वविद्यालयों द्वारा लघु एवं सूक्ष्म उपग्रहों के अतिरिक्त नैनो एवं पिको उपग्रहों का भी निर्माण किया जा रहा है। नैनो एवं पिको उपग्रहों का द्रव्यमान 10 किलोग्राम से भी कम होता है। अनुसैट हमारे देश का पहला सूक्ष्म उपग्रह है, जिसे अन्ना विश्वविद्यालय द्वारा इसरो के मार्गदर्शन में विकसित किया गया है। हमारे देश के विद्यार्थियों को अंतरिक्ष प्रौद्योगिकी में प्रशिक्षित करने एवं नई प्रौद्योगिकियों के विकास के लिए इस तरह के प्रयास शुरू किए गए हैं। अनुसैट, 40 किलोग्राम द्रव्यमान का एक प्रचक्रण उपग्रह है, अर्थात् यह स्वयं के अक्ष पर भी घूर्णन करता है। इस उपग्रह ने पूरी तरह से निष्क्रिय ताप नियंत्रण तकनीकों का उपयोग करते हुए सभी घटकों के तापमानों को उनकी अनुमत सीमाओं के अंदर बनाए रखा है। सीमित विद्युत् शक्ति उपलब्ध होने के कारण इसमें ऊष्मकों का उपयोग नहीं किया गया है। चित्र 9.1 में हमारे देश के शिक्षा संस्थानों द्वारा निर्मित कुछ सूक्ष्म एवं नैनो उपग्रहों को दिखाया गया है। एस आर एम सैट 10.9 किलोग्राम द्रव्यमान का उपग्रह है, जिसे एस.आर.एम. विश्वविद्यालय के छात्रों ने विकसित किया है। नैनो उपग्रह जुगनू, जिसका द्रव्यमान

केवल 3 किलो ग्राम है, भारतीय प्रौद्योगिकी संस्थान, कानपुर द्वारा विकसित किया गया।

लघु एवं सूक्ष्म उपग्रहों के ऊष्मीय प्रबंधन में कई नई चुनौतियों का सामना करना पड़ता है। ये चुनौतियाँ कई कारणों से उत्पन्न होती हैं, जिनमें इनका कम द्रव्यमान, कम आयतन, बाह्य सतहों का कम क्षेत्र उपलब्ध होने के साथ सीमित विद्युत् शक्ति उत्पादन मुख्य कारणों में हैं। इन उपग्रहों का तापीय द्रव्यमान कम होने के कारण तापमानों में समय के साथ उतार-चढ़ाव तेजी से होते हैं। लघु उपग्रहों का पृथ्वी की सतह से कम ऊँचाई वाली कक्षाओं में भ्रमण करने के कारण उपग्रह के सभी पार्श्व फलकों पर भी अल्बिडो एवं भू-दीप्ति अभिवाहों का प्रभाव अधिक होता है। साधारण उपग्रहों की तरह इन उपग्रहों पर पृथक् सौर फलक नहीं होते हैं। उपग्रहों के उपकरणों के प्रचालन के लिए आवश्यक विद्युत् शक्ति उत्पादन के लिए सौर सैलों को प्राय: उपग्रह की मुख्य संरचना की बाहरी सतहों पर ही लगाया जाता है। सीमित विद्युत् शक्ति के कारण तापीय अभिकल्पना में ऊष्मकों का उपयोग न्यूनतम किया जाता है, कई उपग्रहों में ताप नियंत्रण के लिए ऊष्मकों का उपयोग ही नहीं किया जाता है। इन उपग्रहों से विकिरण द्वारा ऊष्मा उत्सर्जन के लिए विकिरक क्षेत्रों की उपलब्धता कम होती है। छोटे आकार एवं कम द्रव्यमान के कारण लघु एवं सूक्ष्म उपग्रहों में निष्क्रिय ताप नियंत्रण को ही प्राथमिकता दी जाती है। इन उपग्रहों की तापीय अभिकल्पना इस तरह से की जानी चाहिए कि इनकी बाहरी सतहों के तापमानों में उतार-चढ़ाव का इनके घटकों पर प्रतिकूल प्रभाव नहीं पड़े। प्रचक्रण अर्थात् उपग्रह का अपने अक्ष पर घूमना, उपग्रह में समतापीय परिवेश बनाने में सहायक होता है, इसलिए अनेक सीमाओं के बावजूद भी प्रचक्रण के कारण ताप नियंत्रण थोड़ा आसान हो जाता है। प्रचक्रण के कारण उपग्रहों पर बाहरी ऊष्मा भार एक ही स्थान पर केंद्रित न होकर कई सतहों पर समान रूप से वितरित हो जाते हैं।

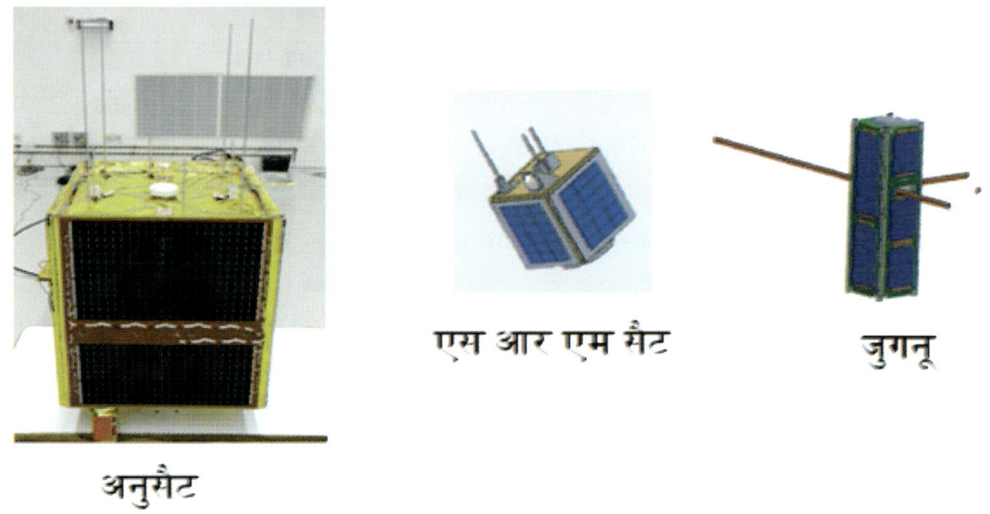

चित्र 9.1 हमारे देश की शिक्षा संस्थाओं द्वारा निर्मित माइक्रो एवं नैनो उपग्रह

भविष्य में लघु उपग्रहों के इलेक्ट्रॉनिक घटकों में 25 W/cm^2 या इससे भी अधिक के स्तर की ऊष्मा अभिवाहों की संभावना है। इसके अतिरिक्त भिन्न घटकों के लिए भिन्न अनुमत तापमान की सीमाओं के कारण ऊष्मीय प्रबंधन अधिक चुनौतीपूर्ण कार्य हो जाता है।

उपग्रहों के ऊष्मीय प्रबंधन में मेम्स एवं चतुर प्रौद्योगिकियाँ

सूक्ष्म विद्युत–यांत्रिक तंत्र (मेम्स) लघु समेकित युक्तियाँ या तंत्र होते हैं, जिनमें विद्युत् एवं यांत्रिक दोनों तरह के घटकों का समायोजन होता है। इनका आकार माइक्रॉन से मिलिमीटर के स्तर तक का हो सकता है। किसी तंत्र में इनकी उपस्थिति अल्प संख्या से लेकर लाखों तक पहुँच सकती है। इन तंत्रों में संवेदकों, संकेत प्रक्रमणों एवं प्रवर्तकों की उपस्थिति होती है, इसलिए उपग्रहों के लिए मेम्स पर आधारित कई प्रकार की चतुर प्रौद्योगिकियों का विकास किया जा रहा है।

चतुर प्रौद्योगिकियों द्वारा हम ऐसे उपकरणों का निर्माण कर सकते हैं, जो उनके परिवेश एवं दशा के बारे में जानकारी रखते हैं तथा परिवेश एवं दशा में किसी परिवर्तन के अनुरूप उचित प्रतिक्रिया करने की भी क्षमता रखते हैं, जिससे परिवर्तनशील दशा एवं परिवेश में भी वह उपकरण अपेक्षा के अनुरूप निष्पादन प्रदर्शित कर सके। किसी तकनीक को चतुर तकनीक कहलाने के लिए ये आवश्यक गुणधर्म है। मानव शरीर तंत्रिकाओं, मांसपेशियाँ एवं दिमाग का उपयोग करते हुए उसके परिवेश में परिवर्तन के प्रति प्रतिक्रिया करता है, उसी तरह चतुर अवयव नए परिवेश एवं दशा के अनुरूप स्वत: ही अपने आकार, आकृति या तापमान इत्यादि में संवेदन, प्रवर्तन एवं नियंत्रण जैसी संकल्पनाओं का उपयोग करते हुए अपेक्षित परिवर्तन लाने की क्षमता रखते हैं। चतुर प्रौद्योगिकियों द्वारा उपग्रहों के लिए ऐंटेना, परावर्तक, दर्पण, विकिरकों इत्यादि का विकास किया जा रहा है। चतुर तकनीकों के विकास के लिए दाबविद्युत् प्रभाव, आकृति स्मृति सम्मिश्र, चुंबकीय प्रवाहिकीय तरल इत्यादि तकनीकों का उपयोग किया जा रहा है। चतुर तंत्र का प्रारंभिक बिंदु संवेदक होता है। संवेदक, उपकरण के वर्तमान परिवेश एवं दशा का बोध कराता है, इससे संबंधित जानकारी एवं आँकड़े चतुर तंत्र के लिए निवेश आँकड़ों का काम करते हैं। संकेत प्रक्रमण, इन संकेतों को प्रक्रम करने के बाद प्रवर्तक को भेजता है, संकेत प्रक्रमण से प्राप्त संकेतों के आधार पर उपकरण में उसके नए परिवेश एवं दशा के अनुसार अपेक्षित परिवर्तन लाने के लिए प्रवर्तक आवश्यक कार्रवाई करता है।

मेम्स प्रयुक्तियों के अंतर्गत इलेक्ट्रॉनिक उद्योग में समेकित परिपथ का निर्माण करने के लिए उपयोग की जाने वाली प्रौद्योगिकी को और आगे ले जाते हुए, उसमें यांत्रिक अवयव, जैसे गीयर, बीम, स्प्रिंग इत्यादि को भी जोड़ा जाता है। दैनिक जीवन में मेम्स का उपयोग हम कंप्यूटर से जुड़े हुए इंकजेट प्रिंटर के कारतूस में देख सकते हैं। मेम्स एकल रूप में यांत्रिक प्रक्रियाओं को सूक्ष्म स्तर पर बोध, नियंत्रण एवं सक्रिय कर सकते हैं एवं व्यूह के रूप में बृहत् स्तर पर प्रभावकारी हो सकते हैं। सूक्ष्म संविरचन तकनीक से मेम्स युक्तियों के व्यूह का निर्माण कर सकते हैं, जो व्यक्तिगत रूप से सरल कार्य करते हैं, लेकिन समूह में मिलकर जटिल कार्यों को भी संपन्न कर सकते हैं। मेम्स युक्तियाँ विद्युत् एवं गैर–विद्युत् घटकों में संबंध स्थापित करती हैं, संवेदक गैर–

विद्युत् घटना से निवेश संकेत ग्रहण करते हैं, जबकि प्रवर्तक गैर–विद्युत् घटना के लिए निर्गम संकेत भेजता है।

अंतरिक्ष में मेम्स तकनीक को उपयोग में लाने से कई महत्वपूर्ण लाभ होते हैं, इनकी प्रयुक्तियाँ आकार में अत्यंत छोटी हो सकती हैं, इनका द्रव्यमान भी बहुत कम होता है, इनकी निष्पादन एवं विश्वसनीयता अच्छी होती है। इन कारणों से ये अंतरिक्ष में उपयोग के लिए बहुत आकर्षक तकनीक हो जाती हैं। दिनों–दिन बढ़ती क्षमताओं, आकार का लघुकरण एवं घटती लागत के कारण उपग्रहों के लिए इनका उपयोग अधिक आकर्षक हो जाता है। उपग्रहों में ऊष्मीय प्रबंधन के लिए मेम्स का उपयोग मेम्स लूवर्स, सूक्ष्म ऊष्मा नलियों, मेम्स आधारित शीतलकों के लिए किया जा सकता है।

सूक्ष्म एवं नैनो उपग्रह अभियानों में बढ़ती रुचि के कारण मेम्स आधारित ऊष्मीय प्रबंधन तकनीकों का विकास आवश्यक हो गया है। भविष्य के सूक्ष्म एवं नैनो उपग्रहों की लंबाई एवं चौड़ाई 10 से 15 सेमी तथा ऊँचाई 5 से 10 सेमी की परास में हो सकती है। सूक्ष्म एवं नैनो उपग्रहों में सभी आवश्यक तंत्रों, जैसे नोदन, अभिवृत्ति एवं कक्षा नियंत्रण, एविऑनिक्स इत्यादि को एक ही इकाई में व्यवस्थित किया जाता है। इन उपग्रहों के छोटे आकार के कारण इनमें ऊष्मा अभिवाह घनत्वों का मान 25 W/cm^2 तक पहुँच सकता है।

मेम्स आधारित पंप शीतलक लूप में एक सिलिकॉन अवस्तर को इलेक्ट्रॉनिक पैकेज के साथ जोड़ दिया जाता है, सिलिकॉन अवस्तर में निक्षारण विधि द्वारा सूक्ष्म चैनलों का निर्माण किया जाता है। इन सूक्ष्म चैनलों में शीतलक द्रव को पंप द्वारा प्रवाहित किया जाता है। प्रवाहित द्रव इलेक्ट्रॉनिक पैकेज की ऊष्मा को ग्रहण करते हुए उसे ऊष्मा विनिमयक तक ले जाता है, ऊष्मा विनिमयक विकिरक के तापीय संपर्क में होता है, विकिरक द्वारा यह ऊष्मा अंत में अंतरिक्ष में उत्सर्जित कर दी जाती है।

परिवर्तनीय उत्सर्जनांश तकनीकें

हम पहले देख चुके हैं कि जब उपग्रह के बाह्य एवं आंतरिक ऊष्मा भारों में उतार चढ़ाव होते हैं, तब घटकों के तापमान को स्थिर रखने के लिए परिवर्तनीय विकिरण गुणधर्म वाले विकिरक अपेक्षित होते हैं, क्योंकि उनके उपयोग से ऊष्मकों की आवश्यकता में काफी कमी लाई जा सकती है। ऊष्मकों के अधिक उपयोग से उपग्रह पर विद्युत् शक्ति की माँग बढ़ती है। यांत्रिक लूवर्स द्वारा भी परिवर्तनीय विकिरक गुणधर्म हासिल हो जाते हैं, लेकिन उनका द्रव्यमान अधिक होने के साथ–साथ निर्माण भी जटिल एवं कल–पुर्जों से युक्त होता है। वर्तमान उपग्रहों में उत्पादित कुल विद्युत् शक्ति का 5-7% भाग ऊष्मकों के लिए खर्च हो जाता है और उपग्रह के कुल द्रव्यमान का 2-10% भाग ताप नियंत्रण तंत्र के अवयवों का ही होता है।

तापीय विकिरकों के लिए परिवर्तनीय उत्सर्जनांश तकनीक ऐसी तकनीक है, जो उपग्रहों पर ताप नियंत्रण तंत्र के द्रव्यमान और ऊर्जा खपत का भार महत्वपूर्ण रूप से घटा सकती है। मेम्स तकनीक पर आधारित सूक्ष्म लूवर्स एवं इलेक्ट्रो क्रोमिक प्रयुक्तियों द्वारा परिवर्तनशील उत्सर्जनांश वाली विकिरक सतहों का निर्माण किया जा सकता है। कुछ इलेक्ट्रॉनिक पदार्थों पर विद्युत् विभव आरोपित करने से उनके तापीय प्रकाशिकी गुणधर्मों में परिवर्तन आ जाते हैं, ऐसे पदार्थों द्वारा निर्मित विकिरक, उपग्रहों में यांत्रिक लूवर्स का स्थान ले सकते हैं। इस तरह के विकिरक, यांत्रिक लूवर्स की तुलना में अधिक विश्वसनीय एवं कम लागत के होते हैं।

इलेक्ट्रो क्रोमिक प्रयुक्तियाँ इस सिद्धांत पर कार्य करती है कि इलेक्ट्रो क्रोमिक पदार्थों में इलेक्ट्रॉन्स या ऑयन्स के घटने या बढ़ने के कारण उनकी अवरक्त तरंगदैर्घ्य के लिए परावर्तकता बदल जाती है। जब इलेक्ट्रो क्रोमिक पदार्थ पर एक छोटा विभव लगाया जाता है तो प्रयुक्ति की इलेक्ट्रो क्रोमिक परत पर आवेशित आयन एकत्रित हो जाते हैं या उसमें से निकल जाते हैं, परिणामस्वरूप प्रयुक्ति की अवरक्त परावर्तकता में परिवर्तन आ जाता है। वह प्रक्रिया परिवर्तनीय उपचयन एवं अपचयन क्रिया होती है। ऐसी इलेक्ट्रो क्रोमिक प्रयुक्तियों का विकास किया जा रहा है, जिनकी अवरक्त उत्सर्जनांक को 0.39 से 0.74 तक बदला जा सकता है, यांत्रिक लूवर्स से भी हमें लगभग इसी तरह के विकिरण गुणधर्म मिल जाते हैं। इसके अतिरिक्त, इलेक्ट्रो क्रोमिक प्रयुक्तियों का द्रव्यमान 400 ग्राम प्रति वर्ग मीटर होता है, जबकि यांत्रिक लूवर्स का द्रव्यमान 5 किलो ग्राम प्रति वर्ग मीटर का होता है।

थर्मोक्रोमिक प्रयुक्तियों में तापमान में परिवर्तन के कारण उसकी सतह के विकिरण गुणधर्मों में परिवर्तन हो जाते हैं। थर्मोक्रोमिक प्रयुक्तियों में विकिरक के निर्माण के लिए ऊष्मा उत्सर्जन करने वाली सतहों पर विशेष पदार्थों के ऑक्साइड्स का विलेपन किया जाता है। $La_x Sr_x Mn_{1-y}Al_yO_3$ (LSMO), एक संक्रमण धातु ऑक्साइड पदार्थ का विलेपन स्वतः ही तापमान के अनुसार सतह के ऊष्मा उत्सर्जन गुणांक के सही समायोजन से ऊष्मा स्थानांतरण की दर में परिवर्तन करते हुए उपग्रह के तापमान को नियंत्रण में रखता है। यह पदार्थ लगभग 300 केल्विन के तापमान पर लौह-चुंबकीय धात्विक प्रावस्था, जिसकी तापीय उत्सर्जनांक 0.2 होती है, उससे अनुचुंबकीय प्रतिरोधी, जिसका तापीय उत्सर्जनांक 0.8 होता है, उसमें रूपांतरित हो जाता है। विभिन्न संक्रमण धातुएँ, जैसे—टंगस्टन, मैग्नीज, वैनेडियम इत्यादि पर आधारित ऑक्साइड्स तापमान या विद्युत् क्षेत्र के प्रभाव के कारण उनके क्रिष्टलोग्राफिक संरचना में परिवर्तन प्रदर्शित करते हैं।

तापरोधी एरोजैल

एरोजैल का घनत्व वायु के घनत्व का केवल तीन गुना होता है, इसलिए इसे सबसे हल्का ठोस पदार्थ माना जाता है। एरोजैल एक असाधारण तापरोधी पदार्थ है, असाधारण तापरोधक होने के साथ ही यह असाधारण रूप से हल्का है। इसमें वायु का अंश अधिक होने के कारण यह एक अच्छा तापरोधी पदार्थ बन जाता है। पृथ्वी के वायुमंडल में एक सिलिका एरोजैल की तापीय चालकता लगभग 0.017 W/m/K होती है। यह चालकता भी इसमें उपस्थित गैस की चालकता के कारण होती है।

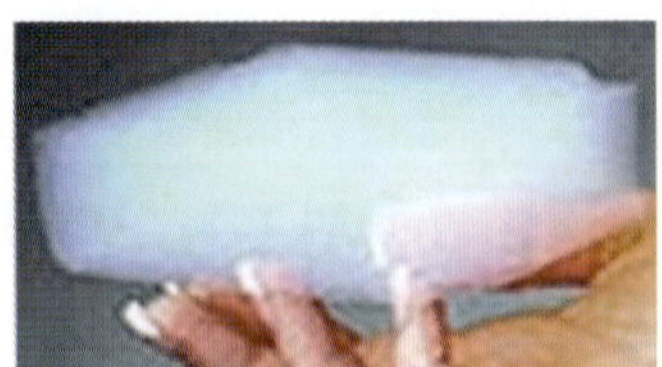

चित्र 9.2 एरोजैल का एक टुकड़ा

एरोजैल ग्लास की तरह शुद्ध सिलिकॉन डाइ ऑक्साइड और रेत है, लेकिन इसका घनत्व ग्लास से

1000 गुना कम होता है, क्योंकि इसमें 99.8 प्रतिशत हवा होती है। इसे तैयार करने के लिए तरल सिलिकॉन यौगिक को तीव्रता से वाष्पीकृत होने वाले तरल विलायक के साथ मिश्रित कर दिया जाता है, जिससे तरल जैल जैसा बन जाता है। इसके बाद इसे विशेष तकनीक से सुखाया जाता है, जिससे इसके तरल भाग का वाष्पीकरण हो जाता है और सिलिकॉन के ग्लासी स्पॉन्ज जैसा पदार्थ शेष रह जाता है, जिसे एरोजैल कहा जाता है। यह असाधारण हल्का पदार्थ टिकाऊ और मजबूत होता है तथा आसानी से प्रमोचक यान एवं अंतरिक्ष के परिवेश को सहन कर लेता है। नासा ने मंगल के पाथ फाइंडर अभियान में एरोजैल को तापरोधक पदार्थ के रूप में उपयोग किया है। अंतराग्रहिक अभियानों में ग्रहों के प्रतिकूल तापीय परिवेश से उपकरणों के ऊष्मीय पृथक्करण के लिए एरोजैल अत्यंत उपयोगी पदार्थ है।

विस्तरीय विकिरक

उपग्रह के सौर पैनलों की तरह विकिरकों को भी प्रमोचन के दौरान समेटी हुई या तह की हुई अवस्था में अंतरिक्ष में भेजा जाता है तथा निर्दिष्ट कक्षा में पहुँचने के बाद उनके संपूर्ण क्षेत्रफल का विस्तार हो जाता है, अर्थात् विकिरक तह की हुई अवस्था से खुली हुई अवस्था में आ जाता है, ऐसे विकिरकों को विस्तरीय विकिरक कहा जाता है। जब उपग्रह या नीतभारों की मुख्य संरचना पर उपलब्ध विकिरक क्षेत्र अवांछनीय ऊष्मा को अपेक्षित तापमान पर अंतरिक्ष में उत्सर्जन के लिए पर्याप्त नहीं होता है, तब विस्तरीय विकिरकों की आवश्यकता होती है। ऐसा उपग्रह में ऊर्जा क्षय बढ़ने के कारण या उपग्रह के आकार के लघुकरण के कारण हो सकता है। अंतरराष्ट्रीय स्पेस स्टेशन पर विद्युत् शक्ति तंत्र के शीतलन के लिए विस्तरीय विकिरक का उपयोग किया गया है। चित्र 9.3 में एक विस्तरीय विकिरक के मुख्य घटक दिखाए गए हैं।

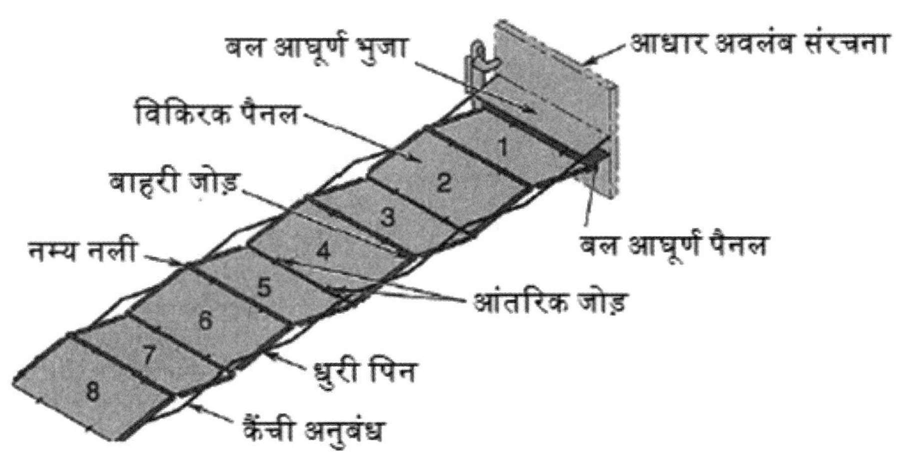

चित्र 9.3 एक विस्तरीय विकिरक के मुख्य घटक

विस्तरीय विकिरकों के लिए लूप ऊष्मा नलियों एवं पंप तरल लूपों का उपयोग किया जाता है। इन

प्रयुक्तियों में कार्यकारी द्रव का एक बंद लूप में चक्रीय प्रवाह होता है। विस्तरीय विकिरकों के लिए नम्य ऊष्मा नलियों एवं प्रवाहिकाओं की आवश्यकता होती है। लूप ऊष्मा नलियों में वाष्पक, जो ऊर्जा क्षय करने वाले घटकों के संपर्क में होता है, उसमें तरल द्वारा ऊष्मा का अवशोषण कर लिया जाता है। वाष्पक से तरल, वाष्प के रूप में विकिरक क्षेत्र में पहुँच कर पुन: द्रव में परिवर्तित होते हुए ऊष्मा का अंतरिक्ष में निस्तारण कर देता है। यह द्रव केशिका बलों के फलस्वरूप पुन: वाष्पक में पहुँच जाता है। पंप तरल लूपों में तरल के प्रवाह के लिए यांत्रिक पंप का उपयोग किया जाता है। मानव अभियानों में पंप तरल लूपों का उपयोग किया जाता है, क्योंकि उनमें अभियान की अवधि कम होती है तथा अंतरिक्ष यात्रियों द्वारा मरम्मत भी की जा सकती है। लेकिन अब गैर मानव अभियानों में भी बढ़ते हुए ऊर्जा क्षय के कारण पंप तरल लूपों का उपयोग शुरू हो गया है। अगर यांत्रिक पंप तरल लूप पर्याप्त विश्वसनीयता का प्रदर्शन करते हैं तो भविष्य के मानव रहित अभियानों में भी इसका उपयोग सामान्य हो जाएगा। हमारे देश में भविष्य के उपग्रहों के लिए विस्तरीय विकिरकों का तेजी से विकास किया जा रहा है।

□

संदर्भ सूची

1. V.R. Katti, K. Thyagarajan, K.N. Shankara, A.S. Kiran Kumar: Spacecraft Technology, Current Science, V 93, No.12 Dec. 2007.
2. Amir Faghri, Heat Pipe Science & Technology, Taylor & Francis, New York, 1995.
3. B. Thrinath Reddy, A Note on Orbits for Satellite Thermal Design, Doc. No.ISAC-32-89-01-05-02, Thermal Systems Group, ISRO Satellite Centre, Bangalore, 1989 तापीय तंत्र प्रभाग, इसरो उपग्रह केंद्र, बेंगलूरू, जनवरी 1989
4. किशन सिंह : भू-स्थिर उपग्रह प्रमोचन यान, विक्रम साराभाई अंतरिक्ष केंद्र, त्रिवेंद्रम, 2009.
5. Spacecraft Thermal Control, NASA SP-8105, मई 1973
6. David G. Gilmore, Spacecraft Thermal Control Handbook, The Aerospace Corporation, California,1994.
7. Brij N. Agrawal, Design of Geosynchronous Spacecraft, Prentice Hall, NJ,1986
8. S.W. Chi., Heat Pipe Theory and Practice, McGraw-Hill, New York, 1976.
9. M. Krishnamurthi, Satellites, Popular Science & Technology Series, DESIDOC, DRDO, Ministry of Defence, Govt. of India, Delhi-110054
10. Space Primer, A Student Guide to the Principles of Space, The Aerospace Corporation
11. Meenakshi Kumar, Remote Sensing, Reading to Learn, NCERT, 2001
12. रजनी कांत तिवारी एवं विश्वमोहन तिवारी, 'उपग्रह के बाहर भीतर भारत के हस्ताक्षर', प्रकाशन विभाग, सूचना एवं प्रसारण मंत्रालय, भारत सरकार 2006
13. सेटेलाइट थर्मल कंट्रोल इंजीनियरींग, ई.एस.टी.ई.सी, थर्मल एंड स्ट्रक्चर डिविजन, ई.एस. ए 2004
14. www.isro.gov.in
15. www.radio-electronics.com
16. www.wisegeek.org
17. http://en.wikipedia.org/
18. www.esa.int

□

हिंदी-अंग्रेजी शब्दावली

अ

अंकगणितीय नोड Arithmetic Node
अंतरग्रहीय Interplanetary
अंतरापृष्ठ Interface
अंतराणुक बल Intermolecular Force
अंतराली पदार्थ Interstitial Material
अंतरिक्ष Space
अंतरिक्ष यान Spacecraft
अंत: विषयक Interdisciplinary
अंत:क्षेप Inject
अंतरिक्ष कचरा Space Debris
अंतरिक्ष यान Spacecraft
अंतरिक्ष यात्री Astronaut
अंतरित Subtended
अन्वेषी Probe
अंश Degree, Fraction
अक्ष Axis
अक्षीय खाँचा Axial Groove
अग्र फलक Face Sheet
अज्यामितीय नोड Nongeometric
अंडाकार Elliptical, Oval
अतिउष्ण Extreme Hot
अतिपरवलयिक Hyperbolic
अतिशीत Extreme Cold
अधात्विक Non-metal
अध्यारोपण Superposition
अनंत Infinite
अनुकरण Simulation
अनुक्रम Sequence
अनुचुंबकीय Paramagnetic
अनुपात Ratio
अनुप्रस्थ-काट Cross-Section
अनुमत Allowable
अनुमत सीमाएँ Allowable Limits
अनुरक्षण Maintenance
अनुवर्तन Tracking
अंत: क्षेपण Injection
अंतर्बदल Interchange
अन्योन्यता का नियम Law of Reciprocity
अन्वेषण Exploration
अन्वेषिका Probe
अपकेंद्री बल Centrifugal Force
अपचयन Reduction
अपभू Apogee
अपसौर Aphelion
अपेक्षित Desirable, Expected
अभिकल्पना Design
अभिकेंद्री बल Centripetal Force
अभिक्रियाशीलता Reactivity
अभिगमन Transport
अभिलक्षण Characteristics
अभिलक्ष्यन यथार्थता Pointing Accuracy
अभिवहन Advection
अभिवृत्ति Attitude
अभियान Mission

अभिलंब Normal
अभिवाह Flux
अयनांत Solstice
अरैखिक Nonlinear
अर्द्ध ग्रे सन्निकटन Semi grey approximation
अर्द्धगोलीय Hemispherical
अर्धदीर्घाक्ष Semi Major Axis
अल्बिडो Albedo
अवकलन Differential
अवधि Duration
अवध्वनिक Subsonic
अवनत Depress
अव-परमाण्वीय Sub-Atomic
अवयव Element
अवरक्त Infrared
अवरोही नोड Descending Node
अवशीतलक Cryocooler
अवशेष Residue
अवशोषण Absorption
अवशोषणांक Absorptance
अवशोषित Absorbed
अव-सौर बिंदु Sub Solar Point
अवस्तर Substrate
असंघनीय Non-Condensable
असंतुलन Imbalance
अज्ञात Unknown

आ

ऑक्सीकारक Oxidant
आई आर एस Indian Remote Sensing (IRS)
आँकड़ा Data
आँकड़ा संसाधन Data Processing
आंकिक Numerical
आकृति स्मृति सम्मिश्र Shape Memory Alloy
आंतरिक ऊष्मा भार Internal Heat Load
आगमन Arrival, Incident
आधार Base
आनति कोण Inclination Angle
आंतर गणना Interpolation
आपतन कोण Angle of Incidence
आपतित Incident
आपदा प्रबंधन Disaster management
आपूर्ति Supply
आभासी Apparent
आयतन Volume
आयाम Amplitude
आरोहण Ascending
आरेखण Drawing, Schematic
आरोही नोड Ascending Node
आवृत Covered
आवृत्त Periodic
आवृत्त काल Time Period
आवृत्ति Frequency
आवेग Impulse
आवेशित Charged
आशय Storage
आसंजन Adhesion

इ/ई

इ.ओ.एल. End of Life
इकाई Unit
इन्सैट Indian National satellite (INSAT)
इष्टतमीकरण Optimization
ईंधन Fuel

उ

उत्कृष्ट Excellence

उत्तरी ध्रुव North Pole

उत्केंद्रता Eccentricity

उत्पत्ति Generation

उत्प्लावन बल Buoyancy force

उत्सर्जन Emission

उत्सर्जनांक Emissivity

उत्सर्जनांश Emittance

उत्सर्जित Emitted

उत्सर्जी शक्ति Emissive Power

उन्नत Advanced

उपकरण Equipment

उपग्रह Satellite

उपचयन Oxidation

उपतंत्र Sub system

उपभू Perigee

उपयोगी जीवन काल Useful life

उपसौर Perihelion

उबाल सीमा Boiling Limit

उल्का पिंड Meteorite

ऊ

ऊँचाई Altitude

ऊर्जा Energy

ऊष्मक Heater

ऊष्मा Heat

ऊष्मा अभिगम Heat sink

ऊष्मा अभिवाह Heat flux

ऊष्मा गतिकी Thermodynamics

ऊष्मा चालकता Thermal Conductivity

ऊष्मा चालकता गुणांक Coefficient of Thermal Conductivity

ऊष्मा चालन Heat conduction

ऊष्मा धारिता Heat Capacity

ऊष्मा धारित्र Heat Sink

ऊष्मा नली Heat pipe

ऊष्मा प्रवाह रेखाएँ Heat Flow Lines

ऊष्मा भार Heat Load

ऊष्मा रोधन Thermal Insulation

ऊष्मा विनिमायक Heat Exchanger

ऊष्मा संचरण Heat transfer

ऊष्मा संतुलन Heat Balance

ऊष्मा संरक्षण Conservation of Heat

ऊष्मा स्थानांतरण Heat transfer

ऊष्मीय Thermal

ऊष्मीय चालकत्व Thermal Conductance

ऊष्मीय धारिता Thermal capacity

ऊष्मीय युग्मन Thermal coupling

ऋ

ऋणात्मक Negative

ए

एकल Single, One

एक वर्णी उत्सर्जी शक्ति Monochromatic Emissive Power

एक विमीय One Dimensional

एकांतर चरण Alternate Stage

क

कंठ Throat

कंपन Vibration

कण Particle

कर्कश Harsh, Extreme
कवच Shield
कक्षा Orbit
कक्षा नियंत्रण Orbit control
कक्षीय Orbital
कक्षीय झुकाव Orbital Inclination
कक्षीय तल Orbital Plane
कक्षीय वेग Orbital Velocity
कारक Factor
किरणन Irradiation
कुचालक Bad conductor
कृष्ण Black
कृष्ण पिंड Black body
कृष्ण विलेप Black Paint
कृष्ण सतह Black surface
कृत्रिम Artificial
केशिकत्व बत्ती Capillary Wick
केशिका बल Capillary Force
केशिका बत्ती Capillary Wick
केशिकीय सीमा Capillary Limit
क्रियाशील Active
केंद्र Centre, Focus
कोण Angle
कोणीय वेग Angular Velocity
क्रमागत Consecutive
क्रांतिक तापमान Critical Temperature
क्रांतिवृत्त तल Ecliptic Plane
क्वथनांक Boiling Point
क्षैतिजीय वेग Horizontal Velocity
क्षय Dissipation, Decay
क्षरणरोधी Leak Proof

ख

खगोलीय Celestial
खनिज Mineral
खनिज चित्रण Mineralogical Mapping

ग

गणना Calculation
गणितीय प्रक्रिया Mathematical Process
गति Motion
गतिज ऊर्जा Kinetic Energy
गलनांक Melting Point
गुणक Factor
गुणधर्म Properties
गुणवत्ता Quality
गुणांक Coefficient
गुप्त ऊष्मा Latent Heat
गुरुत्व Gravity
गुरुत्वाकर्षण Gravitation
ग्रह Planet
ग्रहीय Planetary
ग्रीष्म अयनांत Summer Solstice
गोलार्ध Hemisphere

घ

घटक Component
घन Cube
घन कोण solid angle
घनत्व Density
घनाकार Cuboid
घर्षण Friction
घूर्णन काल Period of rotation

च

चक्रीय Cyclic

चतुर प्रौद्योगिकी Smart Technologies

चपटापन Ovality

चालन Conduction

चालन गुणांक Conduction factor

चुंबकीय प्रवाहिकीय तरल Magneto Rheological Fluid

ज

जड़त्व Inertia

जड़त्वीय बल Inertial force

जनसंचार Mass communication

जाल Network

जीसैट Geostationary satellite(GSAT)

जोड़ joint

जोड़ का नियम Law of summation

ज्यामिती Geometry

ज्यामितीय Geometrical

झ

झुकाव Inclination

ठ

ठोस Solid

ठोस रॉकेट Solid Rocket

ढ

ढाँचागत विकास Infrastructure Development

त

तंत्र System

तकनीक Technique

तरंग Wave

तरंगदैर्घ्य Wave length

तरल Fluid

तरल रॉकेट Liquid Rocket

तल Plane

तह Layer

ताप Temperature, Thermal

तापक Heater

तापगतिकी चक्र Thermodynamic Cycle

ताप प्रकाशिकी Thermo-Optical

ताप भौतिकी Thermo-Physical

ताप नियंत्रण Thermal Control

तापरोधी चादर Thermal Insulation Blanket

तापीय Thermal

तापीय गणितीय प्रतिरूप Thermal Mathematical Model

तापीय जाँच Thermal Testing

तापीय द्रव्यमान Thermal Mass

तापीय धारिता Thermal Capacity

तापीय पतन Temperature Drop

तापीय प्रवणता Thermal Gradient

तापीय युग्मन Thermal Coupling

तापीय रव Thermal Noise

तापीय विश्लेषण Thermal Noise

तापीय संपर्क Thermal Contact

तापीय संपर्क चालकत्व Thermal Contact Conductance

तीर Arrow

तीव्रता Intensity

तुंगता Altitude

तुल्य Equal

त्वरण Acceleration

त्वरित Accelerated

त्रिक बिंदु Triple Point

त्रिज्या Radius
त्रि-विमीय Three Dimensional
त्रुटि Error

द

दक्ष Efficient
दक्षता Efficiency
दक्षिण हस्तिक Right Hand
दक्षिणी ध्रुव South Pole
दंड Penalty
दर्पण Mirror
दर्पणी Specular
दहन Combustion
दहन कक्ष Combustion Chamber
दाब Pressure
दाबविद्युत् प्रभाव Piezoelectric Effect
दाबीय प्रवणता Pressure Gradient
दाहक Igniter
दाहिना आरोहण Right Ascension
दिक्पात कोण Declination Angle
दिग्विन्यास Orientation, Attitude
दीर्घकालीन Long term
दीर्घवृत्ताकार Elliptical
दुर्नम्य Stiff
दूरचिकित्सा Telemedicine
दूरमिति Telemetry
दूरादेश Telecommand
दूरशिक्षा Tele education
दृष्टिगोचर Visible
दृश्य Visible / View
दृश्य संपर्क क्षेत्र Visible/Apparent Contact Area
दृश्य क्षेत्र Field of View
दृश्यता गुणांक View Factor
दृष्टि गुणक View Factor
दोलायमान Oscillating
द्रव Liquid
द्रव-वाष्प अंतरापृष्ठ Liquid Vapor Interface
द्रवित Liquefied
द्रव्यमान Mass
द्रव्यमान अनुपात Mass Ratio
द्वि-विमीय Two Dimensional

ध

धनात्मक Positive
धातु Metal
धारिता Capacity
ध्रुवीय Polar
ध्वनिक सीमा Sonic Limit

न

नम्य Flexible
नवचंद्रक Meniscus
नाभि Focus
नाक्षत्र दिवस Sidereal day
निकास Exit
निम्नीकरण Degradation
नियत Certain
नियंत्रण Control
निरूपित Represent, Model
निर्गम Exit, Output
निर्दिष्ट Specified
निर्माण Construction
निर्वात Vacuum
निवल Net

निविष्ट Inserted
निवेश Input
निष्क्रिय passive
निष्पादन Performance
निहित Inherent
निक्षेपण Deposition
नीतभार Payload
नोडीकरण Nodalization
नोडीय प्रतिगमन Nodal Regression
नोदक Propellant
नोदन Propulsion
नौसंचालन Navigation

प

पतन Drop, Fall
पन्नियाँ Foils
पन्नी ऊष्मक Foil Heater
परम तापमान Absolute Temperature
परवलयिक Parabolic
पराध्वनिक Supersonic
पराबैंगनी Ultra violet
परावर्तक Reflector
परावर्तन Reflection
परावर्तित Reflected
परास Range
परिक्रमा Rotation
परिक्रमा पथ Rotation path
परिणामी Resultant
परिपथ Circuit
परिमाणात्मक Quantitative
परिमित Finite
परिवर्तनीय Variable, Changeable
परिवेश Environment
परिष्कृत Polished, Refined
परिसंचरण Circulation
परिसीमा नोड Boundary Node
परीक्षण प्रकोष्ठ Test Chamber
पलायन Escape
पलायन वेग Escape Velocity
पर्यावरण Atmosphere
पारस्परिक क्रिया Interaction
पार्श्व फलक Side panel
पिंड Body
पिंडित Lumped
पुनर्योजित्र Regenerator
पृथक्करण Isolation, Separation
पृथ्वी Earth
पृष्ठ तनाव Surface tension
प्रकरण Case
प्रकाश विद्युत् Photo electric
प्रकाशिकी सौर परावर्तक Optical Solar Reflector
प्रकाशीय Optical
प्रकीर्णन Scattering
प्रक्षेपण Launch
प्रक्षेप पथ Trajectory
प्रक्षेपित क्षेत्र Projected Area
प्रक्रम Process
प्रक्रमन Processing
प्रक्रिया Process
प्रघात तरंग Shock Wave
प्रचक्रण Spinning
प्रचक्रण अक्ष Spinning Axis
प्रचालन Operation

प्रज्वलन Ignition
प्रठोसन Curing
प्रणाली System
प्रणोद Thrust
प्रणोद-भार अनुपात Thrust to Mass Ratio
प्रतिक्रिया Reaction
प्रतिक्रिया चक्र Reaction Wheel
प्रतिगमन Regression
प्रतिच्छेदन Intersection
प्रतिनिधिक Representative
प्रतिबल Stress
प्रतिबिंब Image
प्रतिबिंबन Imaging
प्रतिभूदर्शी फलक Anti Earth Viewing Panel
प्रतिरूप Model
प्रतिरोध Resistance
प्रतीक Symbol
प्रत्यास्थक योजक Elastomeric Binder
प्रत्यास्थता गुणांक Coefficient of elasticity
प्रथम कोटि First Order
प्रदीप्त Illuminated
प्रधानता Domination
प्रबंधन Management
प्रभावी Effective
प्रनोदन Propulsion
प्रमोचन मंच Launch Pad
प्रयोगशाला Laboratory
प्रयोजन Purpose
प्रयुक्ति Device
प्रलेप Paint
प्रवणता Gradient
प्रवर्तक Actuator
प्रवाह Flow
प्रशीतन Refrigeration, Cooling
प्रसारण Broadcasting
प्रस्तरीय Deployable
प्राकृतिक Natural
प्राकृतिक संवहन Natural Convection
प्राचल Parameter
प्राथमिक Primary
प्रावस्था Phase
प्रावस्था परिवर्तनशील पदार्थ Phase Change Material
प्रेक्षण Observation
प्रेरक Motive
प्रेषानुकर Transponder
प्रेक्षण Observation
प्रौद्योगिकी Technology

फ

फलक Panel, Sheet

ब

बंधक Binder
बल Force
बलात् संवहन Forced Convection
बहिर्वेधन Extrusion
बहुचरण Multistage
बहुचरण रॉकेट Multistage Rocket
बहु परत ऊष्मारोधी चादर Multi Layer Insulation sheet
बहुलक Polymer

बहु वर्णी (स्पेक्ट्रमी) Multi Spectral
बहुविषयक Multi Disciplinary
बाह्य External, Outer
बी.ओ.एल. Beginning of Life
बुलबुले Bubbles
ब्रह्मांडीय Cosmic

भ

भंडारण Storage
भराव पदार्थ Filler Material
भार Load
भारित Loaded
भू-अन्वेषण Earth Observation
भू-आकृति Geomorphology
भू-केंद्र Earth Centre
भू-चित्रण Earth Cartography
भू-तुल्यकालिक Geo Synchronous
भूदर्शी फलक Earth Viewing Panel
भू-दीप्ति Earth shine
भूभाग Planet Surface, Ground
भूमध्यरेखीय तल Equatorial Plane
भू-संसाधन Earth resources
भू-स्थिर कक्षा Geostationary Orbit

म

मधुछत्ताकार Honeycomb
मध्याह्न Noon
माध्यम Medium
मानक मान Standard Value
मानचित्रण Cartography
मिश्र धातु Alloy
मिश्र नोदक रॉकेट Hybrid Propellant Rocket
मुक्त संवहन Free Convection
मुख द्वार Opening
मूल्यांकन Evaluation
मोलनिया कक्षा Molniya Orbit

य

यंत्रावलियाँ Mechanism
यांत्रिक Mechanical
यांत्रिक सज्जीकरण Mechanical Assembly
यथार्थता Accuracy
यादृच्छिक सूक्ष्म गति Random Molecular/ micro motion
योग्यता अंक Figure of Merit
योग्यता परीक्षण Qualification Test
यौगिक Compound

र

रसायन Chemical
रॉकेट प्रक्षेपण Launch of Rocket
रुद्धोष्म Adiabatic
रूपरेखा Scheme, Outline

ल

लक्ष्य Target
लोह चुंबकीय धात्विक प्रावस्था Ferro Magnetic Metallic Phase

व

वक्रता Curvature
वर्ग Square
वर्णक्रम Spectrum
वलयाकार Cylinderical
वसंत-विषुव Vernal Equinox
वांछनीय Desirable, Expected
वामावर्त्त Anti Clock Wise
वार्षिक गति Annual Speed

वायु Air
वायुमंडल Atmosphere
वाष्प Vapor
वाष्पक Evaporator
वाष्पशील Volatile
वाष्पीकरण Vaporization
वाष्पीय दाब Vapor Pressure
वास्तविक संपर्क क्षेत्र Actual Contact Area
विकृति Deformation
विकिरक Radiator
विकिरण Radiation
विगैसन Out gassing
विचलन Deviation
वितरण Distribution
विद्युत् Electric
विद्युत् ऊष्मक Electric Heater
विद्युत् चुंबकीय Electromagnetic
विद्युत् विभव Electric Potential
विद्युत् शक्ति Electric Power
विधा Mode, way
विधि Mode, Method
विनिमय Exchange
विनिमय गुणक Exchange Factor
विन्यास Orientation, Arrangement
विमा Dimension
वियोजन Separation
विरल Sparse
विलेप Paint
विलेपन Painting, Coating
विलगक Isolator
विलायक Solvent
विविक्तिकरण Discretisation
विशिष्ट Specific
विशिष्ट आवेग Specific Impulse
विशिष्ट ऊष्मा Specific Heat
विश्वसनीयता Reliability
विषमता Anomaly
विषुव Equinox
विसरण Diffusion
विसरण नोड Diffusion Node
विसरित Diffused
विस्तरण Deployment
विस्तरीय विकिरक Deployable Radiator
विस्तारक Expander
विस्थापन Displacement
वृत्ताकार Circular
वृद्धि Increase, Increment
वेग Velocity
वैकल्पिक Alternate, Optional
व्यंजक Expression
व्यय Expense
व्युत्क्रम Inverse
व्युत्क्रम-वर्ग Inverse-Square
व्यूह Array

श

शहरी नियोजन Urban Planning
शैल विज्ञान Study of Rocks
शीत अयनांत Winter Solstice
शीतलक Cooler
शरद विषुव Winter Equinox
शीर्ष Peak, Highest, Top
श्यान तरल Viscous Fluid

श्यानता Viscosity
श्यान सीमा Viscous Limit

ष

षट्फलक Six sided, Hexaedron
षट्भुज Hexagon

स

संकल्पना Philosophy, Idea
संकेत Signal
संकेत प्रक्रमण Signal Processing
संक्रमण धातु Transition Metal
संगणक Computer
संघनन Condensation
संघनित्र Condenser
संचरण Transmission
संचार Communication
संचालन Operation
संतृप्त Saturated
संतुलन Balance
संपर्क प्रतिरोध Contact Resistance
संलीन सिलिका Fused Silica
संरक्षण Support
संरचना Structure
संरचना पैनल Structural Panel
संरचनात्मक Structural
संरूपण Configuration
संवर्धन Amplification
संवहन Convection
संवहन ऊष्मा स्थानांतरण गुणांक Coefficient of Convective Heat Transfer
संवेदक Sensor
संवेदन Sensing
संसंजन Cohesion
संसाधन Resources
संसूचक Detector
संपर्क क्षेत्र Contact Area
संपर्क कोण Contact Angle
संपर्क बिंदु Contact Point
संयोजन Combination
संरेखण Alignment
संरोहण सीमा Entrainment
संवेग Momentum
संशोधन Modification
सक्रिय Active
सतत Continuous
सतह Surface
सतह तनाव Surface Tension
सत्यापन Verification
सदिश Vector
सन्निकट Closest, Adjacent
सन्निकटन Approximation
सपाट Flat
सपाट अवशोषक Flat Absorber
समआयतनीय प्रक्रम
समग्रता Integrity
समतापीय Isothermal
समय स्थिरांक Time Constant
समयावधि Time Period
समर्थन Support
समांतरित Collimated
समाकलन Integration
समाकलित Integrated
समानांतर Parallel

समानुपात Proportion
समानुपाती Proportional
समायोजन Adjustment
समायोजित Adjusted
समाहित Impregnated, Integrated
समुद्र विज्ञान Oceanography
समेकित परिपथ Integrated Circuit
समेटी हुई Stowed
सम्मिश्र Composite
सरलीकरण Simplification
सह संबंध Correlation
साम्य Equal
साम्यावस्था Equilibrium
सिरा End
सीमा Limit
सीमांत Boundary
सीमांत दशा Boundary Condition
सी.सी.डी. Charged Coupled Device
(आवेश युग्मित प्रयुक्ति)
सुचालक Good Conductor
सुदूर Remote
सुदूर संवेदन Remote Sensing
सुदूर संवेदी Remote Sensing
सूर्य ग्रहण Solar Eclipse
सूर्य तुल्यकाली Sun Synchronous
सूर्य दिवस कोण Sun Day Angle
सूर्यास्त Evening
सूर्योदय Morning
सूक्ष्म Micro
सूक्ष्म उपग्रह Micro Satellite
सोपान फलन Step funcion
सौर Solar
सौर अवशोषणांक Solar Absorptance
सौर ज्वाला Solar flare
सौर दिवस Solar day
सौर परावर्तक Solar Reflector
सौर विकिरण Solar Radiation
सौर व्यूह फलक Solar array panel
सौर स्थिरांक Solar Constant
स्थिति कोण Position Angle
स्थिति पालन Station Keeping
स्थितिज ऊर्जा Potential Energy
स्थिरांक Constant
स्थानांतरण Transfer
स्थानीय समय Local Time
स्थायी अवस्था Steady State
स्थिरोष्म भाग Adiabatic Section
स्थूल गति Macro Motion
स्पर्श ज्वली नोदक Hypergolic Propellant
स्वचालित Automatic
स्वचालित ऊष्मक Automatic Heater
स्वीकृति परीक्षण Acceptance Testing
स्रोत Source

□□□

लेखक परिचय

कमलेश कुमार बराया ने राजस्थान विश्वविद्यालय, जयपुर से यांत्रिकी इंजीनियरिंग में स्नातक एवं भारतीय प्रौद्योगिकी संस्थान, मुंबई से तापीय एवं तरल इंजीनियरिंग में स्नातकोत्तर की उपाधियाँ प्राप्त की हैं। आपने जवाहरलाल नेहरू विश्वविद्यालय, नई दिल्ली से इटालियन भाषा में डिप्लोमा स्तर का पाठ्यक्रम भी किया है। आप लगभग पिछले दो दशकों से भारतीय अंतरिक्ष अनुसंधान संगठन (इसरो) के अंतरिक्ष उपयोग केंद्र, अहमदाबाद में वैज्ञानिक/अभियंता के रूप में कृत्रिम उपग्रहों के नीतभारों की ऊष्मीय अभिकल्पना एवं विश्लेषण के कार्य से जुड़े हुए हैं। आप लगभग 20 लेखों का प्रकाशन कर चुके हैं। आपने राष्ट्रीय एवं अंतरराष्ट्रीय स्तर के सम्मेलनों में भी लेख प्रस्तुत किए हैं। केंद्रीय सचिवालय हिंदी परिषद्, नई दिल्ली ने वैज्ञानिक एवं तकनीकी विषयों पर हिंदी में लेख के लिए आपको दो बार आचार्य सत्येन बोस अखिल भारतीय प्रथम पुरस्कार से सम्मानित किया है। हिंदी पत्र-पत्रिकाओं में प्रकाशित उत्कृष्ट लेख के लिए आपको गृह मंत्रालय, भारत सरकार के अधीन राजभाषा विभाग द्वारा भी राष्ट्रीय स्तर पर पुरस्कार प्रदान किया जा चुका है।

संपर्क विवरण : कमलेश कुमार बराया
वैज्ञानिक/अभियंता-एस.एफ.
4425, तापीय इंजीनियरिंग प्रभाग
अंतरिक्ष उपयोग केंद्र (इसरो)
अहमदाबाद-380015
दूरभाष : 079-26914425 (कार्यालय)
079-26862585 (निवास)
9724390180 (मोबाइल-निवास)
ई-मेल : kkbaraya@sac.isro.gov.in